U0141929

前工業文明與中國文學

欒梅健著

文史哲學集成
文史哲出版社印行

國家圖書館出版品預行編目資料

前工業文明與中國文學 / 欒梅健著. -- 初版.
-- 臺北市：文史哲, 民 88
面： 公分. -- (文史哲學集成；413)
參考書目：面
ISBN 957-549-253-6(平裝)

1.中國文學 - 評論

820.7   88017510

文史哲學集成 ⑬

前工業文明與中學文學

著　　者：欒　　　梅　　　健
出版者：文　史　哲　出　版　社
登記證字號：行政院新聞局版臺業字五三三七號
發行人：彭　　　正　　　雄
發行所：文　史　哲　出　版　社
印刷者：文　史　哲　出　版　社
　　　　臺北市羅斯福路一段七十二巷四號
　　　　郵政劃撥帳號：一六一八〇一七五
　　　　電話 886-2-23511028・傳眞 886-2-23965656

實價新臺幣三八〇元

中 華 民 國 八 十 八 年 十 二 月 初 版

序

范　伯　群

　　當欒梅健先生確定《前工業文明與中國文學》作爲他的博士學位論文的題目時，我就覺得這是一個具有開拓意義的好選題。當他將提綱影印給我時，我覺得他是完全有把握駕馭這一具有新意的課題的。從宏觀上去考察社會經濟基礎與作爲上層建築之一的文學的關係，從新的視角去探討社會經濟對文學及文化的潛在影響，在過去的論著中是有人提及過的，但還缺乏系統和深入的論證。特別是對中國文學從古典型過渡到現代型的過程中，工業文明這一重大的因素，作爲"不出場的人物"在"幕後"究竟起了多大潛能的作用？這的確能引起我們的極大的興趣。而欒梅健先生根據中國在這一"時段"的具體的國情，爲"工業文明"舉行了"加冕典禮"，冠以一個"前"字，則又體現了他的思辯的精確性和論證的科學性。他的論著從文學總體格局、觀念情感更迭、創作方法特徵等三個方面高屋建瓴地縱覽前工業文明在中國文學領域中所鐫烙的深刻印記。在論述過程中，新意疊出，如關於小說內容與形式的現代化過程，過去總是在文學觀念或美學意識的更新上去做文章，而欒梅健先生卻突出地注意到了小說所構成的物質材料——如造紙工業的現代化與印刷條件的機械化與小說形質的演進關係。他將文學放在更廣闊的社會背景與知識背景上，從而更能說明某些特定的文學史現象；又如，他能以世界水準去測衡，清醒地認識到中國現代文學的不發達的之一原因：在前工業文明時期，文學並非是當時眾多知識精英所要選擇的主要職業。這個觀點與以往文學研究所說的大批知識分子棄理工而就文學的看法相對立，然而又有相當的啓發性和說服力。

　　以賈植芳與錢谷融等教授所組成的博士學位論文答辯委員會一致確認：這是一篇優秀的博士學位論文。而大陸上的兩個有學術權威性的刊物：《文學評論》和《中國現代文學研究叢刊》都各自選載了這篇論文的章節，這也從另一個側面提供了這篇論文所具學術創見的有力佐證。

　　欒梅健先生從攻讀碩士學位起，到從事大學教學工作和攻讀博士學位，前後皆有優異的突出表現。他在臺灣出版的《二十世紀文學發生論》和《包天笑傳》等學術專著，都有很高的評價；而他爲《中央日報》策劃的大陸《印象大師》專欄，爲《國文天地》策劃的《大陸焦點學人》和《現代文學作家的第二代》專欄，皆有良好的迴響。凡此都顯示了他的學術開拓和組織創意的能力，說明他是一位年輕有爲的和有充盈靈氣和潛力的學者。現在他的博士學位論文《前工業文明與中國文學》又要以專著的形式與臺灣學術界和廣大讀者見面，相信也會與他過去撰寫的專著與策劃的專欄一樣，給人予耳目一新之感。

前工業文明與中國文學

目　　錄

引言　在特定時代中孕育

在本書中，我們研究的主要內容是前工業文明與中國文學的關係問題。在進入正題研究之前，有一些概念、範疇應當首先加以廓清與界定；對於本課題的研究範圍與研究方法，也想及早加以簡介，以便讀者迅速熟悉我們的課題，並興趣盎然地參與進入。

例如，什麼是前工業文明？前工業文明與中國文學這一研究課題形成的理論根據是什麼？研究的要點與難點是什麼？如何運用合適的研究視野與方法？最後，又將期望取得什麼樣的成果？等等。

諸如此類的問題，不僅決定了我們特有的語匯、語境，而且還深層地映現出我們的研究層面與追求目標。下面，試概要論述之。

壹

首先，想界定前工業文明這一概念。

對於人類社會的發展過程，馬克思曾經作過科學而深刻的概括：

> 人的依賴關係（起初完全是自然發生的），是最初的社會形態，在這種形態下，人的生產能力只是在狹窄的範圍內和孤立的地點上發展着。以物的依賴性爲基礎的人的獨立性，是第二大形態。在這種形態下，才形成普遍的物質交換，全面的關係，多方面的需求，以及全面的能力體系。建

立在個人全面發展和他們共同的社會生產能力成爲他們的社會財富這基礎上的自由個性,是第二階段。[1]

如果以具體的社會形態來對應馬克思的這三個階段,則第一階段包括了原始社會和封建社會。對自然、神靈、部落、國家、宗族等方面的依存與附從關係,形成了人類社會早期喪失了人的個性和主體階段的"人的依賴關係"。而資本主義生產方式的出現,則打破了從前奉若神明的權威與偶像,在廣泛的物質交換的基礎上,形成了全面而豐富的社會關係。有了物質也就有了個性發展的自由;而這自由是依附於物質的。這是第二階段。而真正擺脫了"人的"與"物的"依賴關係的理想社會的產生,則是人們嚮往的生命個性得到充分發揮的共產主義階段。這一階段,是人類社會發展的最高境界。

再從生產方式來考察。這一考察方式,也正是馬克思主義劃分社會形態的最根本依據。在原始社會和封建社會中,農業文明是其主要的生產方式(原始社會中的狩獵與捕撈,其實正是農業文明的初級形式)。在農業文明中,無須更多的社會交往,人們被束縛在"狹窄的範圍"和"孤立的地位",從而形成了一系列相關的價值觀念與思維習慣。而對於資本主義來説,它的出現得自於工業文明。以蒸汽機發明爲主要標誌的工業革命,從本質上改變了農業文明時刀耕火種的生產方式,把自給自足的自然經濟推入到了近代的範疇。這是一次了不起的進步。它第一次真正使人具有了從土地上脱離開來的可能。其意義絕非如唐、宋那樣的朝代更迭所可比擬的。

試看一段美國社會學教授丹尼爾·貝爾對工業社會的清晰勾勒:

　　工業社會,由於生產商品,它的主要任務是對付製作的世界。這個世界變得技術化、理性化了。機器主宰着一切，生活的節奏由機器來調節。時間是有年月順序的、機械式的，由鐘錶的刻度均勻地隔開。能源利用取代了人的體力，大大提高了生產率。以此爲基礎的標準產品大批量生產便成爲工業社會的標記。能源與機器的使用改變了工作的性質。技藝被分解成簡單的操作步驟。……這是一個協作的世界，人、材料、市場，爲了生產和分配商品而緊密結合在一起。[2]

貝爾並進一步概括道："工業革命歸根結蒂是一種用技術秩序取代自然秩序的努力，是一種用功能和理性的技術概念置換資源和氣候的任意生態分布的努力。"[3]在比貝爾更早、也更著名的馬克斯·韋伯那里，這種種"努力"有了更具體的表述。在韋伯看來，工業經濟"是以嚴格的核算爲基礎而理性化的，以富有遠見和小心謹慎來追求它所欲達的經濟成功，這與農民追求勉强糊口的生存是截然相反的，與行會師傅以及冒險家式的資本主義的那種享受特權的傳統主義也是截然相反的，因爲這種傳統主義趨向於利用各種政治機會和非理性的投機活動來追求經濟成功。"[4]

在貝爾、韋伯等人的論述中，都出現了"理性"這一概念。按照通常的理解，資本主義總是與金錢萬能、唯利是圖結合在一起的。"從牛身上刮油，從人身上刮錢。"似乎成了富蘭克林式的資本主義冒險家的共通污點。然而，工業文明與農業文明的區別並不在於賺錢欲望的發展程度上。自從有了人，就有了對黃金的貪欲。古代羅馬貴族、中國封建官僚，及至日出而作、日落而息的耕地小民，他們的貪欲一點也不亞於現代的任何人。區別只在於他們之間不同的生產與交換方式。這也是對工業文明與農業文明在各自社會過程中所扮演角色的最好詮釋。因而，馬克斯・韋伯認為，所謂工業社會應該是指：其經濟行為是依賴於利用交換機會來謀取利潤的行為，亦即是依賴於（在形式上）和平的獲利機會的行為。儘管有些簡略，但畢竟大體上說中了要害。至此，工業文明與農業文明的區別已不難了解。

那麼，工業文明為何又要有前、後之分呢？

首先，這當然是基於這一社會階段中出現的明顯差異性。在歷經幾百年的工業化過程中，其不同的運行特徵是顯而易見的。前文所引貝爾對工業社會勾勒的那段文字，那種對機器與能源的讚美，其實是工業文明初始階段的情景。到了十九世紀末，尤其是第二次世界大戰後，西方各主要工業國家在運行特徵方面都有了不同程度的改變。科技革命和管理革命，成了社會生活中新的內容。" 後工業化階段，人們工作的種類將有所改變，即從生產到服務（尤其是人力和專業化服務），同時，理論知識的集約也將在經濟調整和決策方面增加比重。"(5)在人的心靈方面，社會物化現象日益嚴重，人的豐滿個性被壓榨成單薄無情的分工角色。" 物的依賴性 "越來越暴露出它對人類生命個體的異化作用。幾乎不約而同地，" 前工業 "、" 後工業 "、" 前現代 "、" 後現代 "……這些標明社會過程區分的名詞出現在眾多媒體和人們的口中。這並不是一個偶然的現象。

其次，這也是中國特定的國情使然。儘管早在明朝末年，中國就在蘇州、杭州等主要城市出現了資本主義的萌芽，但是，資本主義正式進入中國，則是在鴉片戰爭之後隨着帝國主義列強對中國的侵略而共同產生的。這是一種在外力干涉下的不自覺行為。其後，中國社會的進程更是波瀾壯闊、風起雲湧。在當下二十一世紀即將到來的世紀之際，中國人民已經有了實現現代化的宏偉藍圖，正在齊心協力朝着現代化的目標邁進。可以説，從鴉片戰爭後逐漸開始的我國工業化進程，直至我國現代化實現之日，才是工業文明在我國正式確定之時。換言之，我國在社會主義初級階段所進行的一系列現代化建設，都是在工業文明邁進途中所進行的具體步驟。因此，將鴉片戰爭到社會主義初級階段這一時期的社會進程稱之爲"前工業文明"，是有其現實依據的。

第三，使用"前工業文明"這一概念，也還有思辯與表述層次上的考慮。從世界範圍來説，西方各主要工業國家現在正處於"後工業"或"後現代"的階段，如果我們將鴉片戰爭以後逐漸開始的中國工業化進程，稱其爲工業文明，那麼必將在理論上出現歧義。這樣，使用前工業文明這一概念，便可以表明與現代工業社會的區別，表明中國的工業化進程還只是處於初始的與發展的階段。到二十一世紀中葉，中國才能達到中等發達國家水平，也正可説明現今中國社會工業化程度的初始性特徵。這只是問題的一個方面。同樣重要的另一個方面是，從鴉片戰爭開始至今的我國工業化進程，是在列寧所認爲的亞洲最落後的農業國度中所進行的。生産方式之間的消長起伏、犬牙交錯，使得人們很難以一種簡單的文明方式來加以概括。尤其是我國廣大的内地農村，以及百分之八十以上的農業人口在這一階段長期存在的事實，使我們不能徑直運用工業文明這一概念。因此，我們選用"前工業文明"這種提法，以表明生産方式之間的糾葛、混雜與共存，就不僅符合實際，而且在理論上表述上也比較準確。

在本書中，考慮到從鴉片戰爭到"五四"這一時期，工業化進程則是一種漸進的、範圍窄小的運動，並不具有全國性的影響；而抗日戰爭爆發後，大批作家進入解放區和國統區，在社會進程發生錯位的同時，他們的生活範圍與描寫對象也都發生了根本的變化。因而，本書所論述的範圍與許多例證的選用，大都取自“五四”到抗戰爆發這一時期。儘管並不是全部，然而卻是具有典型性的。

<h1 style="text-align:center">貳</h1>

在論述了前工業文明這一概念之後，我們接着想探討前工業文明與中國文學關係的理論問題。也就是說，爲什麼要研究前工業文明與中國文學的關係問題呢？在理論上能否成立？在實踐中是否能行得通？

在我國數千年漫長的文學歷程中，先秦兩漢文學、唐宋文學、元明清文學，其實都有着各自不同的特點。即使在某一個朝代中，如初唐、盛唐、中唐和晚唐，也都有着各自較爲鮮明的印記與個性特徵。但是，從一個更爲廣闊的視野來看，這些變化其實都還只能算是量的變化，並不能形成一個迥然不同的質的分界綫。如一道道環扣，它們串起了我國古代文學的歷史長鏈。只是到近代以後，文學發展的歷程才如脫繮野馬，偏離了原有的運行軌道，由此開始了近代化的歷程。這是中外文學歷史發展的共同規律。區別只是在於，我國文學的近代化歷程比西方晚了一、二百年而已。

這裡面的原因是什麼呢？答案是肯定的：這是工業文明所帶來的結果。

還是來看一段馬克思在《共產黨宣言》中對資產階級不無讚美的描寫：

> 資產階級在它不到一百年的階級統治中所創造的生產力，比起過去一切世代所創造的全部生產力還要多，還要大。自然力的征服，機器的採用，化學在工業和農業中的應

用，輪船的行駛，鐵路的通行，電報的使用，整個整個大陸的開墾，河川的通航，彷彿用法術從地下呼喚出來的大量人口，過去哪一個世紀能夠料想有這樣的生產力潛伏在社會勞動裡呢？

　　資產階級除非使生產工具，從而使生產關係，從而使全部社會關係不斷地革命化，否則就不能生存下去。……一切固定的古老的關係以及與之相適應的素被尊崇的觀念和見解都被消除了，一切新形成的關係等不到固定下來就陳舊了。一切固定的東西都煙消雲散了，一切神聖的東西都被褻瀆了。人們終於不得不用冷靜的眼光來看待他們的生活地位，他們的相互關係。

　　一切都變了！機器、化學、輪船、鐵路、電報……這些工業化的利器，如魔術般改變着整個的社會。不僅是物質品種、交換方式、生產手段，而且在文學、藝術、宗教、哲學諸領域，都同時發生着根本的變化。"一切固定的東西都煙消雲散了。"這不是誇張，也不是浪漫的想像，而是實實在在發生在許多國家中的事情。

　　在中國，儘管起步較晚，而且這種起步還是在西方列強的侵略下不自覺地出現的，但是，變化卻也是明晰可辨。

　　自鴉片戰爭以後，隨着越來越多的通商口岸被強行開放，中國原有的農村自然經濟受到了嚴重的衝擊，眾多的群眾被捲入到商品交流之中。"辛亥革命以前，中國工業主要集中在沿海、沿海幾個大城市和重要通商口岸，廣大內地幾乎沒有近代工業。到了1919年，除邊際地區外，各省都建立了一批近代廠礦。"[6]在"五四"前夕，上海、天津、廣州、武漢等通商口岸，迅速形成了幾十萬、甚至二、三百萬人口的不同於傳統農村集鎮的工商都市。在農村，茅盾《農村三部曲》中的老通寶們，再也看不懂這個日趨怪異的世界。紗廠、小火輪這些從未聽説過的玩意兒，似乎在夢境中一夜之間改變了人們的生活命運。即使在遙遠的內地四川，那場聲勢浩大的保路運動，不是由本身並没有什麼罪惡的工業文明之一的鐵路所引起的嗎？這一切變動，是以往任何封建朝代所没有過的。難怪老通寶們在納悶、不解之餘，似乎若有所悟地説道：“這個世界，真的變了！”

　　當然，這還只是外在方面的一些表現。更深層的，還是在觀念與思維習慣方面的變化。

　　很顯然，工業文明在改變着物質世界的同時，也在改變着人們的內心世界。“一切固定的古老的關係以及與之相適應的素被尊崇的觀念和見解都被消除了”，這是馬克思在研究了經濟基礎與上層建築之間的關係後得出的結論。儘管不能將這一結論與某一時期的特殊經濟狀況簡單地對應起來，然而，當某一種經濟狀況在較長時間中成爲社會的重要經濟力量時，這一結論便具有充分的合理性與科學性。在中國，自鴉片戰爭起逐漸出現的工業化進程，確是一股不斷壯大與成長的經濟力量，它由此而在思想觀念、價值取向等上層建築領域範疇所產生的作用，應該是不容置疑的事實。當那位抱着《太上感應篇》躲往大上海的《子夜》中的吳老太爺，眼中所見的十里洋場竟是那樣的與他格格不入。荒淫無恥、傷風敗俗、人欲橫流……他不理解這個世界，也極力詆毀這個世界。他的觀念已與現今的世界相距甚遠。至於未莊那位一無所有的農民阿Q，偶然去了趟城，也覺察到這個世界世風日下、人心不古，真是他媽媽的了！

　　觀念真的變了，一切都在變了。這正是我們探討前工業文明與中國文學關係的基礎。唯其變，才會有新的特徵；唯其有新的特徵，才需要加以研究。

正是在這裡，我們對研究前工業文明與中國文學這一課題有了充分的自信。這是一個有着堅實基礎的研究領域，它不可能使我們的研究成爲無水之源、無土之木。同時，這也是一項以往未曾有人系統研究過的內容，它需要我們去開掘，去創新。有基礎，可以使我們的研究不致於成爲空中樓閣，成爲向壁虛造的幻影；有創新，則可以使我們的思維經受挑戰的考驗，體會探索者的樂趣。

對此，我們在確信研究課題可以成立的同時，心中確也滿蘊着幾份熱情。

叁

那麼，如何來展開我們的研究呢？應該從什麼樣的層面與角度來構建我們的研究體系與研究框架呢？

這是一個頗費斟酌的問題，然而卻必須在正式研究之前作出明確的抉擇。

作爲一個宏觀性的研究課題，它的要點是要能較爲明確、清晰地指出前工業文明時期中國文學的特點。這個特點既要是內容上的，也要是形式上的。唯其如此，我們的研究才不致於泛泛而談、空空洞洞，才不致於給讀者留下只有新名詞而沒有新內容的印象。

要達到這個目的，就規定了我們的研究既不同於文學史的寫法，也不同於具體的作家論。與思潮、流派的研究方式，也還有明顯的不同。它不僅要能勾勒出這一時期文學發展的主要狀貌，而且更重要的是要能發掘與揭示出這一時期文學方面所出現的新特質、新要素。而且，這種新的特質與要素是要真正屬於前工業文明方面的。因而，處理好虛與實、具象與抽象、個別與一般的問題，便成爲我們研究中的第一個難點。既不能一葉障目、以偏概全，也不能大而化之、籠而統之。

第二個難點是要能界定與處理好與其他學科、領域之間的關係。自鴉片戰爭以後，各種政治勢力、文化潮流、思想觀念都不同程度地滲透與影響到這一時期文學的發展，構成了這一百多年來中國文學發展的奇特景觀。有時是政治方面的，有時是外來文化方面的，也有時是傳統習俗方面的，都或多或少、甚至在某些時期是決定性的，制約與限定了中國文學的發展方向。因而，面對如此錯綜復雜、盤根錯節的文學進程，當我們從工業文明這一角度來觀照與甄別文學運行的進程與特點時，就必須格外小心。即使是從“五四”到抗戰爆發這不到二十年的時間中，其文學的變化也是各種因素合力作用的結果。所以，我們既不能對其他一切因素視而不見，同時也不能使我們的注意點淹沒在眼花繚亂的現象之中，而應該時時記住“前工業文明”這一主要的着眼點。在此，我們必須有幾份清醒與冷靜。

在明確了研究對象的要點與難點之後，其研究方法與手段也就不難選取與確定了。

儘管社會學的研究方法在現今一些新潮研究者的眼中，已經是那樣的落伍，但我們思之再三，最後還是決定採用社會學的方法來加以研究。這似乎有自暴自棄、甘居落伍之嫌，但我們卻毫不猶豫地認爲，前工業文明本身作爲一個重要的社會現象，它對文學的影響與關係，自然只有從社會學的角度來研究才有可能切中要害、有的放矢。原型批評、接受美學、符號學、叙述學、結構主義、精神分析學諸如此類的新方法，對本課題的研究可能都無法成爲統領性與全局性的有效手段。儘管在對某些具體文學現象與作家的分析中，仍然可能吸取其有用的成份和已經取得的成果。

　　我們最爲關注的，除了社會學方法之外，可能還會把比較研究的方法放到一個相當重要的位置上來。

　　從橫向的角度看，西方自十六、七世紀開始的文學近代化進程，無疑將成爲我們研究的重要參照。工業文明源於西方，它對文學的影響最初是在西方文學中表現出強大的震撼力與推動力。我國自鴉片戰爭後，逐漸開始的文學變動，很大程度上是在重複着西方文學已經走過的老路。一些理論上的迷霧，以及我們以往未曾注意的思維中的盲點，可能都會在與西方文學的比較中得到合理的解釋，並補充與豐富我們以往研究中的不足。一些重要的文學現象，儘管從我國現實生活中也可以找出許多相當有說服力的解釋，然而，我們卻往往可能忽視了其中工業化進程所帶來的原因，並進而在誇大民族個性的同時，而低估我國近代以來的文學在世界文學格局中的地位與影響。這些，都不能不引起我們的警惕。

　　至於縱向方面，這也是一個同等重要的問題。作爲世界最龐大、最古老的農業大國，它所創造的燦爛文化與悠久傳統，使得世界歷史上任何國家都無法與它相提並論。因而，它的傳承力量與惰性，也要比任何國家都要來得強烈與持久。更何況，中國社會進入工業化的進程，並不是自己潛移默化的結果。這種斷裂現象，更使得傳統文化在前工業文明時期有着極爲複雜與特殊的表現。稍一疏忽，便極有可能使自己迷失在雜亂無序的現象之中。這確是中國文學近代化進程與西方頗爲不同的地方。因此，只有真正放眼整個中國文學的歷史長河，仔細比較近代以來的文學與中國古典文學的差異，才有可能發現近代以來我國文學新的特質，並進一步確認這種特質所具有的近代意義，從而使我們的論題能夠爲劃清兩個重大文學時代做出應有的貢獻。

最後，我們想談談全書的體系設想與框架安排。

從以上的介紹中，我們已不難得知，本課題研究的主要内容是想揭示我國漫長的古典文學在面臨工業文明之時所發生的巨大變化。這一變化本身，從中外文學歷史的角度看，都是革命性的。因此，重新審視與確立前工業文明時期我國文學的地位，以及它在整個社會運行過程中所扮演的角色，便成爲我們當務之急的討論内容。至於這其中的變化，不僅有文本方面的，而且還有作爲創作主體的作家，以及作爲消費與接受主體的讀者。只有首先找準文學、作家、讀者在這個社會進程中各自所擁有的地位，以及它們各自所起的作用，我們才 有可能進而探討更深層次的問題。這是需要論述的第一個方面的問題。我們稱之爲“格局篇”。

第二是“情感篇”。一個時代有一個時代的觀念，特別是如工業文明與農業文明這樣兩個迥然不同的社會形態，自然會在思想、觀念、道德、情操、感情等諸多意識形態領域中出現差異。對於文學來説，它是以情動人，以情感人，這其中的“情”字自然也必定有着不同的内容，道德規範、價值取向、愛憎是非、喜怒哀樂……這些作用與影響於情的諸多方面，也都有着不同的座標與尺碼。當不同社會形態的作家緣情而發、緣情而作，在作品中記錄下他們真實的内心世界時，其實也正是表現了這一時期普遍的社會思潮與大衆心理。而這，當我們回過頭來看時，現代的衆多作家都帶有了我國工業化進程以來共同的時代情感特徵。其實他們別無選擇。

第三是“藝術篇”。這是較爲内在與更爲具體的研究層面。

當一個社會的情感方式普遍地發生着變化，用以承載這一情感方式的藝術樣式，也必定會出現許許多多的變化。而且，這種藝術樣式的變化還不僅僅表現在語言、結構、體裁等外在的表象方面，甚而會在創作方法、藝術觀念等方面呈現出不同的特點。因為，這一時期人們認識世界、把握世界的方式已經發生根本的變化了。

當格局篇、情感篇、藝術篇這三個方面都呈現在我們面前時，我們就似乎可以看到工業化進程以來我國文學的變化，一種近乎立體的效果。

上述"引言"，可以算作我們進行這一課題研究的宣言。它了充滿了生機，充滿了誘惑，常常令自己興奮不已。然而，自己具備這樣的才能嗎？有幾份膽怯，也有幾份自信。

不過，結論只有在行動中產生。

那麼，讓我們開始吧。

【附　註】

(1)《馬克思恩格斯全集》第46卷，上冊，第104頁。

(2)[美]丹尼爾‧貝爾著《資本主義文化矛盾》，第198頁。北京三聯書店1989年出版。

(3)同上書，第199頁。

(4)馬克斯‧韋伯《新教倫理與資本主義精神》，第56頁。北京三聯書店1987年出版。

(5)丹尼爾‧貝爾《資本主義文化矛盾》，第60頁。

(6)張憲文主編《中華民國史綱》，第104頁。河南人民出版社1985年出版。

上編　　格局篇

　　從人類社會的整體進程觀察，物質生產與藝術生產是兩個各具特性的門類。其不平衡性，甚至逆向性的特徵，在中外歷史上常常可見。然而，從一種總體趨勢而言，其對應關係是可以成立的。恩格斯在《路德維希‧費爾巴哈和德國古典哲學的終結》中說得具體而直白：" 從十五世紀中葉起的整個文藝復興時代，在本質上是城市的，從而是市民階級的產物 "，" 這一聯繫是存在着的 "。

　　同樣，工業化進程開始之後的中國文學，從本質上發生着一場翻天覆地的變化，其實是在所難免。問題只在於：這一時期文學中 " 城市 " 的特徵到底表現在哪裡？如何發現它與市民階層的聯繫呢？在這裡，我們想率先探討文學在整個社會形態中的位置與作用，接着再探討與之息息相關的作家的地位與命運，最後再從作爲消費者的讀者角度，審視一下文學與作家在這一時期所處位置的必然性與合理性。

　　首先，從作爲社會分工角色的文學談起。

第一章　文學：鉛華洗淨

壹

對於傳統文學在中國社會中的地位與作用，林語堂先生曾有過一段精辟的表述：

要弄懂中國的政治，就得了解中國的文學。我們或許應該避免" 文學 "一詞，而說" 文章 "。這種對" 文章 "的尊崇，已成為整個國度名符其實的癖好。[1]

林語堂先生不僅指出了中國" 文學 "這一概念的含混性、複雜性，而且準確地揭示了文學在中國漫長的社會歷程中所處的重要地位，確實是深得要領的。

首先看一看中國古代對文學的極度推崇。

孔子曰：" 小子，何莫學夫詩？詩，可以興，可以觀，可以群，可以怨，邇之事父，遠之事君。多識于草木鳥獸之名。"[2]在這裡，詩可以理解為廣義的文學。在中國人一向尊敬的孔聖人眼中，文學不僅是美與善的和諧統一，而且還附帶有知識上的作用。這一見解，在中國源遠流長，影響巨大。三國時，身為帝王的曹丕更是說出了讓現代文人至今仍覺滿臉榮光的名言：" 文章，經國之大業，不朽之盛事。年壽有時而盡，榮樂止乎其身，二者必至之長期，未若文章之無窮。"[3]朝代的更迭興盛，以及國運的綿長持久，都似乎系於文學一身，真讓文學出足了風頭。沒有曹丕那樣作帝王之思的顏之推，在他那本聲名遠播的" 家訓 "中，卻也是同樣看重文學：" 夫文章者……朝廷憲章，軍旅誓誥，敷顯仁義，發明功德，牧民建國，施用多途。

至於陶冶性靈，從容諷諫，入其滋味，亦樂事也；行有餘力，則可習之。"(4)……在中國古代大量的文論中，對文學的推崇與讚美真是隨處可見、觸目即是。荀子、王充、劉勰、白居易、柳宗元、王安石、顧炎武、章學誠等人，都有着一段段讓我們熟悉的名篇佳句。對文學的推崇，在我國古代確非只是一種偶然的表現，真可謂到了"整個國度名符其實的癖好"的地步。

那麼問題是：中國人爲何如此鐘情於文學呢？

答案自然也可以從上述這些古代聖哲的論說中找到合理的詮釋。

孔子曰："誦詩三百，授之以政，不達；使于四方，不能專對，雖多，亦奚以爲？"(5)孔子認爲，學詩是爲了把人培養成能辦理内政、從事外交的有用人才。否則，詩學得再多，又有什麼用處呢？真是一語道破天機。而柳宗元，似乎在走了一段彎路之後才發現了文學的真諦："始吾幼且少，爲文章以辭爲工；及長，乃知文者以明道。是固不苟爲炳炳烺烺，務彩色，夸聲音，而以爲能也。"(6)人們最初都認爲文章以文辭藻麗爲巧，卻不知文以載道爲用。一味追求文辭的華麗，炳炳烺烺，其實不懂文也，稍後的顧炎武，説得則更爲直截了當："文之不可絶於天地間者，曰明道也，紀政也，察民隱也，樂道人之善也。若此者，有益於天下，有益於將來，多一篇，多一篇之一益矣。"(7)這一段論述，庶幾道盡了文學的用途。

儘管古代先哲已經從文學的功用與價值方面，高度肯定了文學在中國古代備受重視的原因，但是，接下來的問題是：爲什麼古代中國人賦予了文學如此重要的責任？爲什麼偏偏是文學具有了如此衆多的用途？

應該説，這是一個寵大的理論課題，非三言兩語所能説清。

在此，我想引用中年學者袁進的一段論述：

　　與世界其它國家相比，中國古代有着自己獨特的社會文化環境。印度的古代社會是由婆羅門教來維繫的，所以種姓制度成了社會的基本結構，文學也受到宗教的制約影響。中世紀的歐洲是由基督教和王權來共同維繫社會秩序，教會在思想上占了統治地位，文學也就成了教會的婢女，往往要爲基督教思想服務。中世紀的西亞是伊斯蘭教的天下，伊斯蘭教成爲維繫社會的思想紐帶，類似歐洲的基督教，文學也就染上了伊斯蘭教的色彩。中國古代社會是以親情關係的宗法制倫理道德觀念爲核心的禮樂制度來維繫的，它決定了儒家思想必然占據了思想上的統治地位，成爲維繫社會的精神紐帶……這種狀況也就決定了中國的文學觀念。[8]

　　袁進先生指出了宗教在世界主要國家的不同表現形態，以及在文學上的影響。這也符合馬克思關於在“人的依賴”階段普遍地信奉宗教的論述。我與袁進先生的觀點基本相同。不過，需要補充的只是：中國古代並不是沒有宗教，以親情關係的宗法制倫理道德觀念爲核心的禮樂制度，其本身就是一種宗教即儒教。儘管它在表現形式上與其他宗教相比，更具有世俗化、人情化的特徵。仍然需要說明的是，在宗教形式上與世界各國其他宗教更爲相似的佛教和道教，儘管也曾在我國古代某些歷史時期起過重要的作用，但它們始終都沒有能超過儒教，因而它們的存在並不構成對本文觀點的威脅。

　　在這種社會宗教的背景下，儒家文化承擔起了維繫社會穩定、溝通社會網絡的紐帶作用。沒有這種紐帶作用，中國大一統的格局便無法得以實現，整個民族就會缺乏一種必要的凝聚力和向心力。正是在這裡，我認爲對紐帶作用起着極爲重要作用的文學（或者稱“文章”），便被推上了一個其他學科所無法替代的高度，扮演了一個舉足輕重的角色。半部《論語》治天下，着眼點仍然在於一個“治”字。從這裡理解作爲帝王的曹丕爲何説文章乃經國之大業、不朽之盛事，便有了充分的理論根據。任何一個統治者，想維持他的疆土與臣民的統一與穩定，都幾乎不可能無視文學，無視文學在治國安邦平天下中所發揮的特殊作用。

文以載道。這是一句對中國古代文學觀最簡要的概括。它肯定了中國文學所承擔的教化作用，也表明了文學在中國社會中所處的重要地位。由此，文學在中國漫漫數千年的歷史長河中享受到無限的榮光，幾乎沒有人懷疑文學還會有受冷落、受輕視的一天。

貳

在揭示文學在近代受冷落、受輕視之前，我們還想再繼續探討一下我國古典文學生產、製作與傳播的特點使用這幾個似乎很工業化的詞匯，目的則是爲了以後與前工業文明時期文學的比較。通過對這些特點的把握，以便更清楚地了解中國文學發展的由來與初始狀貌。

由於儒家文化與世界其他宗教的明顯區別，表現在文學上，其最直接的結果是中國古典文學的繁盛遠勝於世界其他民族。不僅是印度、中東等國的古典文學無法相比，即使如英、法、羅馬等歐洲古國也望塵莫及。漫長的東方巨人中國，確實營造了一個詩的王國，一個文學極其繁盛的國度。

但是，這只是問題的一個方面。如果我們以現代的眼光看來，這種繁盛仍然只能算是農業文明時手工作坊式的繁盛。它的生產與流通，仍然脱不掉農業社會時的痕跡。

　　如果深究一下我國古典文學製作與傳播的歷史沿革，那麼我們可以發現大致經歷了三次較大的變遷。

　　第一次當然是我們現在可以看到的最早的甲骨文和鐘鼎文，以及竹簡木片帛書。這是一個書寫材料極其笨重、文字符號極其簡煉的時代。《詩經》中以四言句爲主幹的基本句式，春秋戰國時諸子百家遣詞造句力求簡潔而意蘊深刻的特殊文風，其實都應該與這一時期文學製作與傳播的特徵有關。學富五車，是當時人們對學識淵博者的贊嘆，但在現代人看來，卻又是多麼的原始與不方便。不過，我們的祖先們別無選擇，他們只能在如此笨重、繁雜的書寫材料上留下我國文學的最初篇章。

　　使這種狀況得以巨大改變的是在東漢時期。蔡倫造紙術的發明，極大地改進了文學傳播中的書寫材料。在這之後，甲骨、鐘鼎、竹簡、木片，便慢慢地讓位於在當時世界上處於領先地位的紙張。這是一個了不起的變化，它直接促使了東漢以後魏晉南北朝文學的興盛。"魏晉南北朝的文章較以史傳、政論爲主的兩漢散文，更爲豐富多樣。檄、碑、誄、序、記、書信等各體文章，普遍都注意辭采，追求藝術性的美。特別是書信，出現了不少富有抒情色彩、語言精美的作品。"(9)試想一下：如果不是擁有了價廉、方便的紙張，魏晉南北朝人能如此輕鬆、瀟灑地花費筆墨注意辭采、追求藝術的美嗎？東漢以後五、七言詩體的發展，誌怪和誌人小說在魏晉南北朝的初具規模，魏晉士族階層中以重視文學、以能文自矜形成普遍風氣，等等，這些文學上的新變化在我們看來，其實都不可能是一種偶然現象。這其中必然有着紙張發明這一文學生產力要素提高的影響。只不過，以往的論者沒有從這方面加以考察而已。這是我國文學製作與傳播的第二次大的變遷。

　　第三次重大變遷是出現在唐朝和宋朝。唐朝出現的雕版印刷（又稱刻版印刷），和北宋畢升在世界上最早發明的活字印刷術，大大提高了印刷與製作的速度，爲文學的普及和傳播創造了條件。唐詩宋詞的大量湧現並廣泛流傳，元明清三代長篇小說的大量產生，如果離開了這一印刷技術上的背景，恐怕都很難準確地說明問題。只是需要說明的是，從唐開始的雕版印刷和從宋開始的活字印刷，在我國一直延續到鴉片戰爭之後。在這一千年的歷史跨度中，我國在明以前一直處於世界領先地位，而在明以後，西方文藝復興的興起以及工業革命的浪潮，使得我國文學製作與傳播顯得步履蹣跚、裹足不前，與西方近代的機器印刷拉下了不小的距離。因而，這一次重大變遷既有它的先進性、開創性，也有它的頑固性、保守性。

　　在粗略介紹了我國文學製作與傳播方面的三次重大變革之後，我們認爲，儘管我國文學的製作與傳播經歷了三次重大的飛躍，尤其是紙張的發明、雕版技術和活字印刷的運用，極大地推動了我國古典文學的發展與繁盛，然而一個無庸置疑的事實是，這些技術與發明仍然是屬於農業文明範疇的。

　　這方面的原因，一方面在於這些技術和發明仍然還停留在手工操作的階段。造紙、雕版和活字印刷，這裡的每一道工序都必須由手工完成，其速度與效率遠遠不能與西方近代以來的機器印刷與工廠造紙相匹比，因此，不可能具有工業文明的性質。另一方面，我國古代儘管也有不少的刻書店與專門的出版商，例如《儒林外史》中馬二先生編輯八股文選本出版謀利便是一個明顯的例證，但是，我國古代作家並不以出版作品謀生，而且，即使想真的以此作爲飯碗也斷然無法成功。這裡有一個文化市場是否發育的問題。在以“人的依賴性”爲主要特徵的古代社會中，社

會的生産與交換還只是停留在與生存密切相關的層面上，不可能
進步到精神與文化的層面，不可能形成體系完備的文化市場。這
是人類早期社會形態中的一個共同特徵。

因而，表現在我國古代的文學活動中，熱衷於創作的士大夫
既不是爲了成爲現代意義上的職業作家，也不是爲了賺取稿費而
以此作爲生計。他們之所以執筆於文學，是因爲他們滿懷着經天
緯地、移風易俗的使命，是因爲他們充滿着牧民建國、傳經明道
的社會責任，是因爲他們有着一吐爲快的情緒需要宣泄。他們没
有想到金錢，也没有想成爲作家。他們只是政治的工具、載道的
使者。這是我國綿延幾千年的古典文學的一個重要特徵。儘管有
着三次在製作與傳播方面的巨變，然而始終没有能形成發育的文
化市場和已經專業化了的作家概念。文學，還仍然處於古典的階
段。

唐宰相魏徵説得好：

文之爲用，其大矣哉！上所以敷德教于下，下所以達情
志于上。大則經緯天地，作訓垂範；次則風謡歌頌，匡主和
民。或離讒放逐之臣，途窮後門之士，道坎坷而未遇，志鬱
抑而不申，憤激委約之中，飛文魏闕之下，奮汛泥滓，自致
青雲，振沉溺於一朝，流風聲於千載，往往而有。(10)

這是一人之下、萬人之上的魏徵對文學的理解。統治者可以
通過文學"敷德教于下"，而臣民也可以通過文學"達情志于
上"，鬱抑坎坷之士還可以通過文學"流風聲于千載"，真是一
語道盡了文學的妙用。文學正是在這種種的妙用中成了儒家文化
思想傳播的工具，成了維繫國家大一統地位的重要精神紐帶。文
學的重要地位和價值，也正是從這裡得以確立。至於紙張的發明
與印刷技術的改進，只是爲文學的製作與傳播提供了更爲便利的

條件，並沒有能在這個仍然强調"人的依賴性"的社會形態中引發更爲深層的變化。從這個意義上分析，中國的古代文學倒有幾分類似於西方的《聖經》，而與作爲審美情感表現的現代意義上的作品有着較大的區別。

這是我們從文學的生產方式與文化市場的角度得到的又一個明顯感受。

叁

鴉片戰爭以後，中國文學在生產、製作和傳播方面出現了前所未有的根本性的變化。

這種變化是建立在工業化成果的基礎上的。機器的運用、鐵路的開通、輪船的航行、郵電的發展、電報的傳遞……這些率先在西方出現的近代工業革命的產物，隨着鴉片戰爭的爆發而在我國長驅直入。表現到文化上，機器印刷顯示出比雕版印刷、活字印刷更爲巨大的優越性，工業造紙大大縮短了以往靠手工操作的時間，新聞事業的發達促使了新聞、通訊、文藝副刊的繁榮，現代交通則使文學有可能迅速成爲商品在全國流通、交換。在這個時期，真正現代意義上的文化市場終於得以形成。文學已不僅僅是一種愛好，而可以成爲養家糊口、安身立命的所在。幾千年來從未有過的職業作家已經在這裡產生。這是一次真正屬於工業文明範疇的變革。儘管在我國廣大的内地、農村這種變化並不是十分明顯、强烈，然而在上海、廣州、天津等一些重要通商口岸，其工業化程度到"五四"時期甚至已不亞於歐洲的某些工業化國家。

這是一次嶄新的革命。"宗教、家庭、國家、法、道德、科學、藝術等等，都不過是生產的一些特殊形態，並且受生產的普遍規律的支配。”[11]馬克思的這一論斷,對於這兩大文明轉換途中的中國文學確實有着重要的指導意義。工業化進程對於中國文學的影響已經不是若隱若現的存在,而是已經在我們面前昭然若揭。

阿英在談到晚清以來小説空前繁榮的原因時指出:“第一,當然是由於印刷事業的發達,没有前此那樣刻書的困難;由於新聞事業的發達,在運用上需要多量産生。第二,是當時知識階級受了西洋文化影響,從社會意義上,認識了小説的重要性。第三,清室屢挫於外敵,政治上又極腐敗,大家知道不足與有爲,遂寫作小説,以事抨擊,並提倡維新與革命。”[12]在這裡,“印刷事業”和“新聞事業”被阿英提高到首要的位置,應該不是一個偶然、隨意的安排。

與這些變化相對應的,人們對文學已經有了全新的理解。

且看一段王國維的表述:

> 文學者,游戲的事業也。人之勢力,用於生存競爭而有餘,於是發而爲游戲。婉孌之兒,有父母以衣食之,以卵翼之,無所謂爭存之事也。其勢力無所發泄,於是作種種之游戲。逮爭存之事亟,而游戲之道息矣。惟精神上之勢力獨優,而又不必以生事爲急者,然後終身得保其游戲之性質。而成人以後,又不能以小兒之游戲爲滿足,於是對其自己之情感及所觀察之事物而摹寫之,咏嘆之,以發泄所儲蓄之勢力。故民族文化之發達,非達一定之程度,則不能有文學;而個人之汲汲於爭存者,決無文學家之資格也。[13]

將文學理解爲游戲的事業,與孔子的興觀群怨理論,其區別何啻判若雲泥!然而,這種在古代衆多文論家看來大逆不道的理論卻真的出現了。王國維從西方近代文藝理論中吸取營養,敏鋭地覺察到文學即將到來的巨大變化。這是一個預言家的聲音。他在中國文學理論批評史上里程碑式的作用，隨着工業化進程的日趨深入，已越來越爲後人所重視。

問題是要說明：爲什麼文學會在工業化的進程中受到冷落與輕視呢？

這個問題其實並不難回答。如前所述，馬克思將迄今爲止的人類社會劃分爲“人的依賴性”和“物的依賴性”兩個階段。與“人的依賴性”相適應的，是國家、宗教、神靈的紐帶作用，而在“物的依賴性”中，社會的廣泛交流與産品的全面流通交換，已經將整個社會緊緊聯結起來。過去看來似乎不可或缺的宗教、神靈等許多方面，已經失去了它們賴以生存的基礎，變得那樣的無足輕重。在西方，“當古代世界走向滅亡的時候，古代的各種宗教就被基督教戰勝了。當基督教思想在十八世紀被啓蒙思想擊敗的時候，封建社會正在同當時革命的資產階級進行殊死的鬥爭。信仰自由和宗教自由的思想，不過表明自由競爭在信仰的領域裡占統治地位罷了。”[14] 在馬克思主義者看來，隨着經濟形態中的自由競爭，宗教和信仰方面發生的變化確實是不可避免。

在中國，由於近代以來，半封建半殖民地的性質，使得這種變化顯得錯綜複雜、變幻莫測。然而，從一種總體趨勢觀察，在中國古代長期作爲儒家正統文化傳播工具的文學，已經逐漸從附屬地位中掙脫出來。文學已經逐漸擁有了屬於自己的獨立空間。“五四”新文學運動重要的理論家周作人認爲：“我原是不主張文學有用的，不過那是就政治經濟上說，若是給予讀者以愉悅、見識以至智慧，那我覺得卻是很必要的，也是有用的所在。”[15] 將文學的作用從政治經濟上脫離開來，強調文學的非政治經濟功用，確是與古代長期占正統地位的文以載道觀點大相

徑庭。詩人梁宗岱說得則更爲直白："文藝底目的是要啓示宇宙
與人生底玄機，把刹那底感興凝定、永生，和化作無量數愉快的
瞬間。"[16]這便是文學，便是本世紀上半葉一批經受過工業化
進程洗禮的現代作家說出的對文學的理解。

　　與這種理解相適應，人們對文學地位與價值的看法也有了與
古代全然不同的定位。早期共產黨人蕭楚女認爲："藝術，不過
是和那些政治、法律、宗教、道德、風俗……一樣，同是一種人
類社會的文化，同是建築在社會組織上的表層建築物，同是隨着
人類的生活方式之變遷而變遷的東西。只可說生活創造藝術，藝
術是生活的反映——藝術雖不能範圍一切，卻能表現一切。只可
說藝術的生活，應該要求表現一切的自由，卻不可說藝術是創造
一切的。"[17]這是一位早期共產黨人對文藝的理解。儘管仍有
生吞活剝革命老師理論之嫌，然而他卻真誠地說出了藝術是一門
獨立的學科，是隨着人類生活方式的變化而變化的。藝術只是藝
術，它有它自身表現的自由和創造的自由。這可進一步演繹爲美
學家朱光潛的觀點："許多轟轟烈烈的英雄和美人都過去了，許
多轟轟烈烈的失敗和成功也都過去了，只有藝術作品真正是不朽
的。"[18]這種觀點的時代性與現代性是不言而喻的。

　　儘管我國近、現代的社會進程充滿波瀾，充滿曲折，充滿反
覆，文學觀念也夾雜其中不斷顛簸、傾斜與搖擺，但是，這也正
是前工業文明在我國近、現代文學中刻下的特有印記。一個無需
爭辯的事實是，這時期的文學已逐漸從封建文化的教義中解放出
來，宗教的、政黨的、神靈的色彩已逐漸從它的身上剝落下來。
它受到了冷落，因爲社會已無需它成爲經緯天地、作訓垂範的工
具；它受到了輕視，因爲它不可能帶來更多的物質財富。鉛華洗
淨，文學只是文學。在這個日趨"物的依賴性"的社會階段，它

只是文化生產中的一個分支。

這是我們對現代文學的理解。一個從農業文明轉變過程的分析中得出的結論。

肆

在指出了我國古代與近代以來人們對文學的不同理解以後，應該還有一個問題需要回答：爲什麼同是作爲文學重要樣式的小說戲劇在古代不受重視，而到了近代以來小說戲劇會扶搖直上？

這是一個由多種因素綜合作用的結果，它包含有思維習慣、外來文化影響等諸方面的影響。不過，如果我們從文學的生產、製作與傳播這個角度來觀察，那麼，我們可以發現，這甚至可以說是最爲關鍵與最爲直接的因素。

中國古代士大夫鄙視小說戲曲的原因，目前學界認爲主要是兩條："一是它們與'載道言志'的文學傳統有距離，一是它們的文字形式不'雅'。"這其實是對古代小說理論的直接闡述。班固在《漢書·藝文志》中認爲："小說家者流，蓋出於稗官，街談巷語，道聽途說者之所造也。"既然是街談巷語、道聽途說這些老百姓的生活，那麼必然在表現形式上顯得粗俗、樸素，同時更多的是娛樂、消遣的成份，與古代正統文學倡導的載道言志有着較大的區別。從這個角度來理解小說戲曲的不被重視，似乎有一定的立論根據。

然而仔細深究，這兩條都不能成立。

先說文字形式的不"雅"。儘管古代詩文經過許多朝代的發展，越來越成爲士大夫的專利，越來越走向雅致、精巧的一面，使得許多士大夫對街談巷語的、粗陋的小說戲曲不屑一顧，但是這其中並沒有不可逾越的鴻溝。我國古代最早的詩歌總集《詩

經》中就有不少的流傳於民間的歌謠，這些土風歌謠構成了《國
風》的主要內容。爲什麼來自民間的《國風》能成爲我國詩歌的
重要源頭，而同樣來自於民間的小說就不能演化成爲士大夫喜歡
的文學樣式呢？事實上，古代文人也曾對小說作過加工，試圖讓
小說向雅致化、精致化的方向發展。例如唐代張鷟的《游仙
窟》、清代陳球的《燕山外史》，均以駢文寫成；而清代屠紳的
《蟫史》，則以文言文創作長篇小說，顯示出文人士大夫用
"雅"的形式來創作小說的嘗試。可惜的是，小說仍然沒有能得
到眾多士大夫的認同，仍然沒有能與詩歌、散文一樣成爲文學的
正宗。這裡的原因可能就不應該是用文字形式上的不雅來解釋
了。

　　再說文學的載道言志功能。誠然，小說在它出現的時候，並
沒有明顯的教化作用，與中國古代傳統的載道言志原則有頗大的
差距。不過，任何文學樣式在它最初產生的時候，都不是按照某
種既定的理論創造出來的。詩歌、散文强烈的教化功能，都是在
以後的發展中被慢慢强化出來的。在這方面，我國古代的文論
家、小說家也不斷標榜，認爲小說可以與正統文學觀結合。明代
的胡應麟認爲："小說者流，或騷人墨客，游戲筆端；或奇士洽
人，搜羅宇外，紀述見聞，無所回忌，覃研理道，務極幽深。其
善者，足以備經解之異同，存史官之討，總之有補於世，無害於
時。"(20) 有補於世，而無害於時，這正好是中國古代儒家正統
文學觀的核心。類似的觀點，在許多小說家那裡也有明確的表
述。靜恬主義在《金石緣序》中認爲："小說何爲而作也？曰以
勸善也，以懲惡也。夫書之足以勸懲者，莫過於經史，而義理艱
深，難令家喻户曉，反不如稗官野乘福善禍淫之理悉備，忠佞貞
邪之報昭然，能使人觸目儆心，如聽晨鐘，如聞因果，其於世道

人心不爲無補也。"[21]在這裡不僅指出了小說有補於世道人心的功能，而且還指出寓教於樂的小說比義理艱深的詩文更具有深入人心的特點。真可謂小說可以"資治體，助名教，供談笑，廣見聞"[22]，在載道言志方面沒有哪一點比正宗詩文顯得遜色。

　　由此，我們不難肯定以往認爲的兩條鄙視小說戲曲的原因缺乏根據。在我們看來，真正制約着古代小說的發展並進而影響到小說正宗地位的，是小說自身生產與傳播方面的特殊性。

　　從小說文體而言，它的最大特點在於情節性和故事化，而設置情節、安排人物、鋪陳故事，絕非可以在極簡短的文字中得以完成。因而，從篇幅上觀察，小說（當然也還有戲曲）遠遠超出於詩歌、散文，有時是幾十倍，有時則是成百上千倍。對於如此的篇幅，在古代純粹手工操作的情況下，其刻寫與印刷時間是可以想像的。而寫作所耗費的大量時間與印刷所需的大量紙張，也會使得許多僅憑興趣的愛好者望而卻步。而古代一貫缺乏的文化市場，又使這些努力與工作無法獲取現實的回報，從而無法刺激小說的繼續產生（需要附帶指出的是，中國古代傳下來的大量小說，其實大部分都是作爲"話本"的形式而出現的。大量說書場所的開辦，以及它所具有的營業性，使得古代話本的創作具有了一定的動力。）從這個角度觀察，古代小說的不被重視其實是相當正常的。

　　可以爲本文觀點提供有力證據的是，我國對小說的重視與張揚恰恰正是在近代以來機器印刷等工業成果廣泛運用的時候。晚清小說界革命，它的時間不是出現在工業文明尚未到來的鴉片戰爭前，也不是作爲一次觀念性的革命而出現在"五四"時候，這是值得人們深思的。梁啓超在他那篇《論小說與群治之關係》的名文中認爲："欲新一國之民，不可不先新一國之小說。故欲新道德，必新小説；欲新宗教，必新小説；欲新政治，必新小説；欲新風俗，必新小説……何以故？小説有不可思議之力支配人道故。"應該説，梁啓超的這段理論比之胡應麟、靜恬主人上述論述，並没有提供給我們新的東西。他的貢獻則在於，他抓住了機器印刷、現代造紙、文化市場等工業文明出現的契機，爲小説的發展起了推波助瀾的作用。狄平子認爲："小説者，實文學之最上乘也。世界而無文學則已耳，國民而無文學思想則已耳，苟其有之，則小説家之位置，顧可等閑視哉！"[23]如果離開了晚清這一背景，狄平子的這篇言論可能要被古代先哲譏爲痴人説夢。然而，他説得正是時候。因而，阿英關於晚清小説繁榮原因的分析正是説中了要害："第一，當然是由於印刷事業的發達，没有前此那樣刻書的困難；由於新聞事業的發達，在運用上需要多量產生……"

　　總之，没有近代以來由工業文明所造成的文化市場，就不可能有晚清小説的繁榮，同樣也就不可能有小説、戲曲地位的提高。

【附　註】

(1)林語堂：《中國人》，第7章，浙江人民出版社1988年出版。

(2)孔子：《論語·陽貨》。

(3)曹丕：《典論·論文》。

(4)顏之推：《顏氏家訓·文章篇》。

(5)孔子：《論語·子路》。

(6)柳宗元：《答韋中立論師道書》。

(7)顧炎武：《文須有益於天下》。

(8)袁進：《中國文學觀念的近代變革》，第21頁，上海社會科學院出版社，1996年出版。

(9)章培恆、駱玉明主編《中國文學史》（上），第304頁，復旦大學
　出版社1996年出版。

(10)魏徵：《隋書‧文學傳序》。

(11)馬克思：《1844年經濟學——哲學手稿》。

(12)阿英：《晚清小說史》，作家出版社1953年出版。

(13)王國維：《文學小言》。

(14)《馬克思恩格斯選集》第1卷，第271頁。

(15)周作人：《苦茶隨筆》後記。

(16)梁宗岱：《文壇往哪裡去》，外國文學出版社1984年版《詩與真
　二集》，第55頁。

(17)蕭楚女：《藝術與生活》，《中國青年》1924年第37期。

(18)朱光潛：《我們對於古松的三種態度——實用的，科學的，美感
　的》，人民文學出版社1988年版《談美，談文學》，第19頁。

(19)袁進：《中國文學觀念的近代變革》，第92頁。

(20)胡應麟：《小室山房筆叢》。

(21)轉見黃霖編《中國歷代小說論著選》（上），第429頁，江西人民
　出版社1982年版。

(22)轉見黃霖編《中國歷代小說論著選》（上），第60頁。

(23)狄平子：《論文學上小說之位置》。

第二章　作家：彷徨岐路

　　作家的地位與命運，是與文學的地位和命運密切相關的。在中國文學由古代向近、現代轉變的歷史性關頭，人們對作家的理解，以及作家這一概念本身都有了新的不同的內涵。在本章中，我們想着力揭示近、現代以來作家的地位與命運，以及由此而引發的在文學上的不同特質。

壹

　　在研究近、現代作家的地位與命運之前，我們仍然想先探討一下我國古代作家在當時社會層面上所處的地位與作用。

　　從嚴格意義上說，中國古代並沒有作爲現代社會分工角色意義上的作家。金諍在《科舉與中國文化》一書中指出：

> 　　在漫長的封建社會中，爲中國文化的豐富發展作出了巨大貢獻的一切偉大的政治家、思想家、文學家、史學家以及其他學問家，很少不是通過科舉考試而躋身社會上層，由此獲得了作出其貢獻的活動基礎；而同一時期對於中國文化的建構有巨大負面影響那些大人物，也很少不是同一道路的過來人。如果說，一個民族、一個社會的文化代表是知識分子，那麼中國無數代知識分子的面貌、精神，都是由科舉制度塑造出來的。[1]

既然文學家與政治家、思想家、史學家等一樣，都是由科舉制度塑造出來的，那麼、研究科舉制度的由來，以及它的特點，便能對我國古代如此眾多的作家有一個準確而真實的了解。

按一般公認的理解，古代科舉制度起源於隋代，迄今已有一千餘年的歷史。也有些研究者將時間前移，認爲西周的選士與漢代的察舉，便是科舉考試的初級形態。但不管怎麼說，科舉制度長久而持續地決定着古代人才的選拔方式，確是一個無庸爭辯的問題。而在西方，"從古希臘到中世紀，都沒有關於考試的確切記載，筆試也是十八世紀以後才開始出現於歐洲的大學。"(2)那麼爲什麼科舉制度會出現在中國？並源遠流長地存在？

對於這一問題的回答，我們又應該回到前一章中關於我國古代宗教力量薄弱、儒家正統文化成爲社會紐帶這一論斷上來。當社會自身的產品交換尚不足以建立起全社會的聯繫、並保證社會自身的統一與完整時，外力的作用便顯得必需而自然。在古代社會中，印度、西方等國主要依靠的是宗教力量，而中國卻是更多人情味與世俗化的儒家正統文化。那麼，如何使這種儒家正統文化讓廣大百姓所普遍接受，並代代相傳，便成了我國科舉制度產生並源遠流長的根本原因。有學者指出："文官政治樹立了一個與自身高度適應的社會政治思想——儒家思想，並通過文官選拔使之成爲知識分子的共同信仰，進而傳導向整個社會。"(3)這是一個頗得要領的觀點。科舉制度使得廣大中下層庶族平民和庶族地主知識分子有了入仕的機會，被緊緊地控制在最高皇權之下；而這些入仕的知識分子，則將他們科舉考試所必修的儒家正統思想傳播到廣大的百姓之中。這樣便形成了最高皇權、儒生階層和儒家正統思想三位一體的管理模式，從而維繫着古代社會的統一與完整。

對於這種情形，明末意大利傳教士利瑪竇也有覺察："標誌着與西方的一大差別而值得注意的另一重大事實是：他們全部都是由知識階層，即一般稱爲‘哲學家’的人來治理的，井然有序地管理整個國家的責任完全交付給他們來掌握。”[4]而英國的卡萊爾在發現中國“試圖讓文學家來擔任他們的統治者”時大惑不解，他覺得這是“中國人一件最有趣味的事”。[5]不管是覺得好奇，還是有趣，科舉制度確是中國的國粹。

科舉制度使讀書與仕途聯繫了起來，而考試内容一般以文學和史學爲主，這便形成了我國古代文學家人才輩出的局面。

例如在唐代，進士科舉考試以詩賦爲中心，有時還規定如果貼經考試不合格，還可以用詩補考。這便在唐代形成了詩歌創作的熱潮，李白、杜甫、白居易、韓愈、柳宗元、劉禹錫、杜枚、李商隱……等一大批傑出詩人的誕生，以及《全唐詩》中逞逞5萬首詩作，如果離開了這一背景，簡直就無從談起。到了宋代，對科舉的重視更是有過之而無不及。宋真宗在《勸學文》詩中說：“富家不用買良田，書中自有千鐘粟；安居不用架高堂，書中自有黃金屋；出門莫恨無人隨，書中車馬多如簇；娶妻莫恨無良媒，書中有女顏如玉。男兒欲遂平生志，六經勤向窗前讀。”在科舉中可以滿足的人一切欲求，關鍵只是需要讀通“六經”。范仲淹、歐陽修、黃庭堅、柳永、王安石、司馬光、蘇軾、周敦頤、曾鞏等一大批名垂史册的人物，都是通過科舉而獲得施展才華的機會，並且也是由於科舉而在不經意中成爲文學家的。至於元明清三代，情況也大致概莫能外。在從大清成立到鴉片戰爭爆發這段約二百年時間中，大約出現了一百二十四位有影響的作家，其中進士出身的五十二人，舉人出身的十八人，僅這兩項相加就幾乎占了整個作家的近百分之六十，其他還有爲數不少的秀才。[6]

　　至此，我們可以說，沒有科舉制度就不可能出現如此眾多的作家，也就不可能造成我國古代文學的繁榮。但這只是問題的一個方面。

　　問題的另外一個方面在於：我國的科舉制度並不是爲了造就專門意義上的作家，而只是爲了培養與選拔管理國家的人材。學而優則仕，是對此作出的最好詮釋。因而，科舉考試內容偏重於文史方面的特徵，意外地造就了大量的文學家；而在他們入仕之後，又常常吟詩作賦以文學家的面目出現，這就使得整個社會產生了一種錯覺，似乎感到文學家在社會階層中占據了優越與受人尊敬的地位。這其實是一種誤會。在官本位的社會中，受尊重的則是他們的官職，以及儘管還沒有撈到官職，但是具備了足以應付科舉考試的文學方面的才華。這才是問題的關鍵。

　　只是在科舉制度廢除以後，作家已經脫離了政權而必須以自己的創作養活自己時，人們才會發現文學家的稱號並不那麼動聽。一股失落感油然而生。

貳

　　隨着鴉片戰爭爆發以後，工業化進程在我國的迅速出現，使得原先維繫社會的紐帶逐漸斷落。"資本主義制度已經不再求助於任何宗教力量的支持了。儘管時至今日我們仍能感到宗教企圖對經濟生活施加影響，然而這種不正當的干預已經微不足道了，已經不能與國家制定的制度規章對經濟生活干預相提並論了。在這種情況下，人們的商業利益和社會利益確實有着決定他們的觀點和態度的趨勢。誰要是不使自己的生活方式適應資本主義成功的狀況，就必須破產，或者至少不會發家。"[注]工業化的發展，造成了從未有過的如此廣泛的產品交換，使得通過"產品"

就可使整個社會連接起來。宗教已不再成爲國家的必需，科舉也顯得極端的迂腐與空疏。長達千餘年的科舉制度在中國近代的壽終正寢，正是社會形態由農業文明向工業文明轉化的結果。

與之相適應的，本來依附於科舉制度而滋生出來的作家，很自然地失去了適宜的土壤。這是中國文學發展史上一個極爲重大的事件。在工業化來臨的時候社會如何選拔人才？是不是還需要如此多的文官來管理國家？還需要不需要文學家？

這是一個傷透腦筋的新生事物，任何傳統的觀點都無濟於事。但是，也只要弄清了工業文明的本質，對這一問題的應答也就異常簡單。"工業社會，由於生產商品，它的主要任務是對付製作的世界。這個世界變得技術化、理性化了。機器主宰了一切，生活的節奏由機器來調節。時間是有年月順序的、機械式的，由鐘錶的刻度均勻地隔開。能源利用取代了人的體力，大大提高了生產率。以此爲基礎的標準產品大批量生產便成爲工業社會的標識。""工業革命歸根結蒂是一種用技術秩序取代自然秩序的努力，是一種用功能和理性的技術概念置換資源和氣候的任意生態分佈的努力。"[8]這一西方社會學家描繪的工業社會特徵，準確地揭示了工業化進程在人類社會支配自然與支配商品時不同的處理方式。與這種處理方式相對應的，便是在生活觀念、人才觀念的根本性轉變。

其實，中國人對這種轉變也有清楚的認識與相當準確的判斷。

茅盾（沈雁冰）父親在他的臨終遺言中表示："中國大勢，除非有第二次的變法維新，便要被列強瓜分，而兩者都必然要振興實業，需要理工人才，如果不願在國內做亡國奴，有了理工這個本領，國外到處可以謀生。"[9]這是茅盾父親沈永錫在面對洪水猛獸般進入中國的列強與西方工業文明時，所萌發出來的觀點。至於茅盾本人後來報考北京大學預科，學習文科，其實也不是因爲自己特別喜歡文學，而是出於不得已："……北京大學預科分第一類和第二類。第一類將來進本科的文、法、商三科，第二科將來進本科的理工科。報第一類的，只考國文與英文，我自知數學不行，就選擇了第一類。"(1) 如果茅盾不是在中學時沉溺於閱讀小說，以致於"數學不行"，那麼他是極希望報考日後可以進理工科的第一類的。

　　郭沫若與茅盾的情況有些類似。不過，郭沫若更是對文學不屑一顧。他在談到在日本爲何選擇學醫時說道：

　　　　日本的高等學校約略於我們的高中，是大學的預備門。在當時是分爲三部，第一部是學文哲、法政、經濟學科，第二部是理工科，第三部是醫科。在應考時便得分科，因此便發生自己的選業問題。……因爲我對於法政經濟已起一種厭惡的心理，不屑學；文哲覺得無補於實際，不願學；理工科是最確實的，然而因爲數學成了畏途，又不敢學；於是乎便選擇了醫科，應考第三部。……我在初，認眞是想學一點醫，來作爲對於國家社會的確實貢獻，然而終究沒有學成，這確是一件遺憾的事。(11)

　　應該說，郭沫若提到"文哲覺得無補於實際，不願學"的觀點，確是當時社會上一種普遍的價值取向。中國現代文學中的另一個大師巴金，當他走向夔門溶入廣闊的世界時，他的大哥堯枚反覆叮嚀他應該考進大學讀工程系，日後當個工程師。(12) 在堯枚看來，做了工程師將來可以有穩定的收入，以便重振家業。這是接受過"五四"新文化運動洗禮、目睹着工業文明在內地城市沖擊的現代青年，在職業觀與人才觀上的取捨。

　　同樣值得重視的還有通俗文學大師張恨水。這位出生於內地偏僻農村的少年，在選取人生的志向時，他也選擇了理工科。據他的兒子張伍回憶，他早年投考蘇州蒙藏墾殖學校也是期想學個一技之長，以科學報國。"父親的文筆使墾殖學校的不少同學傾倒，有些同學就勸父親改走文學這條路，並說墾殖學校前途黯淡，勸他早作良圖。可是那時他仍懷一腔科學救國之願，依然是科學信徒，實在沒有想到吃小說這碗飯。"(13) 儘管代數、幾何、三角、物理、化學等課程，沒有一門不弄得他頭腦發昏，然而他卻夜以繼日地攻讀，爭取在科學的道路上有所收獲。

　　上述幾位文學大師的最初選擇，並不是個別的偶然現象，而是普遍地反映了本世紀二、三十年代青年人的集體意識。科學才是真學問，理工科才是真本領，成爲一代青年人的信條。而文學——慚愧得很，真很難找出幾位雄糾糾願意獻身文學的人。

　　這是時代的選擇，是一個社會的主流意識。如果離開了工業化這個背景，這種主流意識就根本無從談起。有學者指出："近代以來的一百年，甚至可以上推到十八世紀末的近二百年，我們缺乏一流的文學巨著，也缺乏一流的作家。這一差距只有與同時代其他國家先進文學相比才能看出，我們的作家缺乏對人類命運的思考關注，缺乏文學上的大氣勢大手筆。如果說文學的成就最終要看質量，也就是代表作的價值，那麼，這一百多年來文學成就顯示出我們文學發展的局限，走過的彎路，這種狀況也是發人沉思的。"(14) 在我們看來，這種論斷大體上應該是可以成立的，可惜的只是沒有繼續深究其中的原因。

　　當然，原因肯定是錯綜複雜。不過，在我們看來，在某些特定的歷史階段，當某一種職業並沒有得到社會的廣泛認同，並沒有形成對社會廣大民眾的強大吸引力，眾多社會精英分子並沒有投入其中時，在這一種職業上所取得的成就肯定會大打折扣。在中國近、現代文學發展中，尤其是在本世紀二、三十年代，眾多一流人才並沒有參與到作家隊伍中來，其實是一眼可知的事實。在古代，詩禮傳家、書香門第，成爲整個社會欽羨與追求的目標。蘇洵、蘇軾和蘇轍父子在文學上的貢獻，更是文壇佳話。然而在現代，人才的分流極爲明顯。李四光、談家楨、李政道、楊振寧、華羅庚、吳健雄、鄧稼先、錢學森、錢三強、錢偉長……等一大批不計其數的科學工作者在中國現代史上閃閃發光。這是一個集中了廣大一流精英人物的所在，郭沫若、巴金、茅盾、張恨水等人沒有實現的科學理想，在他們身上得到了完美的體現。歷史上總是這樣無情：在有所得時總會有所失。

　　從這個角度，我們就不難部分地理解爲什麼在中國近、現代文學中“缺乏一流的文學巨著，也缺乏一流的作家”這個事實。另外部分的理由還在於我國近、現代文化市場貧乏與薄弱的先天性缺陷。這也正是我們稱之爲“前工業文明”的重要原因。如果沒有這方面的原因，我們就不能有信服力地解釋，爲什麼在工業革命以後西方文學中出現了那麼許多光彩照人的文學巨匠。對於這一問題的論述，在以後的篇章我們還會有較詳細的闡述。

叁

　　儘管我們很遺憾地發現中國現代文學缺乏眾多一流人才的參與，但是，即使已經參與進來的作家，卻還是那樣的躁動不安，那樣的苦悶彷徨，那樣的後悔不迭。這真令全國眾多的中國現代文學研究者感到沮喪。

　　我們還是先看看魯迅。

　　眾所周知，魯迅先生早年是打算學醫學，希望將來可以醫治

像他父親那樣被庸醫耽誤了病人的。然而，偶然發現的幻燈片中
有着强壯體魄而顯麻木神情的同胞，使得他決定棄醫從文。"凡
是愚弱的國民，即使體格如何健全，如何茁壯，也只能做毫無意
義的示衆的材料和看客，病死多少是不必以爲不幸的。所以我們
的第一要件，是在改變他們的精神，而善於改變精神的是，我那
時以爲當然要推文藝，于是想提倡文藝運動了。"(15)這裡充滿
着崇高，大有天將降大任於斯人的氣概。他充滿自信地宣稱：
"文藝是國民精神所發的火光，同時也是引導國民精神的前途的
燈火。"(16)真是慷慨激昂。在這種理想精神的激勵下，他一發
而不可收，創作了《吶喊》、《彷徨》，以及一大批的隨感雜
文。不過，需要指出的是，魯迅先生的這種想法從一開頭就是片
面的。簡單地說，作爲上層建築範疇之一的文學，是不可能完全
充當引導國民前進的燦爛燈火的。這大有唯心主義論者的氣息。

　　事實也確實如此。魯迅先生在激動了一陣子以後，"感到未
嘗經驗的無聊"。他後來總結道："凡是一人的主張，得了贊
同，是促其前進的，得了反對，是促其奮鬥的，獨有叫喊於生人
中，而生人並無反應，既非贊同，也無反對，如置身毫無邊際的
荒原，無可措手的了，這是怎樣的悲哀呵，我於是以我感到者爲
寂寞。"他感到了無端的悲哀，但他並不憤懣："因爲這經驗使
我反省，看見自己了：就是我絕不是一個振臂一呼應者雲集的英
雄。"(17)儘管魯迅先生此時尚未認識到他在文藝觀上唯心主義
式的偏頗，然而作爲一個清醒的現實主義者，他的確也體會到了
文學的脆弱與渺小。在"五四"退潮後，他感慨到："我自己早
知道畢竟不是什麼戰士了，而且也不能算前驅。"(18)一首詩嚇
不走孫傳芳，一炮就把孫傳芳趕走了。至此，他對文學總算有了
清醒的認識。臨終前不久，他在留給許廣平的遺囑中寫道：

孩子長大，倘無才能，可尋點小事情過活，萬不可做空
頭文學家或美術家。[19]

　　對這條遺囑在理解上有些歧義：是文學家、美術家本身就是
“空頭”的？還是文學家、美術家有“空頭”、“實頭”之分？
不過，從後來許廣平不讓周海嬰從事文學，而是讓他學習物理成
爲電子工程師這一事實考慮，魯迅的意思可能是第一種理解。那
麼，在文學上奮鬥了大半生的魯迅先生，他似乎也明白了當時社
會的主流意識和時代選擇：文學是空疏的，而理工科、醫科才是
實用的學問？

　　另外兩位旗手——郭沫若、茅盾，其情況也與魯迅大同小
異。

　　同樣是學醫的郭沫若，因爲患中耳炎而造成兩耳重聽。這生
理上的限制，使他被迫放棄了醫學，而走上了文學的路途，“終
竟把無法長成的醫學嫩牙掩蓋了”！[20]幾多遺憾，幾多懊惱。
“雖然我並沒有行醫，但我覺得我的醫學知識比文學知識更有根
底。我是衷心尊重醫學的一個人。”[21]辯護中不無輕文學、重
醫學的味道。那麼，茅盾呢？——其實，他的自我剖析比郭沫若
還要徹底與坦白。“我是真實生活，經驗了動亂中國的最複雜的
人生的一幕，終於感到幻滅的悲哀，人生的矛盾，在消沉的心情
下，孤寂的生活中，而尚受生活執着的支配，想要以我的生命力
的餘燼從別方面在這迷亂灰色的人生內發一微光，於是我就開始
創作了。我不是爲的要做小說，然後去經驗人生。”“在過去的
六、七年中，人家看我自然是一個研究文學的人，而且是自然主
義的信徒；但我真誠地自白：我對於文學並不是那樣的忠心不
貳。那時候，我的職業使我接近文學，而我的內心的趣味和別的
許多朋友——祝福這些朋友的靈魂——則引我接近社會運動。

……我在那時並没想起要做小説，更其不曾想到要做文藝批評家。"(22) 在這裡，我們得到了明確的告示：茅盾對文學並不怎樣"忠心不貳"，他創作小説只是爲了在"迷亂灰色的人生内發一星微光"，真没有什麼神聖、虔誠可言。

三位旗手尚且如此搖擺不定，整個軍心又怎麼能穩定呢？

爲了加深印象，我們再看一位當時被稱爲"新文壇巨子"(23) 的巴金，是如何看待他所從事的文學工作的：

> 文學是什麼？我不知道，而且我始終就不曾想知道過。大學裡關於文學的種種課程，書店裡有種種關於文學的書籍，然而這一切在輪夫僕人中間是不存在的。他們夢想不到會有許多人靠着文學吃飯。他們也決不會夢想我也有靠稿費維持生活的事情。
>
> 我寫過一些小説，這是一件不可否認的事實。但這些小説是不會被列入文學之林的，因爲我自己就没有讀過一本關於文學的書。我寫文章不過是消費自己的青年的生命，浪費自己的活力……(24)

值得玩味的是，這篇文章發表於1934年，其時他已經發表了《家》、《滅亡》、《霧》、《雨》等一大批有影響的作品。

這是一個值得重視的現象，一個既身在文學又極力貶低文學的悖論。既是作家又是學者的錢鍾書，他的一般論述可能是對這一現象的最恰切表述：

> 至於一般文人，老實説，對於文學並不愛好，並無擅長。他們弄文學，彷彿舊小説裡的良家女子做娼妓，據説是出於不甚得已，無可奈何。只要有機會讓他跳出火坑，此等可造之才無不廢書投筆，改行從良。文學是倒霉晦氣的事業，出息最小，鄰近着饑寒，附帶了疾病。我們只説有文

丐，象理丐、工丐、法丐、商丐等名目是從來沒有的。至傻
極笨的人，若非無路可走，斷不肯搞什麼詩歌小説。因此不
僅旁人鄙夷文學和文學家，就是文人自己也填滿了自卑心
結，對於文學，全然缺乏信仰和敬愛。(25)

正因爲自己也是文人，錢鍾書對文人的論述真是入目三分。
不過，我們仍然要問：爲什麼作家對自己所從事的工作是那樣自
卑？那樣的全然缺乏信仰和敬愛？

在我們看來，原因可能在兩個方面。

首先，文學已失去政治上的依靠。如前所述，在以農業文明
爲核心的古代社會中，“人的依賴性”使得儒家正統文化成了連
結社會紐帶的重要工具；在這種背景下，文學才被賦予了載道、
紀政、勸懲等內容，文學也才被歷朝歷代的統治者所重視，所利
用。而在工業化進程開始以後，文學已逐漸作爲一個專門的學科
獨立存在。它原先依附於政權而發揮作用的特徵已迅速消失。文
學只是文學，它不是某種集團的工具。正是在這裡，魯迅很快發
現自己不是登高一呼應者雲集的英雄，文學不可能是引導國民前
進的燈火。他們彷徨與苦悶，其實不可避免。郭沫若、茅盾、巴
金等人對文學的輕視與貶低，也正是這種因素的反映。同時可以
提供佐證的是，在當代文學中提倡文藝爲政治服務的時候，我們
很少發現作家們對文學作用的動搖，以及對作家這一稱號的輕
視。

其次是來自現實生活方面的考慮。由於工業化進程進入中國
的非自發性，以及中國社會半殖民地半封建的特徵，使得中國現
代的文化市場具有了先天性的不足。它主要只是集中在幾個通商
口岸，遠沒有能把廣大的內地城鎮與鄉村有效地納入到現代文化
市場的範圍之中。據統計材料顯示，在從1898年到1911年這晚清

10餘年中，我國出版的小説數量爲一千一百多種，而同一時期的短短一年中，"美國約二千種，法國約六百種，意大利、西班牙各五百餘種，日本爲一十種，印度、叙利亞約四百種。"(26)中國在十餘年中出版的小説，竟只有美國一年的一半。而在1930年，我國出書共約一千餘種，而同時的德國出書則爲三萬一千種，日本一萬八千種。(27)在工商社會中，需求決定了生產。當我國現代的文化與出版市場只是發展到某種階段的時候，它對作品與作家的需求也只能保持在某種比例。從這個意義上考量，我國現代的文化市場尚没有到能足以養活一大批文人的時候。爲數極少的知名作家可能無需爲生活操心，而更多的中、小作家則難以用作品的稿費換回足夠的生活資料。在這裡，他們對文學道路的選擇充滿失望、後悔與自卑，確也是合情合理的。

這真是一個無可奈何的現象。翻開中國現代作家的創作自叙錄，這種對作家頭銜的悔意與彷徨歧途的痛心，真是比比皆是。然而，這一切又有什麼辦法呢？

肆

如果中國現代文學僅僅是旗手動搖、戰將乏力、士氣低落的話，那麼我們的現代文學可能會不值一提、一文不值。然而，事情確又遠非如此簡單。

在我們所着力探討的本世紀二、三十年代，確是湧現出爲數不少的優秀作家，產生了一批經受得起時間考驗的優秀作品。雖然與外國文學相比，確也是存在有不少的差距，但是，它卻是中國文學史上大放異彩的一頁，在作家、作品和文學觀念上都有值得大書一筆的地方。那麼，原因又是什麼呢？

我們發現，從作家的知識構成與文化素養來觀察，這是真正

一代承前啓後、繼往開來的作家隊伍。他們既有浸淫于四書五經
傳統典籍的深厚功底，又八面來風接受了歐風美雨的洗禮。他們
是系統接受傳統文化的最後一代，又是吸收西方現代文明的最新
一代。儘管如前所述，許多第一流人才這時並沒有投身于文學事
業，然而，僅僅就參與中國現代文學的這些作家而言，他們的文
學根底與文化底蘊，確實是中國幾千年歷史中一個相當特殊的存
在。這是歷史在進化過程中的一個特殊現象，不僅古代作家無法
擁有他們這樣如此開闊的世界性眼光，而且今後的作家對他們在
私塾中就已熟悉的古典文化遺產也無法摹仿。從這個角度來理解
本世紀二、三十年代作家的文化素質，以及他們在文學創作中所
取得的傑出成就，便可能有恍然大悟之感。儘管他們有時動搖，
有時彷徨，然而他們的文學根底並沒有因此改變。這是我們認爲
的根本原因。

　　且不說人所盡知的魯迅先生有着大百科全書式的知識容量，
即使郭沫若、茅盾兩人的文學根底，也足以令現在的一般作家大
開眼界。

　　先說郭沫若。這位天才式的大作家，從小受母親的影響，發
蒙以前就已背誦了上千着唐詩，也是人們都熟悉的事實。至于外
國文學方面的影響，他這樣說道：“到了日本雖然把文學放弃
了，但日本人教外國語，無論是英語、德語，都喜歡用文學作品
來做讀本。因此，在高等學校的期間，便不期而然地與歐美文學
發生了關係。我接近了泰戈爾、雪萊、莎士比亞、海涅、歌德、
席勒，更間接地和北歐文學、法國文學、俄國文學，都得接近的
機會。”[28]在日本學習的近十年時間中，這樣的學習方式怎麼
能不使郭沫若受到外國文學良好的熏陶呢？他的感覺是：“這些
便在我的文學基底上種下了根，因而不知不覺地便發出枝干

來 ”。有着中外文學方面如此深厚的修養，他走上文學道路也真可謂是別無選擇。他總離不開文學對他的吸引與誘惑。

再看茅盾。這位在《小説月報》開設 “ 小説新潮欄 ”，並在商務書館編譯所翻譯了不少外文著作的文學研究會主將，他的外文功底不同尋常。然而，他的國文功底卻更令人驚异：“ 我從中學到北京大學，耳所聞者，是 ‘ 書不讀秦漢以下，文章以駢體爲正宗 ’。涉獵所及有十三經注疏，先秦諸子，四史（即《史記》、《漢書》、《後漢書》、《三國志》），《漢魏六朝百三家集》，《昭明文選》，《資治通鑒》。《昭明文選》曾通讀兩遍。至于《九通》、《二十四史》中其它各史，歷代名家詩文集，只是偶然抽閱其中若干章段而已。”(29)這一張書目單，一般的大學中文系本科生、碩士生根本不可能全部讀過，即使現在的古典文學博士、教授也未必都已閱讀。除了驚訝、贊嘆之外，我們還能説什麼呢？

應該説，這種情況並不是魯迅、郭沫若、茅盾他們三人極個別的現象，而幾乎是當時整整一代作家的共同特點。周作人、郁達夫、胡適、朱自清、聞一多、巴金、冰心、馮至、鄭振鐸……哪一個不是學貫中西、通古博今呢？

因而，我國新時期作家陸文夫深有感觸地説：

　　有人提出要我們爭取成爲大作家，成爲魯迅和茅盾。……你看魯迅和茅盾他們多淵博！中外古今，天文地理；能創作，能翻譯；能寫小説，能做學問；一手毛筆字在書法中也是上乘的！環顧我們的同齡人，沒有一個人的文化基礎有他們那麼雄厚。(30)

這話説得對。不僅陸文夫、高曉聲、王蒙、馮驥才這一批作家無法相比，而且今後的任何後來者在某些方面也永遠無法企及。

　　這是一個特殊的歷史造化的結果，是農業文明向工業文明轉換途中造成的"歷史中間物"，也是科舉制度在我國文學中的最後餘蔭。

　　他們充滿着掙扎，充滿着焦慮。這本身就是傳統文化觀念在他們心靈中失衡的表現。然而曾幾何時，他們本身所秉有的深厚文化素養，再加上現代西方思潮的沐浴，卻使他們在文藝園地結下了絢麗的奇葩。

　　這便是我國本世紀二、三十年代許多重要作家的狀況，一個永遠值得深思、回味的現象。

【附　註】

⑴金諍：《科舉與中國文化》，第1頁，上海人民出版社1990年版。

⑵朱永新：《中華教育思想研究》，第267頁，江蘇教育出版社1993年版。

⑶金諍：《科舉與中國文化》，第4頁。

⑷利瑪竇：《中國札記》第1卷，第6章。

⑸卡萊爾：《論英雄和英雄崇拜》，中國國際廣播出版社，1988年版。

⑹這裡的數字，根據徐州師院中文系編《歷代文學及工具書簡介》而統計產生。該書比《辭海》文學卷中的作家條目稍多一些，但又不濫收，因此有統計上的價值。

⑺馬克斯·韋伯《新教倫理與資本主義精神》，第52頁至53頁。

⑻貝爾：《資本主義文化矛盾》，第198頁至第199頁。

⑼茅盾：《我走過的道路》（上），第51頁，人民文學出版社1981年版。

⑽同上書，第90頁。
⑾《郭沫若全集》第12卷，第15頁。
⑿巴金：《紀念我的哥哥》，見《巴金全集》第13卷。
⒀張伍：《回憶父親張恨水先生》，第56頁，北京十月文藝出版社1995年版。
⒁袁進：《中國文學觀念的近代變革》，第234頁。
⒂魯迅：《吶喊·自序》。
⒃魯迅：《論睜了眼看》。
⒄魯迅：《論睜了眼看》。
⒅魯迅：《寫在〈墳〉後面》。
⒆魯迅：《死》，收入《且介亭雜文末編》。
⒇《郭沫若全集》第12卷，第17頁。
(21)同註⒇，第18頁。
(22)茅盾：《從牯嶺到東京》。
(23)見《家》發表時《時報》上刊登的啟事。
(24)巴金：《我希望能夠不再提筆》，原載《我與文學》，生活書店1934年7月版。
(25)錢鐘書：《論文人》。
(26)梁啟超：《小說叢話》。
(27)李澤彰：《三十五年來我國之出版業》。
(28)同註⒇
(29)《我走過的道路》（上），第114頁。
(30)陸文夫：《藝海入潛記》，第121頁，上海文藝出版社1987年版。

第三章 讀者：無形的手

壹

在以農業文明爲特徵的古代社會中，作家往往充當了一個佈道式的角色。他凌駕於讀者之上，並不在乎讀者的反應，而只是根深蒂固地認爲自己所宣揚與所表達的是絕對的真理。然而，工業化的到來，宣告了這只能是一個古老而又遙遠的回憶。在現代工商社會中，它已經完全行不通了。

在馬克思看來，工商社會的興起，使整個社會關係都納入到競爭與交換之中。一切都變成了商品，一切都可以交換，從而構成了"物的依賴性"的基本特徵。而在包括文學在內的精神生產方面，它的發展與存在形式自然也不能有悖於這一時代特徵。馬克思指出：

> 與資本主義生產方式相適應的生產，就和與中世紀生產方式相適應的精神生產不同。如果物質生產本身不從它的特殊的歷史形式來看，那就不可能理解與它相適應的精神生產的特徵以及這兩種生產的相互作用，從而也就不能超出庸俗的見解。[1]

很顯然，馬克思認爲某個特殊歷史階段的精神生產，是與它當時的物質生產方式緊密相連的。在一切都變成了商品的時代洪流中，文學儘管作爲精神產品的一部分，但是仍然不能超出於商品這一概念。事實也正是這樣：在人們感同身受地體會到顧客就是上帝的同時，作家與文學傳媒也慢慢地熟悉了讀者就是上帝的道理。

　　巴金在《作家靠讀者養活》一文中認爲：“生活培養作家，不是職稱培養作家；作家靠讀者養活，不是靠領導養活。這本來是個很淺顯的道理。”他感覺到：“作爲作家，養活我的是讀者”。(2)巴金的這種感覺與認識，也是近、現代以來衆多作家的共同體會。讀者是作家的衣食父母，它像一只無形的手制定着文學的發展。任何企圖忽視或凌駕於讀者之上的想法，到頭來都會被證明是徒勞無益的工作。這是近代以來的工業化進程，在作家觀念上進行的一次洗禮。

　　那麼，具體到我國的近、現代文學中，作爲上帝的讀者是如何制定與影響着文學的呢？

　　在制定與影響中，它又是起了什麼樣的作用呢？

　　在討論上述問題之前，我們還想首先探討一下“讀者”這一概念。即什麼是我們現代意義上的讀者？它應包含哪些成員？只有將這一問題首先弄清之後，我們才有可能繼續深入下去。

　　魯迅先生認爲：

　　　　文藝本應該並非只有少數的優秀者才能夠鑒賞，而是只有少數的先天的低能者所不能鑒賞的東西。

　　　　倘若説，作品愈多，知音愈少，那麼推論起來，誰也不懂的東西，就是世界上的絕作了。

　　　　但讀者也應該有相當的程度。首先是識字，其次是普通的大體的知識，而思想和情感，也須大抵達到相當的水平線。否則，和文藝即不能發生關係。(3)

在這裡，魯迅先生非常辯證地論述了讀者與文藝發生關係的條件：第一是識字，第二是普通的大體的知識，第三是必須有相當的思想和情感。這幾條是讀者與文學發生關係的基礎，除此便不能構成作爲文學外部關係重要一環的“讀者”概念。

這爲我們的研究提示了一條重要綫索。即讀者在近、現代以來的社會階層中處於什麼樣的位置？他們的知識與思想感情又處於什麼樣的程度？通過這樣的觀察，我們便可發現在近、現代的文學中讀者是如何制定與影響着文學的發展，並進而也能明白讀者在這其中又是起了何等重要的作用。

貳

在我國近、現代文學的發展中，“五四”時期新式讀者的大量產生是一個極爲引人注目的現象。

1905年，清政府下詔停止科舉考試。這一綿延千餘年的我國封建選仕制度，終於在日益工業化的社會面前暴露出它空疏與腐朽的一面。也就在幾乎同時的1903年，我國誕生了第一個政府頒布的“癸卯學制”。這一學制共分三段七級，正式確定第一階段爲初等教育，有蒙養院、初等小學和高等小學三級；第二階段爲中等教育，設中學堂一級；第三階段爲高等教育，分爲高等學堂、分科大學堂、通儒院三級。這一學制是在近代以來新式學校風起雲湧的基礎上，順應時代潮流，並較多地參照了歐美教育體系而編制出來的。它對我國近代教育制度的組織形式發生了相當重要的影響，並直接推動了我國新式學校的迅速發展。

據統計，光緒三十三年（1909年），我國有大小學校三萬七千餘所，在校學生一百零二萬餘人；民國元年（1912年），我國有學校數八萬七千餘所，在校學生二百九十餘萬人；民國五年（1916年），學校數爲12萬餘所，在校學生397萬餘人；而到191

9年，全國在校學生數已達570餘萬人。[4]其迅速程度，可謂是蒸蒸日上、一日千里。

如果說學校數量和學生人數還只是外在形式方面表現的話，那麼這些新式學校與新式學生所學習的課程，也已完全不同於古代私塾中的內容。古代私塾中，統一的是《三字經》、《千字文》、四書五經、《唐詩三百首》等純粹我國古典文史方面的典籍。而在新式學校中，聲、光、化、電、算術、幾何、英文、地理等以前從未聽說過的學問，順應着工商社會發展的要求，構成了重要的教學內容。這是一次在內容與形式上都發生着翻天覆地變化的教育改革，其結果表現到文學上是造就了一大批迥然不同於以往的新式讀者。

較早從事中國“五四”新文學研究的王哲甫先生指出：“新文學運動勃興以來，國內研究學術的會社團體如同雨後春筍蓬勃起來，只就文學的會社團體而言，也是數不勝數。試舉其重要的，如文學研究會，創造社，少年中國學會，未名社，語絲社，文學周報社，晨報副刊派，藝林派，上海戲劇協社，摩登劇社，南國社，新月社，中國文藝社……或研究，或創作，或翻譯，或討論，都有良好的成績。”[5]而根據茅盾的統計，從1922年到1925年當中先後成立的文學團體及刊物就不下一百餘。[6]

值得注意的是，這些文學社團與刊物的發起人大多是由新式讀者擔當的。文學研究會中的沈雁冰、鄭振鐸、葉紹鈞、王統照、許地山、郭紹虞、孫伏園，創造社中的田漢、成仿吾、張資平、鄭伯奇，新潮社中的傅斯年，湖畔詩社中的應修人、馮雪峰、潘漠華、汪靜之，沉鐘社中的楊晦、陳煒謨、陳翔鶴、馮至……這些新文學運動中的活躍分子，無一不是由舊私塾而轉入新學校的新式讀者，或者本身就是新式學校中的學生。

　　也正是基於這種認識，茅盾在1924年發表的《社會背景與創作》一文中認爲：

　　　　我們現在的社會背景是怎樣的社會背景？應該產生怎樣
　　的創作？由淺處看來，現在社會內兵荒屢見，人人感着生活
　　不安的苦痛，眞可以說是"亂世"了，反映這時代的創作應
　　該怎樣的悲慘動人呵！如再進一層觀察，頑固守舊的老人和
　　向新進取的青年，思想上衝突極厲害，應該有易卜生的《少
　　年社會》和屠格涅夫的《父與子》一樣的作品來表現他：遲
　　緩而惰性的國民性應該有岡察洛夫的《奧勃洛莫夫》一般的
　　小說來表現他；教育界的蠹蟲就應該有如梭羅古勃的《小
　　鬼》裡的披雷道諾夫來描寫他；鄉民的 迂拙正直可憐和
　　"壞秀才"的舞文橫霸，就應該有如顯克微支的《炭畫》一
　　樣的小說來描寫……[7]

　　在茅盾這裡，"向新進取的青年"與"頑固守舊的老人"之
間的衝突，已不僅僅是倫理學內容方面的"代溝"，而是帶有了
更多時代變更途中的觀念差異。這也正是新式讀者廣泛出現後的
一種必然現象。而投身於文學事業中的新式讀者，便理所當然地
成爲"五四"新文學運動的中堅。"現在熱心於新文學的，自然
多半是青年，新思想要求他們注意社會問題，同情於'被損害者
與被侮辱者'"[8]　這種對"五四"新文學運動的參與者"多
半是青年"的判斷，庶幾可以使我們加深對新式讀者作用的認
識。創造社的重要理論家成仿吾的感覺是"新文學的使命在給新
醒的民族以精神的糧食，使成爲偉大。以偉大的心情從事的即
是，以卑鄙的利欲從事的即非。沒有比這更顯而易見。"[9]在
這裡，成仿吾所謂的"新醒的民族"，在很大程度上正是我們所
指的新式讀者。

　　不管是說"向新進取的青年"，還是稱"新醒的民族"，茅盾與成仿吾的論說都極爲清楚地向人們揭示了"五四"時期一個新的社會階層，一個新的讀者群體在湧動、翻騰的事實。"五四"新文化運動正是得力於這種新的社會階層的擁戴，也正是得力於如許新式讀者的喜愛。"五四"新文化運動是屬於青年的，它是那個"新醒的民族"的產物。瞿秋白認爲："新文化運動的領袖，大家都不免要想做青年的新的導師；而誠實的願意做一個'革命馬前卒'的，卻是魯迅。他自己'背着因襲的重負，肩住了黑暗的閘門，放他們到寬闊光明的地方去。'……他没有自己造一座寶塔，把自己高高供在裡面，他卻砌了一座'墳'，埋葬他的過去。他這種爲着將來和大衆而犧牲的精神，貫穿着他的各個時期。"[10]魯迅先生正是在這由舊向新的轉換中，肩住了黑暗的閘門，成爲衆多青年所歡迎的領袖與導師。

　　綜上所述，我們不難兹生出這樣一個結論：新式讀者的大量出現正是"五四"新文學運動產生的一個相當重要的原因。筆者曾在一篇文章中提出過這樣的觀點："到'五四'，在校學生數達到570萬空前的數目，再加上已經畢業走上社會的新式學校的學生，其人數已經足以構成一個與以往古代社會中全然不同的讀者隊伍。正是這些接受過新式學校教育的讀者群，相當有力地支持與協助了'五四'新文化運動的拓展，使中國文學完成了由古代到現代的轉變。如果没有這樣一個堅實的讀者隊伍，'五四'新文學運動的興起與發展簡直是無法想像的。"[11]

　　我至今仍堅持上述觀點。只是需要補充的一點是：這場發生在教育領域的重大變革，其性質是屬於工業文明的。它適應工業革命的要求在西方最先誕生，並爲工業革命的發展提供着廣泛、全面的服務。

叁

就在以新式讀者爲支撐、"五四"新文學運動蓬勃發展的同時，另一個同樣重要的文學現象卻没有得到以往文學史家應有的重視——這就是中國近、現代通俗文學的多量產生。

中國近、現代通俗文學（較大部分是爲人們俗稱的鴛鴦蝴蝶派），"起源於清末民初，五四運動前後二十年間是它的全盛時期"[12]，僅鄭逸梅在《民國舊派文藝期刊叢話》中不完全的統計，鴛鴦蝴蝶派有雜誌113種，大報副刊4種，小報45種，而"這個數字只是當時出版過的大量期刊中的一小部分"[13]後經研究者查明，除此之外，還有雜誌30種，大報副刊8種，小報139種。[14]而作品數量，僅長篇小説和作品集就有二千餘種。張恨水、李涵秋、王小逸、程小青、陸士諤、顧明道、劉雲若、宮白羽、鄭證因、馮玉奇等著名作家，他們每人的創作量都在20部以上。[15]這是一連串值得認真揣摹和重視的數字。説鴛鴦蝴蝶派的作品數量數倍於同時期的新文學，應該是無庸置疑的事實。

那麽，如何來理解通俗文學"數倍"於新文學這一事實呢？它們是如何産生的？又是爲何種土壤所"滋生"？在這裡，任何研究者都無法迴避中國近、現代通俗文學所擁有的特殊讀者群。

鴛鴦蝴蝶派重要作家范烟橋在談到近、現代通俗文學在"五四"前後興盛的原因時認爲："印刷事業日漸發達，發行網不斷擴大，出版商易於維持，書肆如雨後春筍，小説作品的出路也隨之開闊了。"[16]這是從我國工業化進程的加劇與現代大都市成型的角度得出的正確結論。如本書第一章中所述，機械印刷和工業造紙，極大地提升了現代書刊、報刊迅速發展的物質條件，再加上現代鐵路、公路、航運、郵電、商業等方面的配套作用，因

而造就了現代大批的出版社、印書館、雜誌社，促成了近、現代
通俗文學的日益繁榮。這在歐亞等國的經濟發展過程中，也都可
以找到相同的例證。例如在本世紀初，隨着日本東京、大阪等新
興都市的快速發展湧現出數量衆多的娛樂性小說，便很可說明這
一問題。(17)

　　需要進一步指出的是，在文學史上小說的繁盛總是與都市的
形成、市民階層的廣泛產生密切相關的。唐宋傳奇、元明清小
說，都莫不與此息息相連。區別只是在於，在古代小說中最主要
的流通形式是“話本”，即通過說書人在書場中給聽衆講述故事
的形式而傳播，而到了近、現代，小說的流通形式則被“文本”
所取代了。人們已不再是在書場中充當聽衆的角色，而是得益於
現代工業的高度發達坐在家中從書本中領略小說的魅力。這是兩
種截然不同的欣賞方式，它對小說文本的大量需求，以及它對文
本作者和文本製作者的品牌體認，都構成了中國近、現代時期大
量作家、衆多出版機構湧現的重要原因。在以往，“話本”的流
通程度並不與話本作者的利益直接掛鈎，而現在，文本的銷量則
直接影響到文本作者的切身利益，它更能刺激到作者創作文本的
興起與熱情。鴛鴦蝴蝶派中的許多作家，如果離開了這種刺激，
那麼無疑不會創作出如此衆多的作品。這是我們想指出的問題的
一個方面。

　　同樣值得重視的另一個方面的問題是：在農業文明中，緩慢
的生活節奏，單調的人際交往關係，都使得古代人對娛樂、消遣
的要求遠遠沒有現代人如此迫切。快速的節奏，繁雜的交往，在
使人們創造出豐富的物質財富的同時，也更需要在精神上獲得輕
鬆與調節。通俗文學研究專家范伯群先生認爲：

　　　工業化不僅爲通俗文學的升溫準備了物質條件，而且也

爲通俗文學"製造"讀者群。沉滯的小農自然經濟既爲都市的工商業經濟所取代，市民的生活節奏的頻率空前增速，人們覺得腦力和筋肉的弦繃得太緊，工餘或夜晚需要鬆弛一下被機械的運轉皮帶綁得太緊的神經，這就需要娛樂和休息。而鴛鴦蝴蝶——《禮拜六》派的創作宗旨，就是滿足讀者的娛樂性、趣味性的前提下發揮"懲惡勸善"的懲戒勸俗效應。[18]

這相當明確地指出了工業化所造就的讀者群對通俗文學所引起的巨大作用。工業化一方面給通俗文學發展提供了農業社會中前所未有的物質基礎，另一方面又造就了大批的熱衷於通俗文學的市民讀者。這是互爲關聯、互爲促進的兩個方面。正是這種特點，使得我國在"五四"前後的二十年間形成了通俗文學極其繁盛的景象。任何人都無法想像：如果缺乏如此眾多的市民讀者的支持，近、現代文學中能有如此多的通俗文學嗎？

我們再來看一下具體作家的情況。

以寫偵探小說《霍桑探案》而蜚聲文壇的程小青，他曾談到讀者對他作品的喜愛："我所接到的讀者們的函件，不但可以說'積紙盈寸'，簡直是'盈尺'而有餘……他們顯然是霍桑的知己——霍迷。"[19]儘管《吶喊》、《女神》、《沉淪》等新文學中的重要作品，也都曾在新式讀者中引起廣泛的迴響，但是在面對較爲稚嫩、單薄的新式讀者時，魯迅等作家也難免有彷徨、孤獨之感。然而，在通俗作家這裡，他們並沒有不被讀者理解的隔膜感。因爲，他們畢竟有着更爲廣大的市民讀者作爲支撐。他們感到彷徨與孤獨的，則是擔心自己的文學創作得不到新文學作者的認定與贊同。

張恨水的情況則更有代表性。這位一生創作一百多部通俗小

說的多產作家，其豐富的創作實績，便足以表明讀者對他的喜
愛。在1930年，一些小報中曾有關於張恨水十分鐘內收到幾萬稿
費，在北平買下一座王府的傳聞，後來其子張伍在《憶父親張恨
水先生》中有過一段交代，其中說："父親經趙苕狂先生介紹，
認識了世界書局的總經理沈知方先生。沈請父親在麗查飯店吃
飯，由趙苕狂作陪。席間，他們都極力勸說父親將《春明外
史》、《金粉世家》兩部小說交由上海世界書局出版，並言明，
《春明外史》可以一次付清稿費，條件是要把北平的紙型銷毀；
《金粉世家》的稿費則分四次支付，每收到四分之一的稿子，就
付1000元。這兩部小說各有百萬字，照此算來，馬上就會有大筆
收入，而父親此時又極需錢用，所以就同意了。趙苕狂先生又約
父親專門為世界書局寫四部小說，每三個月交出一部，字數是每
部在10萬字以上，20萬字以下，每千字8元，父親也同意了。這
樣連吃飯與談話，不到兩小時，這就是外面傳說的'十分鐘成交
數萬元'神話的真相。"[20]

　　儘管不像所說的那樣輕而易舉，但是張恨水先生的通俗小說
在當時受讀者與出版界的歡迎程度卻可見一斑。在當時的新文學
工作者中，有誰能享受到張恨水這般的"榮寵"呢？張恨水曾談
起過長篇小說《金粉世家》發表後所產生的強烈影響："特別是
有文化的家族婦女，都很愛讀，那些閱讀能力較差的、目力不及
的老太太，天天讓別人念給她聽。"[21]

肆

　　不同的讀者群決定了不同類型文學的發展。在這決定與被決
定之間，文學與讀者的關係一如商品與消費者的關係一樣，它是
那樣的軟弱無力，那樣的被動附從。然而，如果僅僅從這個角度

考究文學與讀者的關係，其實並不能全面地了解這一關係的實質。也正如商品與消費者之間互相依存、互相促進一樣，文學與讀者的關係在其影響上也具有着雙重性的特點。

我們首先看文學媚俗的一面。

既然文學成爲商品，既然讀者的歡迎與否構成了作品銷量多寡的根據，那麼，衆多的文學家就勢必不能無視讀者的存在，也勢必不能整日在象牙之塔中冥想構思超越讀者需求的作品。這其實是一想便知的事實。魯迅先生曾經歸納過一個某些庸俗的鴛鴦蝴蝶派作家的創作公式：

> 什麼"……夢""……魂""……痕""……影"
> "……淚"；什麼"外史""趣史""穢史""秘史"；什
> 麼"黑幕""現形"；什麼"淌牌""吊膀""拆白"；什
> 麼"噫嘻卿卿我我""嗚呼燕燕鶯鶯""吁嗟風風雨雨"
> "耐阿是勒浪勿要面孔哉！"[22]

魯迅先生這一極爲典型化的的概括，相當準確地揭示了某些庸俗通俗文學作家在題材、形式、語言等方面媚世主義的慣用伎倆。那種"寧可不娶小老婆，不可不看《禮拜六》"的惡劣心態，其實與專事造謠撞騙的奸商並無什麼區別。而依靠這種心態編造出來的《宮闈秘史》、《林黛玉日記》、《黑幕大觀》等等，與商業中的假冒偽劣產品也無二致。他們將文學只是看成謀利的工具，這種種表現極大地損壞了我國近、現代通俗文學的聲譽，從而使得後來衆多的研究者與讀者不加區分地、情緒化地將鴛鴦蝴蝶派一概斥之爲"文丐"、"文娼"。儘管很不公正，但也情有可原。

以往很少有人注意的只是，在對待文學與讀者的關係問題上，"五四"新文學工作者也有着明顯的媚俗傾向。

　　不過，這種媚俗傾向並不僅僅是指張資平之流肉麻、粗俗的描寫。張資平這位早期創造社成員，其前期戀愛小説在一定程度上反映了“五四”青年婚姻自主、個性解放的時代要求，有一定的進步傾向。但是，“性的苦悶和受經濟壓迫的痛苦”，使他迅速地向庸俗低級的方面沉落。魯迅先生鄙視地將《張資平全集》和他的“小説學”概括爲一個三角形“△”，確是一語擊中了張資平媚俗的丑態。類似於張資平這樣的例子，在新文學工作者中還有一些，但遠較鴛鴦蝴蝶派作家要少得多。他們媚俗的特徵更在於對時代潮流的刻意追逐，以及充當青年領袖慾的過於強烈。

　　如前所述，大量的新式讀者構成了新文學運動產生的基礎，然而，當作家從新式讀者中脱穎而出並受到廣泛的矚目時，他便不知不覺地具有了一種強烈的責任感與使命感。他覺得自己應該充當青年的領袖，領導着這群稚嫩的“羔羊”向光明美好的地方去。瞿秋白認爲的“新文化運動的領袖，大家都不免要想做青年的新的導師”[23]正是這種心態的反映。在這種情形下，求新、求奇，便成爲許多新文化工作者追求的目標。每個人都不願意落後，都不願意保守，年僅49歲的魯迅在他們眼中竟然是那樣的老朽昏聵。追根究底，這種狀況與新文學工作者面對着如此眾多的如饑似渴的新式讀者直接有關。“五四”退潮後，郭沫若敏鋭地把握住時代脈搏，向青年人高聲疾呼：

　　　　青年，青年！你們要把自己的生活堅實起來，你們要把文藝的主潮認定！應該到兵間去，民間去，工廠間去，革命的漩渦中去，你們要曉得我們所要求的文學是同情於無產階級的社會主義的寫實主義的文學，我們的要求已經和世界的要求是一致，他們昭告着我們，我們努力着向前猛進！[24]
　　誠然，作家要站在時代的前頭，要引導讀者向更高的層次邁進，"五四"文學革命向革命文學的轉變也是有着不容動搖的進步意義，然而，事情卻並不如此簡單。當一個作家離開了他熟悉的生活，勉爲其難地站在時代潮流的巔峰，率領着進步青年衝鋒陷陣時，其實也在很大程度上違背了創作的規律。在中國現代文學的第二個十年中（即1928年至1937年），至今仍然散發出濃鬱的藝術魅力並經受得住時間考驗的，倒是巴金、曹禺、老舍等一批當時並沒有充當"青年領袖"的作家所創作的作品。這一事實提示人們：過於追逐時代潮流，刻意讓讀者走上社會精英化的路子，到頭來反而失去了大部分的讀者。這種"媚俗"傾向，儘管與一些鴛鴦蝴蝶派作家追逐金錢截然相反，然而表現到文學上也都同樣損失多多。

應該說，不管是鴛鴦蝴蝶派作家還是新文學工作者，一味遷就讀者、迎合讀者的，都只是少數。正如在商品社會中，靠製作假冒僞劣産品謀利畢竟只是一小部分；走精品化道路、引導顧客超前消費的，也只是一小部分。而在大部分情況下，商品與消費者之間建立起的是一種互相監督、互相融合的平等關係。同樣在文學中，作家與讀者的關係，不應該是委曲求全、低三下四，而應該是互相尊重、平行相處。這正是文學與讀者關係的雙重性特點。僅僅指責文學對讀者媚俗的一面，其實並沒有全面地了解文學與讀者關係的實質。

作爲我國現代通俗文學大師的張恨水，他宣稱："我寫小說，没有其他的長處，就是不作淫聲，也不作飛劍斬人頭的事。"[25]在長篇小說《啼笑因緣》引起强烈轟動之後，許多讀者要求他再寫續集；他要是寫續集，也肯定會有銷路。然而，他斷然不肯。並舉《魯濱遜飄流記》續集不成功的例子："著者寫了前集，轟動一時，離開荒島，也就算了；他因爲回應了多數讀者的要求，又重來一個續集，而下筆的時候，又苦於事實不夠，就胡亂湊合起來，結果是續集相形見絀，甚至有人疑惑前集不是原作者寫的。”因此，面對許多讀者的要求，他就是不願意續寫《啼笑因緣》，因爲他害怕勉强繼續寫成，而没有扎實的生活做依據，“恐怕這也有負讀者之愛。”(26)正是這種對讀者之愛的珍惜，使張恨水成爲中國現代通俗文學中一流的大作家。

在新文學工作者眼裡，對“讀者之愛”的理解比張恨水等通俗作家更具普遍性與理論色彩。朱光潛爲：“作者對自己不忠實，對讀者不忠實如何能對藝術忠實呢？這是作者態度上的基本錯誤，許多低級趣味的表現都從此聚集。”(27)在這裡，“忠實”構成了作家與讀者之間交流的紐帶。只有忠實於讀者，也才能忠實於自己，也才能忠實於藝術，這是現代作家理解的作家與讀者的辯證關係。何其芳指出：“偉大的作品，整個世界文學史上也爲數不多的偉大的作品，正是這樣的：它能獲得不同年齡和經歷了不同生活的廣大的讀者群的衷心愛好”(28)如果離開了“忠實”，廣大的讀者群怎麼會對他的作品衷心愛好呢？欺騙了讀者，最後欺騙的還是自己。

對此，許多文學工作者都感同身受。蕭乾説：“當我們從事製作一件藝術品時，我們不僅是在吶喊。縱使是一篇宣傳性的文章，我們的目的也是使讀者看後，他起來吶喊。即爲了文章的效果，我們也應應用文字符號安排成一種情緒或理性的刺激，在讀者心上產生某種反應。作者的藝術可以控制讀者的同情與憤怒。如果作品本身就已經是反應，充滿了抽象的口號，他留給讀者的是些什麼呢？”(29)這已明確表明：作者與讀者之間是一種藝術對話的關係。作家尊重了藝術，也就給予讀者留下了更多的東西。

　　似乎已無需繼續論證，不管是通俗作家，還是新文學工作
者，在面對日趨商品化的文化市場時，在面對各自的讀者群時，
他們中的大多數人都瞄準了自己的位置。他們與讀者之間是一種
平等的藝術對話的關係，遷就媚俗或孤芳自賞，最後都可能會被
讀者所拋棄。

【附　註】

(1)馬克思：《剩餘價值論》，見《馬恩全集》第26卷第1冊，第295
　　頁。

(2)見《巴金全集》第14卷。

(3)魯迅：《文藝的大衆化》。

(4)這裡的材料均見陳景磐著《中國近代教育史》。

(5)王哲甫：《中國新文學運動史》，第54頁，上海書店1986年影印
　　本。

(6)見《中國新文學大系小說一集導言》。

(7)載1921年7月10日《小說月報》，第12卷第7號。

(8)沈雁冰：《自然主義與中國現代小說》。

(9)成仿吾：《創造周報創刊宣言》。

(10)瞿秋白：《魯迅雜感選集·序言》。

(11)見拙著《二十世紀中國文學發生論》，第169頁，臺灣業強出版社1
　　992年版。

(12)魏紹昌：《鴛鴦蝴蝶派研究資料》之叙例部分。上海文藝出版社19
　　84年版。

(13)同註(12)，《鴛鴦蝴蝶派研究資料》第525頁。

(14)同註(12)，《鴛鴦蝴蝶派研究資料》第525頁。

(15)這些材料可參見魏紹昌編《鴛鴦蝴蝶派研究資料》中的統計。

(16)范烟橋：《民國舊派小說史略》。

⒄例如泉鏡花的《高野聖》、《義血俠血》，芥川龍之介的《奇
　遇》、《尾生的信義》等，都可看作這方面的重要代表作。

⒅《中國近、現代通俗文學家評傳叢書·總序》，南京出版社1994年
　版。

⒆程小青：《霍桑探案袖珍叢刊之七·舞後的歸宿》。

⒇張伍：《回憶我的父親張恨水先生》，第144頁。

(21)張友鸞：《章回小說大家張恨水》。

(22)見《魯迅全集》第1卷，第364頁。

(23)同註⑽

(24)郭沫若：《革命與文學》。

(25)張恨水：《我的創作和生活》，收魏紹昌編《鴛鴦蝴蝶派研究資
　料》。

(26)張恨水：《作完〈啼笑因緣〉後的說話》，收入魏紹昌編《鴛鴦蝴
　蝶派研究資料》。

(27)朱光潛：《文學上的低級趣味》，見《談美，談文學》，第155
　頁。人民文學出版社1988年版。

(28)何其芳：《論〈紅樓夢〉》，收入《何其芳文集》第5卷，第188
　頁，人民文學出版社1983年版。

(29)《蕭乾選集》第4卷，第39頁，四川人民出版社1984年版。

中編　　情感篇

馬克思指出：" 在不同的所有制形式上，在自下而上的社會條件下，聳立着由不同的情感、幻想、思想方式和世界觀構成的上層建築。"[1]我國從近代開始的工業化進程，不僅使文學、作家、讀者的地位與作用發生錯位，而且還在更爲内在的層面上改變了以往農業文明中長期形成的思想觀念和情感特徵。這是工業化進程中又一個必然的反映。

　　文學活動是一種審美活動。它通過打動讀者的感情，而使讀者獲得某種精神上的愉悦。然而，一個時代有一個時代的情感，尤其是在農業文明向工業文明發生根本性轉變的關頭，情感的變化也必然會呈現出不同的迥然有異的特質與要素。而這些特質與要素又必然會在作家的筆下得以反映，並表現到他對人物、事件的處理之中。據此，我們在這一篇中將揭示現代社會的情感特質，並着力勾劃出現代情感特質在本時期文學作品中的具體表現，從而將我們的研究引向深入。

【附　註】

(1)《馬恩選集》第1卷，第629頁。

第一章　理性原則與人文精神

壹

李澤厚曾經描述過"五四"時期青年人心中混雜的觀念與激盪的情感：

> 與傳統的告別，對未來的憧憬，個體的覺醒，觀念的解放，紛至沓來的人生感觸，性的苦悶，愛的欲求，生的煩惱，丑的現實，個性主義，虛無主義，人道主義……，所有這些都混雜成一團，在這批新青年的胸懷中衝撞着激盪着。
>
> ……一批批青年從封建母胎裡解放或要求解放出來。面對着一個日益工業化的新世界，在一面承襲着故國文化，一面接受着西方思想的敏感的年輕心靈中，發出了對生活、對人生、對自然、對廣大世界和無垠宇宙的新的感受、新的發現、新的錯愕、感歎、讚美、依戀和悲傷。[1]

這是一個眼花繚亂、萬物更新的時代。這其中的原因，應該有外來文化影響對青年人衝擊的作用。當一個被關在"鐵屋子"中幾千年的民族，在突然之間沐浴着歐風美雨的洗禮時，這種錯愕感、衝撞感的產生是自然而然的。然而，如果僅僅將這些變化歸結於外來文化的衝擊與影響時，那麼這種理解也是膚淺的、片面的。文化畢竟只是文化，它可能會一時在某些人心中產生震驚與啓迪作用，但是這種作用本身又是表面的、缺乏根基的。因此，我們對將"五四"時期湧現的新思潮、新觀念統統歸結於外來文化思潮影響的看法，一直持否定與保留的意見。歸根結蒂，這些新思潮的引起，在於“一個日益工業化的新世界”。在這裡，李澤厚先生敏銳地覺察到了這個問題，遺憾的是他並沒有在這方面繼續探討下去，而只是蜻蜓點水式地點了一下。

　　與農業社會的生產方式相適應，農業文明有着它整套的價值體系與思想觀念。丹尼爾・貝爾認爲，在農業社會“其主要内容是對付自然（game against nature），在諸如農業、採礦、捕魚、林産等榨取自然資源的行業中，勞動力起決定作用。人們靠本身的體力工作，使用的是代代相傳的方法。而人們對世界的看法則受到自然力量——季節、暴風雨、土壤的肥瘠、雨量的多少、礦層的深淺、旱澇變化等因素——的制約。生活的節奏是由這些偶然事件造成的。時間感就是一種期限感，工作的進度因季節和天氣而變化。”(2)從這段論述中不難發現，由於生產方面的特點，農民並不需要科學，而注重的則是體力與經驗；他們崇拜自然的力量，對暴風雨等氣候因素有强烈的依賴性；他們也沒有什麼時間觀念，只是因季節的變化而從事生產。這種種特性，都來自於農民自身的生產與生活之中，因而形成了一個世代沿襲、固定不變的農村觀念體系。

　　對於這一點，馬克思也有過相當明確的論述。他在談到法國農村社會的特點時，指出：“小農人數衆多，他們的生活條件相同，但是彼此間並沒有發生各種各樣的關係。他們的生產方式不是使他們互相交往，而是使他們互相隔離。這種隔離狀況由於法國的交通不便和農民的貧困更爲加强了。他們進行生產的地盤，即小塊土地，不容許在耕作時進行任何分工，應用任何科學，因而也就沒有各種各樣的發展，沒有任何不同的才能，沒有任何豐富的社會關係。”(3)與貝爾更多地考慮自然條件不同，馬克思主要着眼於農民的生產方式。當一種促使人們互相隔離的生產方式長期存在於農業社會中時，這種社會的落後、保守、愚昧、狹隘，也就不可避免。

　　與工業生產方式互相適應，工業文明有着與農業文明大相徑庭的觀念體系。

　　工業社會的任務是生產商品。氣候、季節、土壤等要素已不構成生產效率高低的主要方面，它注重的是工具的先進性。過去那種自然秩序已被技術秩序所取代。人們可以通過先進的工具、機器，生產出比落後的工具、機器繁多的產品。這促使了科技日甚一日的進步，促進了理性活動的廣泛展開。人們面對的已不再是一個神秘莫測的、無能為力的世界，這個世界已經變得可以通過我們的努力而加以改變。人們已不再需要宗教，不再需要祈求神靈，最偉大與最富有創造力的恰恰正是人類自身。時間已不再是季節的代名詞，它可以由人掌握，可以為人類帶來更多的財富。而廣泛的商品交換，促使了人類多種多樣的社會關係，小國寡民的社會，逃避現實的理想，一切都被證明為不合時宜的幻想。這是個相互交往的社會，任何貴族的門閥觀念，都不能給自己帶來任何好處。在金錢面前人人平等。人類已不再屈服於皇權與神靈之下，人性獲得了前所未有的平等與自由的發展空間。

　　這是人類社會發展史上一次了不起的進步。儘管它與人類全面發展的自由個性階段尚有遙遠的路程，但是比起“人的依賴性”階段，已經有了一個質的飛躍。

　　而我國“五四”時期那場轟轟烈烈的新文化運動，從本質上說正是我國工業化進程發展到一定程度的必然產物。在這場運動中，儘管各種思潮紛至沓來，儘管各種學說五花八門，然而，在這些貌似千奇百怪、令人目不暇接的種種學說中，科學與民主卻無庸置疑地是其中的主綫。它構成了我國近、現代價值體系與思想觀念的基石。

陳獨秀在那篇著名的《本志罪案答辯書》一文中認爲：“本志同人本來無罪，只因爲擁護那德莫克拉西和賽因斯兩位先生才犯下這幾條滔天大罪。要擁護那德先生便不得不反對禮教，禮法，貞節，舊倫理，舊政治。要擁護那賽先生，便不得不反對舊藝術，舊宗教。要擁護德先生又要擁護賽先生，便不得不反對國粹和舊文學。大家靜心細想，本志除了擁護德賽兩先生外，還有另項罪案沒有呢？”最後，陳獨秀斷然宣告：“我們現在認定只有這兩位先生可以救治中國政治上道德上學術上思想上一切的黑暗。若因爲擁護這兩位先生，一切政府的壓迫，社會的攻擊笑罵，就是斷頭流血，絕不推辭。”[4]這是時代的最强音。它既敏銳地把握到世界進步的潮流，又清醒地意識到當時中國所處的社會經濟發展狀況。它如報春的春燕，預示着一個嶄新時代的到來。即使在大半個世紀之後的今天，我們仍然覺得德、賽兩面大旗是那麼的鮮艷，那麼的鼓舞人心，那麼的具有歷史價值。

科學和民主，是劃破西方中世紀黑暗夜空的閃電。它與工業化進程結伴而生。離開了西方廣泛而深入的工業革命，也就無從談起作爲近代意識的科學與民主。鴉片戰爭後，西方列强的槍炮强行改變了中國歷史原有的運行軌道，在被迫納入工業化進程的同時與工業文明相伴的科學與民主思想也在中國慢慢地滋生。“五四”運動正好比是一帖顯隱劑，使人們原來比較模糊、朦朧的想法變得極爲清晰、明顯了。

從情感角度觀察，科學和民主思想往往表現爲理性原則與人文主義精神。我們發現，理性原則和人文精神正是衆多現代作家所信奉的價值規範與情感準則。

貳

　　理性原則與人文主義精神在文學上的表現，首先在於它促使了文學觀念的變化。

　　“五四”時期重要的文學理論家茅盾認爲：

　　　　近代的時代精神是科學的。科學的精神重在求眞，故文藝亦以求眞爲唯一目的。[5]

　　茅盾不愧爲新文化運動的旗手，他極爲敏銳而又準確地把握住了時代的脈搏，並從“科學”這一時代精神中體認到“求眞”是新文學的唯一目的。

　　在古代，與農業文明相互適應的是一種帶有強烈神秘色彩的文化。丹尼爾‧貝爾則將歐洲文藝復興以前的文化稱之爲宗教文化。“宗教文化具有更大的統一性，因爲這種文化的一切因素都被指向某種共同的目標：強調神秘性，製造敬畏感，激勵人們奮發向上，勸勉人們超越凡俗。這種統一，由於受到情緒上的強調，就像一根綫穿過它的建築、它的音樂、它的繪畫、它的文學——表現在教堂塔尖、敬拜禮儀、祈禱、空間形象表現和聖經經文中。”[6]如前人所說，由於中國古代並沒有形成如歐洲那樣嚴密的宗教體系，儒家正統文化更帶有世俗化、人情味的特點，因而中國古典文學放射出遠比西方文化耀眼燦爛的光芒，取得了西方古典文學無法比擬的成就。然而，這種成就本身仍然是相對的，儒家正統文化仍然難以逃脫封建宗教文化的藩籬。它對人性的壓抑，對皇權、迷信、愚昧的張揚，使我們仍然只能將它歸於“古代”的範疇。當我們用近代的科學和民主思想來審視它的特點時，便頃刻暴露出荒誕不經的本質。

　　周作人理直氣壯地宣佈中國古典文學中以下十類文學均是

"非人的文學"：

㈠色情狂的淫書類

㈡迷信的鬼神書類（《封神傳》、《西游記》等）

㈢神仙書類（《綠野仙踪》等）

㈣妖怪書類（《聊齋志異》、《子不語》等）

㈤奴隸書類（甲種主題是皇帝狀元宰相，乙種主題是神聖的父與夫）

㈥強盜書類（《水浒》、《七俠五義》、《施公案》等）

㈦才子佳人書類（《三笑姻緣》等）

㈧下等諧謔書類（《笑林廣記》等）

㈨"黑幕"類

㈩以上各種思想和合結晶的舊戲。(7)

　　這幾乎將中國古代文學中的一大部分作品一筆勾銷。作爲有着深厚中外文化素養、當時爲北京大學名教授的周作人，自然不會是痴人說夢，或者是故作驚人之論。他的理論根據是："這幾類全是妨礙人性的生長，破壞人類的平和的東西"，因此統統"應該排斥"。很顯然，他接受的是科學、民主的思想。

　　當然周作人並不是認爲上述十類文學已失去值得一讀的價值，他的見解與他的兄長魯迅一樣，對於青年人來說，這十類書應該少讀，甚至不讀。他指出："這類著作，在民族心理研究上，原先都極有價值。在文藝批評上，也有幾種可以容許。但在主義上，一切都該排斥。倘若懂得道理、識力已定的人，自然不妨去看。如能研究批評，便於世間更爲有益，我們也極爲歡迎。"(8)這種想法，與馬克思對希臘神話的見解如出一轍："一個成人不能再變成兒童，否則就變得稚氣了。但是，兒童的天真不使他感到愉快嗎？他自己不該努力在一個更高的階梯上把自己的起初再現出來嗎？在每一個時代，它的固有的性格不是在兒童的天性中純真地復活着嗎？爲什麼歷史上的人類童年時代，在它發展得最完美的地方，不該作爲永不復返的階段而顯示出永久的魅力呢？"馬克思一連用了好幾個問號，反覆説明希臘藝術在時代發展了的今天仍然有着它的魅力。"他們的藝術對我們所産生的魅力，同它在其中生長的那個不發達的社會階段並不矛盾。它倒是這個社會階段的結果，並且是同它在其中産生而且只能在其中産生的那些未成熟的社會條件永遠不能復返這一點分不開的。"(9)中國古典文學也正如希臘神話一樣，是那個極不發達時代的産物，在其中復活着"兒童的天性"。懂得道理、識力已定的成年人不妨欣賞，而青年人則很難批判地繼承。因爲從現代的觀點來看，它們幾乎都是不合格的、非人的文學。

周作人是"五四"新文學運動中最重要的文藝理論家之一。遠非周作人同道的左翼批評家錢杏村後來也承認："《平民的文學》、《人的文學》、《新文學的要求》，不僅表明了他個人的文學上的主張，對於當時的運動。也發生了很廣大的影響。批評方面，《自己的園地》一輯，確立了中國新文藝批評的基石。"(10)值得重視的是，周作人上述驚世駭俗的觀點提出後，並沒有遭到想像中的猛烈攻擊，相反，許多作家以他的理論爲口號，在創作中體現出"人的文學"主張。這也可見周作人上述觀點的代表性與時代性。

這種時代性表現在文學觀念上，便是真實觀成爲"五四"及以後較長一段時間中眾多作家的共同追求。

以文學研究會爲代表的人生派作家認爲，只有如實地描寫客觀對象，才能準確地反映社會生活；不真，也就不善，不美。鄭振鐸認爲："娛樂派的文學觀，是使文學墮落，使文學失其天真，使文學陷溺於金錢之陷阱的重要原因；傳道派的文學觀，則是使文學干枯失澤，使文學陷於敎訓的桎梏中，使文學之樹不能充分長成的重要原因。"這種娛樂派、傳道派的文學觀念，都不應該是我們倡導的新文學。新文學應該是"人類情緒的宣泄於文字中的，不是以傳道爲目的，更不是以娛樂爲目的，而是以眞摯的情感來引起讀者的同情的。"[11]

這種見解說出了衆多文學硏究會作家的心聲。茅盾提倡現實主義和自然主義，認爲只有再現才能描繪客觀現實。葉聖陶重在求誠，要求文學反映生活必須合乎事理。周作人則提出"平民文學"的口號："應以普通的文體，寫普通的思想與事實。我們不必記英雄豪傑的事業，才子佳人的幸福，只應記載世間普通男女的悲歡成敗。因爲英雄豪傑才子偉人，是世上不常見的人；普通的男女是大多數，我們也便是其中的一人，所以其事更爲普遍。""應以眞摯的文體，記眞摯的思想與事實。"[12]準確而全面地道出了文學眞實觀的內涵。

被人們習慣理解爲崇尙藝術至上的創造社，其實所奉行的也是文學眞實觀這種眞實並不是指描寫客觀對象的逼肖，而是指內心情緒的眞摯抒發。成仿吾認爲："文學上的創作，本來只要是出自內心的要求，原不必有什麼預定的目的。"[13]與這種內心的要求相彷彿，鄭伯奇要求的是"忠實的印象"："藝術只是自我的表現，……一個赤裸裸的自我，墮落了變化萬端的社會中其所懷的情感，所受的印象，一一都忠實地表現出來：這便是藝術。"[14]因此，對創造社硏究頗有新見的靑年學者朱壽桐認爲："創造社作家熱衷於表現的生之悲哀和愛的苦悶情緒，以其切身體驗的眞摯性和現實主義的'現實'性，體現了'五四'文學的一種嶄新的‘爲人生’的姿態和藝術風貌。”[15]這是另一種類型的爲人生的藝術，也是另一種類型的文學真實觀。而且，朱壽桐先生還進一步指出了創造社作家在外在情緒表象下的理性原則：“創造社文學創作的大量事實表明，社會感應情緒表現的實質，是憑着理性的牽引，超出狹小的自我，導向大我的世界；在社會感應情緒中消融了自我，是創造社文學發展的大致軌跡。”[16]很顯然，創造社的文學觀念仍然是近代理性原則與人文精神的又一種表現形式。

　　除文學真實觀外，悲劇意識也在眾多作家心中形成了共識。

　　在古典文學中，與神秘的宗教文化特徵互相適應，文學作品中普遍表現的是一種因果報應思想。上帝的存在，神靈的存在，似乎在冥冥中主宰着人類的命運，因而從根本上拒絕了悲劇意識的存在。而在近代科學、民主思想的照耀下，人們憑着科學的理性精神與人文主義思想，終於發現上帝、神靈純屬子虛烏有，人類的事情必須由人類自己解決。這種發現，極其自然地引導出現代作家普遍的悲劇意識。魯迅先生在《論睜了眼看》一文中，認爲中國古代小説中大團圓結局，是瞞和騙的產物；只要睜了眼睛看，就可以發現這是一個悲劇叢生的社會。而胡適則認爲，只有悲劇意識才能“醫治我們中國那種説謊作僞、思想淺薄的文學的絕妙聖藥”，“才能發生各種思力深沉，意味深長，感人最烈，發人猛醒的文學。”[17]因此，魯迅翻譯俄國果戈理的《死魂靈》，郭沫若譯《少年維特之煩惱》等一些悲劇性作品，以引起國人的重視與借鑒。胡適則在對中國古代小説的研究中，指出直到《桃花扇》、《紅樓夢》才真正顯露出悲劇觀念。這種對悲劇意識的強調，我們覺得正是現代作家敢於正視現實，以理性原則和人文主義精神觀察現實生活的必然結果。

　　此外，中國現代文學中的懺悔意識、批判意識、本體意識等，也都與科學與民主思想有關，道理淺顯，就不作專門的論述了。

叁

　　比文學觀念更爲明顯與普遍的是，理性原則與人文精神在中國現代文學作品中有着廣泛的表現。

　　1921年，郁達夫的《沉淪》以大膽的自我暴露，將生理的、心理的情慾一瀉無餘地表現出來，引起文壇的軒然大波。郭沫若認爲：“他那大膽的自我暴露，對於深藏於千年萬年的背甲裡面的士大夫的虛僞，完全是一種暴風雨式的閃電。”(18)我們覺得，郭沫若、周作人等新文學工作者對《沉淪》的肯定，所持的正是近代文人主義思想。

　　在中國古典小說中，《金瓶梅》是一本較有名的“性小說”。西門慶的恣意妄爲、縱情享樂，完全暴露出暴發戶式富商肆濫宣泄的粗鄙本質。在他身上，對女性從來只是貪得無厭地占有和玩弄，絕無平等的愛情可言。這是那個封建專制的人性極端異化時代的特定產物。或許正是出於對西門慶式人物的厭惡，曹雪芹在《紅樓夢》中塑造了一個“多情種子”賈寶玉。這位賈府公子認爲“女兒是水做的骨肉，男人是泥做的骨肉。我見了女兒，我便清爽；見了男子，便覺濁臭逼人。”他看不慣賈璉、薛蟠那種在男女關係上西門慶式的醜惡表態，而是想追求至純至真的愛情。他在心愛的林妹妹那裡，從未有非份之想，而是將這種感情昇華爲一種精神性的愛慕。然而問題也正是出在這裡。賈寶玉將本應結合在一起的“情”與“欲”分離了開來。他在愛着的林妹妹那裡不曾有過“欲”的成份，但是在他不愛的襲人、金釧兒那裡卻在做着“欲”的試驗。其實，這仍然不是現代平等民主意義上的愛情觀念。它或許可以表達對當時社會傳統價值觀的對抗，然而它本身卻暴露了在愛情觀念上的缺陷。真正在愛情觀念上表現出近代人文精神的是《沉淪》。主人公“他”在日記中呼號：“蒼天呀蒼天，我並不要知識，我並不要名譽，我也不要那些無用的金錢，你若能賜我一個伊甸園內的‘伊扶’，使她的肉體與心靈全歸我有，我就心滿意足了。”這是真正平等的不帶任何附加條件的愛情。儘管《沉淪》中有色情描寫，然而它的色情並不是一方對另一方面的玩賞，而是男女之間的相互擁有，情與欲的真正結合。正是從這裡，周作人認爲《沉淪》中的性暴露並沒有不道德的行爲，而倒是那些跳出來反對的封建衛道士們，他們的性道德是病態的、偏枯的、不人道的。

除性愛觀念之外，中國現代文學作品更多的是在人性、人道方面表現出科學與民主的思想。

且看一段《水滸》中魯智深拳打鎮關西的描寫：

……魯達（即魯智深）再入一步，踏住胸脯，提起那醋鉢兒大小拳頭，看着這鄭屠（即鎮關西）道：“灑家始投老種經略相公，做到關西五路廉訪使，也不枉了叫做鎮關西。你是個賣肉的操刀屠户，狗一般的人，也叫做鎮關西！你如何強騙了潘金蓮！”撲的只一拳，正打在鼻子上，打得鮮血迸流，鼻子歪在半邊，卻便似開了個油醬鋪：鹹的、酸的、辣的，一發都滾出來。鄭屠掙不起來，那把尖刀也丟在一邊，口裡只叫：“打得好！”魯達罵道：“直娘賊，還敢應口。”提起拳頭來就眼眶際眉梢只一拳，打得眼睛縫裂，烏珠迸出，也似開了個彩帛鋪的：紅的、黑的、絳的，都滾將出來。兩邊看的人懼怕魯智深，誰敢向前來勸？鄭屠當不過討饒。魯達喝道：“咄，你是個破落户，若是和俺硬到底，灑家倒饒了你。你如何叫俺討饒，灑家卻不饒你！”又只一拳，太陽上正着，卻似做了一個全堂水陸的道場：罄兒、鈸兒、鐃兒一齊響。⁽¹⁹⁾

這便是常常爲人們樂道的魯智深三拳打死鎮關西的精彩場面。

按理説，鎮關西依仗蠻力，强占民女，爲惡一方，應該得到嚴懲；魯智深路見不平，揮拳教訓幾下鎮關西也在情理之中。但我們的困惑卻在於魯智深拳打鎮關西的手段與心態。當鎮關西被魯智深踢倒在街上踏住胸脯時，他便意識到自己不是魯智深的對手，但一貫仗勢欺人的習性還使他不肯馬上服輸，於是嘴裡叫道：“打得好！”這一句叫喊頗帶有一些阿 Q 氣。但魯智深並没有爲他的這種英雄氣慨所感動，提拳又打了下去。這時鎮關西眼睛縫裂、烏珠迸出，知道再嘴硬只會吃虧，於是“當不過討饒”。然而魯智深卻更爲惱火，“若是和俺硬到底，灑家倒饒了你”，於是對着太陽穴又一拳，將鎮關西活活打死了。鎮關西嘴硬不對，嘴軟也不對，魯智深橫竪都有理。這很有些象貓吃老鼠時的架勢。我們的責問是：在一種正義的名義下，魯智深就可以用一種玩賞的心態進行殘酷的殺戮嗎？他秉持有的道德激情可以形成他殺人的理由嗎？以往人們似乎從來没有從這個角度來責怪魯智深，而是高聲爲魯智深出手不凡的武功喝彩。

這種將道德激情作爲價值標準的描寫，在《水滸傳》其他好漢那裡也隨處可見。如在三十一回《張都監血濺鴛鴦樓　武行者夜走蜈蚣嶺》中。英雄武松出於對張都監無理陷害的怨恨，一口氣將張都監全家十九人全部殺光，其中包括無辜的婦女、兒童。在行將離開殺人現場時，武松用一片衣襟蘸着血，在白粉壁上寫下八個大字：" 殺人者，打虎武松也！" 隨後滿意地離去。

　　問題是：曾經打過虎的英雄，就具有了殺人的資格嗎？爲了泄恨，就可以將無辜的人傷害嗎？這種種道德理由，在崇尚神靈、愚昧專制的封建等級社會中，有着適宜的溫床。刑不上大夫，禮不下庶人，超凡脫俗的打虎英雄似乎也就具有了許多常人不能享受的權利。這是封建社會中特殊的價值觀念與奇特的思維邏輯。從本質上説，是那個不尊重人權、不崇尚人性的專制社會的必然產物。而到了現代作家那裡，這種狀況就明顯地轉變了。

　　從 " 五四 " 開始的中國現代作家注意的是人格的平等、人性的自由發展。你看，葉聖陶在小説《兩封信》中通過一位新女性的口中宣告道：" 你看我做超人，我自知並不是超人，而且誰都不是超人。我只是和一切人類平行的一個 ' 人 ' 罷了。" 不承認自己是超人，也不承認世界上會存在超人，這正是我們許多現代作家所具有的民主主義思想。湖畔詩人潘漠華在詩歌中唱道：" 每個人，我深深覺得都可愛。"[20] 成仿吾在文章中呼喚：" 他一樣也是人的兒子！"[21] 這種的思想與表述在 " 五四 " 時期的作品中比比皆是。魯迅先生在《一件小事》中對人力車夫的頌揚，更是爲人們所熟悉：

　　　　我這時突然感到一種異樣的感覺，覺得他滿身灰塵的後影，剎時高大了，而且愈走愈大，須仰視才可看見。而且他對於我，漸漸的又幾乎變成一種威壓，甚而至於要榨出皮袍下面藏着的 " 小 " 來。

這種描寫只有在尊重民主、尊重個性的作家那裡才會出現。在武松、魯智深等好漢那裡，這些人力車夫不是需要他們拯救的弱民，就是他們順便殺戮的對象。

　　我們還可以看看作家在描寫人物心理、性格方面的差異。

在《紅樓夢》中，侍女金釧兒因賈寶玉"强姦不遂"而含羞投井自殺。在曹雪芹的描寫下，金釧兒之死只是通過別人之口一筆帶過，王夫人給金釧兒母親一些錢財便將這件人命大事草草地打發過去了。我們不知道金釧兒臨死前的心理狀況，也不知道她對那位自稱女子是鍾毓靈秀動物的賈寶玉是如何的怨恨。她如一件可有可無的物件，沒過幾天就在賈府中消失得乾乾淨淨。而在現代作家巴金的《家》中，同樣是侍女的鳴鳳，因爲不願屈服於命運的擺佈嫁給老頭子馮樂山做小老婆而投湖自殺。有投湖之前，作者濃筆重彩刻劃了鳴鳳的心思與想法：

> 他們都活着。所有的人都活着，只有她一個人就要死了。過去十七年中她所能夠記憶的是打罵、流眼淚、服侍別人，此外便是她現在所要身殉的愛。在生活裡她享受的比別人少，而現在在這樣輕少的年紀，她就要最先離開這個世界了。明天，所有的人都有明天，然而在她的前面卻橫着一片黑暗，那一片、一片接連着一直到無窮的黑暗，在那裡是沒有明天的……

> ……許多跟她同年紀的有錢人家的少女在那裡嬉戲、笑談、享樂。她知道這不是幻象，在那個無窮佑大的世界中到處都有這樣的幸福的女子，到處都有這樣的樂園，然而現在她卻不得不在這裡斷送她的年輕的生命。就在這個時候也沒有一個人爲她淌流一滴同情的眼淚，或者給她捎來一兩句安慰的話。她死了，對這個世界，對這個公館並不是什麼損失，人們很快地就忘記了她，好像她不曾存在過一般。"我的生存就是這樣地孤寂嗎？"她想着，她的心裡充滿着無處傾訴的哀怨。淚珠又一次迷糊了她的眼睛。[22]

這裡所引的只是鳴鳳投湖前心理活動的一小部分。與金釧兒相比，這種大段的心理獨白，與其說是鳴鳳的，倒不如說是作家巴金的。正是從這裡，我們發現了古典文學與現代文學的本質性區分。現代作品中所普遍反映出來的科學與民主思想、理性原則與人文精神，正好順應了工業化進程以來的時代精神，是工業文明在文學領域中的具體表現。而古典文學，它所描繪與反映的也恰恰正是農業文明在其中的投影。

這種區分，甚至還影響到人們對古今作家人格的評價。

以李白和郭沫若爲例。李白，這位我國古典文學中最偉大的詩人之一，千百年來，人們似乎從來沒有對他的人品、道德作出嚴格的檢視。然而，當我們以現代民主、平等的觀點來審視時，他既不是一個好丈夫，也不是一個好公民。且不說他"少任俠，手刃數人。"(23)這種明顯的違法行爲，就是他豪飲縱博、狎妓納妾、一擲千金、游蕩無歸等等，也會使眾多現代人不敢認同。"昔在長安醉花柳，五侯七貴同杯酒"，"千金駿馬換小妾，醉坐雕鞍歌《落梅》"，"黃金白璧買歌笑，一醉累月輕王侯"，"美酒樽中置千斛，載妓隨波任去留"……這些沉迷酒色、昏飲逃世的詩句，在他的《襄陽歌》、《春日醉起言志》等詩篇中反覆咏唱。真是一方面詩才卓絕，另一方面又風流成性。有哪個正常的現代女性願意選擇這樣的丈夫呢？現代文明社會的法律會允許李白如此地狂放不羈嗎？可以說沒有。然而，在唐代那個古代社會中，李白的如此表現卻成爲當時人們心儀的人倫風範："爲了一瞻李白的風采，任華、魏萬不遠千里追踪相從；'四明狂客'賀知章一見李白，驚呼爲'謫仙人'，解下隨身所帶的金龜相贈；門人武七則甘願赴湯蹈火，越過安祿山叛軍的占領區至東魯接回詩人的子女，等等。"(24)李白是當時人們崇拜、模仿的英雄。

　　然而在同樣是大詩人的郭沫若這裡，情況卻大不相同。郭沫若也與李白一樣喜歡狎妓，在國内及日本時常常光顧妓院；對女性感情不專，與多位女子有過戀愛關係。他也脱略小節，豪蕩使氣，只是在豪飲、賭博、騎射諸方面要遠遜於李白。然而，就是這位帶有些李白遺風的郭沫若，卻似乎不見容於現代社會。他在早年脱略放蕩的作風後來日益向嚴謹踏實的方向演進，這其中便包含了現代社會行爲規範對他的矯正。他不可能沿着狂放派的路子繼續走下去，他的浪漫行爲也不可能吸引衆多的仰慕者與追隨者。甚至，在現代人們對郭沫若文學成就的評價時，往往因他在生活上的"小節"而大打折扣。與李白相比，這似乎對郭沫若不太公平。然而，時代已經變了，崇尚科學、民主的人們已經不可能對郭沫若做出超出凡人的理解與要求。

　　這確是一個值得玩味的現象。它可以加深我們對現代文學中理性原則與人文精神的理解。

【附　註】

(1)李澤厚：《中國現代思想史論》第218－219頁。東方出版社1987年版。

(2)貝爾：《資本主義文化矛盾》，第198頁。

(3)《馬克思恩格斯選集》第1卷，第693頁。

(4)見1919年1月15日《新青年》第6卷第1號。

(5)茅盾：《文學與人生》。

(6)貝爾：《資本主義文化矛盾》，第147頁。

(7)周作人：《人的文學》，載1918年12月15日《新青年》第5卷第6號。

(8)同註(7)。

(9)馬克思：《政治經濟學批判·導言》。

(10)錢杏村：《周作人的小品文》。

(11)鄭振鐸：《新文學觀的建設》，載1922年5月11日《文學旬刊》第3
7期。

(12)周作人：《平民文學》，載1919年1月19日《每周評論》第5號。

(13)成仿吾：《新文學之使命》，載1923年5月20日《創造周刊》第2
號。

(14)鄭伯奇：《國民文學論》（上），載《創造周報》第33號。

(15)朱壽桐：《情緒：創造社的詩學宇宙》，第23頁，第2頁，上海文
藝出版社1991年版。

(16)同註（15》）。

(17)胡適：《文學進化論與戲劇改良》。

(18)《論郁達夫》，收《沫若文集》第12卷。

(19)《水滸傳》第三回《史大郎夜走華陰縣　魯提轄拳打鎮關西》。

(20)《春的歌集·〈若迦夜歌〉·三月六日夜》。

(21)《文藝論集·春游》。

(22)《家》第26章。

(23)魏顥：《李翰林集·序》。

(24)章培恆、駱玉明：《中國文學史》（中），第85頁。

第二章　小城鎮意識與現代作家

　　鴉片戰爭以後工業化進程在中國迅速發展，到本世紀二、三十年代，中國已出現了一批重要的工商都市。作為當時遠東經濟中心的上海，其城市人口數量與同時期的倫敦、巴黎、紐約等國際大都市相比也相差無幾。天津、廣州、武漢、香港等通商口岸，也大致可以躋身於當時大中型工商都市之列。儘管這種繁榮本身是畸形的，是與當時中國整個經濟發展狀況不相協調的，然而這種畸形繁榮卻使得如上海這樣的國際大都市提前進入到國際經濟的循環之中。然而，奇怪的是，自十九世紀末便開始的西方現代主義文藝思潮在中國並沒有能形成廣泛的迴響，非理性、世紀末的、荒誕的等現代主義作家所慣用的題材與手法，也並沒有在中國本世紀二、三十年代的文學中留下多少痕跡儘管在穆時英、劉吶鷗、施蟄存等一批作家中有所反映，但與同時期的西方文學相比，他們畢竟沒有能形成一股聲勢浩大的主流意識。

　　這裡面的原因是什麼？

　　儘管可以有多種多樣的解釋，例如政治的、軍事的、文化的等等，但是在我們看來，我國長達數千年的小農經濟強迫進入工業化進程的特殊國情，可能是其中最重要與最根本的原因。新時期文學中的何士光，在從事文學創作時仍然覺得擺脫不了數千年小農經濟的影響：

　　　　長在樹枝上的葉片，實在用不着到原始的曠野裡去尋

根。根就在自己的腳下。我們的重負也不在別的地方，而在
我們綿延數千年的小農經濟。它所衍生的一切悠久、強大而
深沉，足以使人頭涔涔而汗淋淋。一夜之間哪能掙脱得開？
會是一個長長的、反反覆覆的過程。⁽¹⁾

　　新時期作家尚且如此，本世紀二三、十年代的作家當更加沉
重地肩負着長期以來形成的小農經濟的重負。他們感覺着世界進
步的潮流，並且大多數人都生活在如上海這樣國際化的工商都市
之中，但是，他們忘不了這塊剛剛甦醒的土地，也一下子改變不
了自己的思維習慣、價值規範、審美特徵。一方面他們接受了科
學、民主等先進思想，嘗試着用理性原則與人文精神觀察問題與
分析問題，同時另一方面，他們的氣質、情趣、愛好又明顯地滯
後。這確是剛剛邁向工業化進程的本世紀二、三十年代作家的特
殊狀況。

　　對於這種特殊情況，我們打算從小城鎮意識與地之子兩個角
度進行觀察。在本章中，我們首先探討小城鎮意識與現代作家。

壹

　　在展開論述之前，我們想先弄清小城鎮意識的内涵。

　　在工業化進程中，老牌資本主義的英國是走在世界前列的。
在歷經圈地運動、資本原始積累、全球貿易之後，至十九世紀中
葉已走上了它的頂峰。也就在這同時，恩格斯敏銳地覺察到了擁
有二百五十萬人的大城市倫敦，在道德行爲與社會責任方面已經
形成了一種新的特質。他在《英國工人階級現狀》中這樣説道：
"倫敦人爲了創造充滿他們城市的一切文明奇蹟，不得不犧牲他
們的人類本性的優良特點……這種街道的擁擠中已經包含着某種
醜惡的，違反人性的東西。難道這些群集在街頭的代表着各階級

和各個等級的成千上萬的人，不都具有同樣的特質和能力，同樣是渴求幸福的人嗎？……可是他們彼此從身旁匆匆走過，好像他們之間沒有任何共同的地方。好像他們彼此毫不相干，只在一點上建立了一種默契，就是行人必須在人行道上靠右邊行走，以免阻礙迎面走來的人；誰對誰連看一眼也沒想到，所有這些人越是聚集在一個小小的空間裡，每個人在追逐私人利益時的這種可怕的冷漠，這種不近人情的孤僻就愈使人難堪、愈是可怕。"(2)

這些具有着同樣的特質、能力，同樣地渴求着幸福的人們，在十九世紀中葉已經變得如此的冷漠、孤僻、難堪、可怕。這種特性不僅與以往農業文明有着截然不同的區分，而且與資本主義剛剛興起時的特性也迴然有異。恩格斯感到了機器對人性的異化，感到了二百五十萬人口的倫敦不值得讚美。然而人們對此卻無庸置疑：儘管倫敦已變成了一個面目可憎的怪獸，但是它卻是真正世界意義上的工商都市。似乎只有到這時，倫敦才表現出工業文明成熟期的特徵。

這種情景在美國似乎是晚了半個世紀。在二十世紀之前，美國人強調工作、清醒、儉省、節欲和嚴肅的人生態度，其中還不乏親情與真誠。富蘭克林宣稱，世界上有十三種有用的品德：不喝酒、沉默、有條理、果斷、儉省、勤奮、真誠、公正、溫和、清潔、安寧、貞節和謙遜。(3)他勸告人們每星期嚴守一則，持之以恒必能大有作為。正是針對這種情形，著名社會學家佩奇·史密斯認為：美國"直到二十世紀初葉的社會組織基本形式是小城鎮"。(4)新教倫理、清教精神和小城鎮意識構成了二十世紀以前美國社會的生活與特徵。

隨着小城鎮意識的消失與工業文明的成熟，人類的情感與藝術表達方式自然發現了激烈而迅速的改變。美國當代重要的學者與思想家丹尼爾‧貝爾相當精采地描寫了這一改變時期的特徵：

> 如果從美學角度提問，現代人與古希臘人的情感經驗有
> 何不同？答案一定與人類的基本情感（例如不分長幼、人所
> 共有的友誼、愛情、恐懼、殘忍、放肆等）無關，而與運動
> 和高度的時空錯位有關。在十九世紀，人類旅行的速度有史
> 以來第一次超過了徒步和騎牲畜的速度。他們獲得了景物變
> 幻轉移的感覺，以及從未經驗過的連續不斷的形象，萬物倏
> 忽而過的迷離。人類還可以乘氣球或收音機升到幾千米高
> 空，鳥瞰古人不曾知曉的種種地貌。
>
> 物質世界的現實同樣也是社會的現實。隨着城市數目的
> 增加和密度的增大，人與人之間的相互影響增強了。這是經
> 驗的融合。它提供了一條通向新生活方式的捷徑，造成前所
> 未有的社會流動性。在藝術家的畫布上，描繪對象不再是往
> 昔的神話人物，或大自然的靜物，而是野外兜風，海濱漫
> 步，城市生活的喧囂，以及經過電燈照明改變了都市風貌的
> 絢爛夜生活。正是這種對於運動、空間和變化的反應，促成
> 了藝術的新結構和傳統形式的錯位。(5)

野外兜風，海濱漫步，城市的喧囂，以及絢爛的夜生活，構
成了與農業文明時不同的文學描寫對象；而且這種描寫到十九世
紀末已經不是靜態的、理性的、秩序井然的，而是出現了“藝術
的新結構與傳統形式的錯位”。這是工業文明成熟期的特點在文
學中的反應。

而在本世紀二、三十年代的中國，情況與同時期的歐美等國
相距甚遠。

一九四三年十一月，清政府在帝國主義的逼迫下，將上海正
式開放爲通商口岸，從而上海成爲中國近代以來第一號的新興大

都會。在帝國主義將上海作爲他們搶佔大陸市場灘頭陣地的同時，中國內地的廣大民眾也爭先恐後湧向這個光怪陸離、紙醉金迷的十里洋場。一時間，"上海夢"幾乎波及整個中國。著名通俗文學作家包天笑在《上海春秋》中通過人物對話寫道："人家說上海地方最好弄錢，所以說上海是個活地……我們同鄉好幾個人都是青布長衫一件到上海來的，到如今發了幾百萬財也是有的；像我們親戚裡有好幾個到上海來，也不過是外國人家當西崽，此刻那闊的是不用説了……"這是市民階層對上海的評價。而同時的知識分子也不例外。"一批又一批的青年知識者開始由四面八方匯集到大中都市來'漂泊'、'零餘'，爲謀生，也爲理想。"(6)魯迅、胡適、茅盾、郭沫若、郁達夫、葉聖陶、朱自清、冰心、鄭振鐸、丁玲、巴金……都從內地城鎮、鄉村湧入到上海等沿海大中城市。曾經有學者認爲，本世紀二、三十年代的中國文學史百分之七十在上海，確是反映了當時的實情。

　　問題其實再明顯不過：當這麼一大批從內地城鎮、鄉村湧入工商都市的作家成爲當時文壇的主流時，小城鎮意識便不可避免地成爲許多作家審美趣味、價值觀念上的一種重要選擇。他們對繁華程度足以可以與同時的倫敦、紐約相互匹敵的上海，與其說是欣賞、認可、讚美，倒不如說是在心理上更多的是陌生、驚異與抗阻。他們並没有親身經歷工業文明在一個城市由初始期到成熟期的轉化（作爲帝國主義炮艦下的強行進入工業化進程的中國，上海這樣的重要通商口岸其實並没有經歷多長時期的工業文明初始期，而似乎是在很短時間中就在某些方面具備了工業文明成熟期的特點），因此，在感情與審美趣味上並不可能一下子與同時期的歐美現代作家互相溝通。他們中的大部分人仍然堅守着諸如真誠、勤奮、有條理、溫和等富蘭克林在工業文明早期所倡導的信條。從這個角度理解，本世紀二、三十年代許多作家所普遍具有的小城鎮意識，確實不足爲怪。

瞿秋白在分析二十年代後期創造社成員由倡導爲藝術的藝術而一變爲倡導革命文學時，這樣認爲：“他們的都市化和摩登化更深刻了，他們和農村的聯繫稀薄了，他們沒有前一輩的黎明期的清醒的現實主義也不可以說是老實的農民的實事求是的精神反而傳染了歐洲的世紀末的氣質。這種新起的知識分子，因爲他們的‘熱度’關係，往往首先捲進革命的怒潮，但是，也會首先‘落荒’或者‘頹廢’，甚至‘叛變’”。(7) 在這裡“老實的農民的實事求是的精神”，也正是小城鎮意識的重要內容。當後期創造社成員試圖脫離這種意識而轉而“傳染”歐洲的世紀末氣質時，在瞿秋白看來結果可能是落荒而逃。結果也正如瞿秋白的分析。

至於魯迅，他的感覺是“因爲作家生長在舊社會裡，熟悉了舊社會的情形，習慣了舊社會的人物的緣故，所以他能夠體察；對於和他向來沒有關係的……他就會無能，或者弄成錯誤的描寫了。”(8) 因此，魯迅堅持不寫他不熟悉的生活，他不寫咖啡館跳舞場跑馬廳，也不寫非理性的思維與世紀末的瘋狂。

他這種意識，在很大程度上正是小城鎮的。

貳

儘管在本世紀二、三十年代的文學中，知識分子題材與農民題材是兩個最重要的部分，但是以往論者常常忽視的是，反映小城鎮生活的作品也有相當多的篇章。在這裡，並不乏一股濃鬱的小城鎮風情。

還是來看看魯迅。他對“魯鎮文化”的一系列描寫，構成了這時小城鎮風情中一道最絢麗的風景綫。

　　茅盾在《讀〈呐喊〉》一文中説道：“繼《狂人日記》而來的，是笑中含淚的短篇諷刺《孔乙己》；於是，我們第一次遇到了魯迅君愛用的背景魯鎮和咸亨酒店。”在《呐喊》、《彷徨》中，魯迅有三分之一的作品寫到茶館與酒店。除咸亨酒店外，還有華家茶館、灰五嬸的酒店等等。這是中國特有的小城鎮風光。《藥》中茶館主人華老栓夫婦，以及一批“群居終日，言不及義”的無聊茶客，給人們刻劃了一幅中國南方小城鎮真實的生活畫卷。《明天》中圍繞單四嫂子的悲劇，描寫了如紅鼻子老拱和藍皮阿五那些在酒店裡唱着下流小調的下層市民形象，迎面而來的是一股發霉的迷信守舊、冷漠灰色的江南古鎮氣息。《示衆》中城鎮大街一角，那些“示衆的材料和看客”的愚昧市民，顯示了這些既無同情憤懣之心也不能自驚自醒的麻木市民的衆生相。而最爲著名的《孔乙己》中咸亨酒店的掌櫃、伙計，以及長衫主顧和短衣幫客人，極爲真實地展示了生活在小城鎮中的知識分子所處的尷尬地位和蹩腳處境。……所有這一切，都構成了一個完整的中國小城鎮市民世界的形象體系。它截然不同於西方作家筆下的舞會、沙龍、咖啡店，而是中國南方傳統市民活動與聚集的最主要場所茶館與小酒店。在魯迅的作品中，我們常能體會到江南小鎮的氣息，那種醇和、凝重、古樸的生活内涵。

　　與魯迅相比，更爲專心致志地描寫小市民灰色生活的是葉紹鈞。也正如茅盾所言：“要是有人問道：第一個‘十年’中反映着小市民知識分子的灰色生活的，是哪一位作家的作品呢？我的回答是葉紹鈞！”[9]在葉紹鈞早期作品集《隔膜》、《火災》、《綫下》、《城中》中，絶大部分篇幅反映的都是小城鎮市民的生活。

　　由於作者長期從事教育的特殊經歷，葉紹鈞的興趣主要在於
對城鎮知識分子灰色、卑瑣生活的描寫。《潘先生在難中》的那
位小學校長潘先生，在軍閥混戰時置國家、學校事業於不顧，帶
着一家老小倉皇逃出，而當戰局略爲平穩時，又爲了校長的位置
急忙起身回學校，並對軍閥極盡謙恭、肉麻之吹捧。這種面臨虛
驚而失色、暫且苟安而又喜的心理，正是一大批小市民知識分子
政治上麻木不仁、生活上隨遇而安的真實寫照，是我國新文學史
上描寫小市民知識分子難得的傑作。同樣，《前途》中的小學教
員惠之本也有些理想與激情，不願意與地方官僚同流合污，然而
在學校關門停發薪金時，完全拋棄了自己的理想與信念，一心想
鑽進以前視爲齷齪的政界過上飛黃騰達的生活。從本質上說，潘
先生、惠之，還有《飯》中的小學教員吳先生，《校長》中的小
學校長叔雅，等等，與《儒林外史》中那位對范進前倨而後恭的
老市儈胡屠戶並沒有多大的區別。他們考慮的是個人的小小得
失，對利益的斤斤計較，對生活的馬馬虎虎。這是一群貧窮、自
私、怯懦、麻木的小市民知識分子的形象。透過葉紹鈞的描寫，
我們大致可以明白當時小城鎮教育界中小市民知識分子大致相似
的命運與際遇。

　　比葉紹鈞創作較晚，但在描寫市民生活方面取得更大成功的
是老舍。

　　與魯迅、葉紹鈞反映江南小城鎮的生活不同，老舍主要取材
於古都北京。不過，這時的北京還不是車水馬龍、霓虹燈閃爍的
現代大都市，彌漫其中的仍然是古風沁人的北方城鎮氣息。《老
張的哲學》中的市民知識分子老張，貫穿他思想的是＂錢本位三
位一體＂。他＂察學＂是爲了撈錢，他＂說親＂也是爲了撈錢，
唯利是圖、損人利己構成了他處世的原則。在他身上，集中了市

民世界中政客、兵痞、無賴、奸商、腐儒等一切醜惡的成份。比
之葉紹鈞筆下的小市民知識分子有着更露骨、更粗野的惡劣表
現。長篇小説《離婚》表現的則是北京衙門中職員的生活。然而
在衙門職員那裡，也少不了無聊的社會習俗和灰色平庸的人生。
被人們稱爲傻好人的張大哥，“一生所要完成的神聖使命：作媒
人和反對離婚”，“硬氣只限於狠命的請客，罵一句人他都覺得
有負於禮教”，以及作者對他的衣裳、手杖、帽子“永遠落後半
年”的描寫，都反映了張大哥這類衙門職員因循守舊、把肉麻當
有趣的庸人哲學。此外，在《趙子曰》、《二馬》、《月牙
兒》、《駱駝祥子》、《微神》、《斷魂槍》、《柳家大院》等
作品中，老舍也都寫出了一批或是流氓惡棍，或是庸俗無聊，或
是古道俠腸，或是淪落風塵……的市民人物形象。同時由於老舍
特有的幽默感，使得他常常能從市民風俗中獲得取之不盡的源
泉，在幽默詼諧中使讀者體味到東方古老文化的韻味，讀來情趣
益然，從而使老舍的作品成爲描繪我國北方城鎮難得的風俗畫
卷。

　　由於茅盾本人出生於江南城鎮商人之家，因此他比其他作家
對小城鎮商人有着更多的了解。他在一些作品中直接描寫了小城
鎮商人生活的圖景，使我們有可能一窺小城鎮商人的種種表演。
他曾在《回憶錄》中這樣叙述他與城鎮商人熟悉的情況：

　　　　對於市鎮的小商人，因爲烏鎮是個大鎮，店鋪很多，祖
　　父那時開的是紙店，我從童年以至青年，跟鎮上的商品中人
　　就很熟悉，也熟知當時他們做生意的困難。同行競爭是普遍
　　的，例如祖父開的紙店就和另一家紙店知裕（鎮上只此兩家
　　紙店）發生競爭，兩家紙店的經理（祖父開的紙店，名泰
　　昌，經理是黃姓），名顯手段，探知對方何種紙張缺貨時就

故意“放盤”（此是他們用的術語，意即薄利多銷）造成自己門庭若市的局面。可以誇大地說，這是一種戰略，意在給鎮上人以及四鄉來辦紙貨的人們一個假象，認爲這家紙店貨品齊全而且價錢公道，以後買貨只找這家就成了。紙店如此，其他洋廣貨店，綢緞店，亦復如此競爭。

正因爲茅盾從小就耳濡目染了小城鎮商人爾虞我詐、勾心鬥角而又凄慘可憐的種種情形，因而使得他對小城鎮商人的描寫達到了同時期作家難以企及的深度。《林家鋪子》中凄涼的年關，停滯的銷路，同業的中傷，錢莊的逼壓，吃倒帳的風險，地痞的敲榨，官僚的威迫，等等，都使我們從林老板身上體會到小城鎮商人將本圖利、損人利己、猜疑競爭而又庸庸碌碌的生活內容。此外，《賽會》、《小巫》等篇也都是描寫小市鎮生活的作品。需要注意的則是，茅盾對小城鎮商人的描寫往往是站在時代政治的高度，通過一個鋪店或一個家庭興衰起伏，揭示整個民族的病象，使人物性格具有了深層的思想內容，但相對來說，作品中的小城鎮風情並不怎麼的葱鬱、勃發。

總括起來看，本世紀二、三十年代文學中的小城鎮題材作品並不是一股涓涓細流。除上述魯迅、葉紹鈞、老舍、茅盾外，如張天翼的《包氏父子》、《華威先生》等也都是其中重要的作品，限於篇幅就不一一列舉了。

我們感興趣的問題在於：從宏觀的文學史的角度看來，這時期的小城鎮作品系列爲什麼會以如此的面目出現？在這些作品的背後，蘊藏的是作家什麼樣的心境？

這是需要我們繼續探討的問題。

叁

　　被人們稱爲西方現代主義文學代表人物之一的波特萊爾，在
《拾垃圾者的酒》一詩中寫道：

　　　常看到一個拾垃圾者，搖晃着腦袋，
　　　碰撞着牆壁，像詩人似的踉蹌走來，
　　　他對於暗探們及其爪牙毫不在意，
　　　把他心中的宏偉意圖吐露無遺。

　　　他發出一些誓言，宣讀崇高的法律，
　　　要把壞人們打倒，要把受害者救出，
　　　在他像華蓋一樣高懸的蒼穹之下，
　　　他陶醉於自己美德的輝煌偉大。(10)

　　這是一首拾垃圾之歌。他正直、勇敢、高尚，儘管邁着踉蹌
的腳步，但留在人們心底的卻是輝煌的形象。德國著名文藝理論
家瓦爾特·本雅明，在《發達資本主義時代的抒情詩人》一書
中，迅速從這首詩中發現了詩人與拾垃圾者之間的相似之處。
"……他在大都會聚集每日的垃圾，任何被這個大城市扔掉、丟
失、被它鄙棄、被它踩在腳下碾碎的東西，他都分門別類地搜集
起來。他仔細地審查縱欲的編年史，揮霍的日積月累。他把東西
分類挑揀出來，加以精明的取捨；他聚集着，像個守財奴看護他
的財寶。"在本雅明看來，這一段描寫既可以是指拾垃圾者，同
時也可隱喻詩人自己。"兩者都是在城市居民酣沉睡鄉時孤寂地
操着自己的行當；甚至兩者的姿態都是一樣的。……詩人爲尋覓
詩的戰利品而漫游城市的步子，也必然是拾垃圾者在他的小路上
不時停下撿起碰到的破爛兒的步子。"(11)在日趨發達的工商大

都市中，神聖的詩意已經消失了，只剩下詩人如孤寂而破爛的拾垃圾者一樣飄蕩在街頭。波特萊爾痛恨這個人性已經異化了的社會，他與那些鋼筋水泥建造起來的城市，以及在其中穿梭往來無情的都市人格格不入。他的《惡之華》，便是他這種心理狀況的真實反映。

儘管同樣是痛恨，也儘管同樣是不滿與批判，但是我國本世紀二、三十年代的作家對城鎮生活的描寫，卻沒有波特萊爾式的隔膜感。如果說波特萊爾感到他是個工商都市的棄兒，一個被人輕視、低賤的拾垃圾者，那麼我們的作家則是市民理想生活的設計者與安排者，假如不是高高在上的上帝，起碼也是城鎮修剪裝扮的園丁。他們從來沒有感到是市民世界的局外人。

在魯迅筆下，活動在魯鎮和咸亨酒店周圍的那些人物，諸如小商販、無業游民、小知識分子等，無一不是一些具有精神弱點過着庸俗、灰色生活的小人物。魯迅先生對孔乙己、華老栓、康大叔、單四嫂子、王九媽、何小仙、藍皮阿五、紅鼻子老洪等一系列人物的描寫與刻劃，儘管有批判，有嘲諷，然而他卻不是站在局外人的角度採取冷嘲熱諷的態度。他有批判，但更多的是同情。他把對於市民世界意識的發現與批判，匯入到他改造國民性的整體思考之中。這是血濃於水的親情，是哀其不幸，怒其不爭的具體表現之因素，魯迅有的是對市民世界強烈的情感投入，工業文明成熟期那種人與人之間的隔膜感與排斥感與他相距甚遠。

同樣的情況在葉聖陶、茅盾那裡也得到明確的體現。葉紹鈞的《隔膜》是一篇暴露小市民精神空虛與無聊的最佳作品。生活在那個小市鎮上的人們注重酬來應往，禮節繁多複雜，然而那些千篇一律的客套語，簡直可以用＂專用錄音帶＂替代；而作爲小市鎮中人們活動與交往中心的茶館，既是流言蜚語的滋生地，又是一幫群聚終日言不及義的人們填補精神空虛的地方。這不是工業社會所造成的城鎮，而是農業文明的結果。這裡的市民也没有工業文明的時間觀念與科學思想，有的則是農民式的懶散與愚昧。葉聖陶對這種落後的小市民意識是懷着滿腔的批判熱情的。他説："嘲諷了這一面，我期望的是在那一面，就可以不言而喻。所以我的期望常常包含在没有説出來的部分裡。"(12) 他在《潘先生在難中》、《飯》、《校長》等篇中對小市知識分子妥協退讓、隨遇而安特性的描寫，也都應該從這個角度來理解。

比之葉聖陶，茅盾對小市民的描寫有着更手擴大的背景。除《林家鋪子》等少數幾篇外，他往往將傳統的小市民放在現代工商都市的環境中，着力顯示他們性格的缺陷與軟弱。例如《子夜》中的屠維岳與莫干丞。莫干丞是一個保守得如同地主的帳房先生那般的管理人員，他所擅長的只是察顔觀色，巴結上級，滿腦子都是階級觀念，而對下屬員工卻缺乏有效的管理。而屠維岳，在茅盾筆下則是個新興的、充滿着剛毅、果斷性格的管理人材，他在工業管理與籠絡工人方面，有着莫干丞無法比擬的膽略與才識。通過這兩個形象的對比，作者清醒地告訴人們，莫干丞那類退讓、守拙的老式管工，在現代工商都市中已經失去了他們的市場。這個五光十色的花花世界，已經再也不是那個恬靜、安逸的小城鎮了。

與魯迅、茅盾、葉紹鈞相比，老舍是最少思想性的作家。他竭力要顯示自己思想性的方面，卻往往是他作品中的敗筆。但是，作爲在北京古都土生土長的老舍，他對古都的人情世態、民風民俗有着極爲熟悉的了解。而且在英國工作時的一段經歷，極爲難得地給他提供了一次開闊眼界的機會，找到了他創作上極佳的切入點。他這樣説："在我年輕的時候，我極喜歡英國大小説家狄更斯的作品，愛不釋手。我初習寫作，也有些仿效他。他的偉大究竟在哪裡呢？我不知道，我只學來些要字眼兒，故意逗笑等等‘竅門’揚揚得意。”(13)在老舍那裡，“要字眼兒”、“故意逗笑”等狄更斯慣用的幽默手法，似乎是在不經意中引起了他的注意與模仿，然而我們認爲這恰恰是老舍作品取得成功的重要原因。當他用詼諧幽默的語言不乏批判地寫出由幾千年的封建文化所薰陶出的古都市民顯示出的醜惡、虛僞、腐朽時，他對中國傳統小市民劣根性的表現便達到了一般作者難以觸及的高度。因此比較說來，他在《離婚》、《二馬》、《老張的哲學》等篇中對老式市民的刻劃與描寫構成了他作品中最精彩的部分，而在《趙子曰》等作品中對新派市民的描寫便帶有概念化、漫畫化的缺陷。

通過對上述幾位作家的分析，我們可以發現，本世紀二、三十年代反映市民生活的重要作家，都自覺或不自覺地將他們作品納入到批判中國市民弱點、改造國民性的洪流之中。這是文學史上一批獨特的市民作家隊伍。他們既不像波特萊爾那樣深切地感受到工業社會對人性的異化，對市民階層採用冷若旁觀的態度，同時也不像中國古代文學中那些熱衷於平面表現市民生活的風俗畫師。他們有理想，有抱負，對市民心理、性格的改造負有神聖的責任。他們採用的仍然是工業化進程以後產生的科學與民主的武器，以一種理性原則和近代人文精神對中國傳統市民加以全方位的觀照。他們所提倡的是嚴肅、清醒的工作，與富蘭克林所宣稱的十三種有用的品德，有許多共同之處。這是一種真正現代意義上的小城鎮意識，與人們通常理解的小市民概念不可同日而語。

需要進一步說明的是，現代作家的小城鎮意識並不是只有在

反映小城鎮題材的作品中才得到體現。事實上，它作爲一種情感
取向與價值判斷，貫穿在當時所有的作品之中。在本文中，論者
只是爲了叙述的方便而特意選取了小城鎮題材這一角度。

歷史在飛速發展。在西方，到十九世紀末維持秩序井然的世
界竟成了一種妄想。"社會關係的結構是那樣錯綜複雜，分化演
變；經驗又是如此獨特而繁亂，或者不可思議，讓人很難找到把
一種經驗與另一種經驗關聯起來的共同象徵。"[14]在這種背景
下，近代理性原則與人文精神受到了嚴峻的挑戰。波特萊爾宣
稱，那種期望做一個有用的人的想法令人感到厭惡。懷疑一切，
否定一切，崇尚非理性主義，成了西方現代社會一種洶湧的潮
流。

我們往哪裡去？

隨着工業化進程的興起而在中國出現的科學與民主思想，以
及爲我國眾多現代作家所肯定的崇尚清醒與嚴肅工作的小城鎮意
識，是否也會隨着工業文明成熟期的到來而烟消雲散？我們是否
也會受到彌漫着世紀末氣息的都市意識的挑戰？幾多猶豫，幾多
徘徊。

然而早在一百多年前馬克思就對工業社會人性異化的警覺，
我國社會所從事工業化進程所選擇的獨特道路，都會使我國不致
於重蹈西方工業化國家的覆轍。科學與民主思想，仍將長期成爲
人們的精神支柱與力量源泉。

【附 註】

(1)何士光：《寫在〈苦寒行〉之後》。

(2)《馬恩全集》第7卷，第561頁。

(3)轉引自貝爾《資本主義文化矛盾》，第105頁。

(4)佩奇·史密斯：《山頂之城》，第7頁，紐約艾爾弗雷德·A·諾夫，1960年。

(5)貝爾《資本主義文化矛盾》，第94-95頁，第143頁。

(6)李澤厚：《中國現代思想史論》，第218頁。

(7)瞿秋白：《魯迅雜感選集序言》。

(8)魯迅：《上海文藝之一瞥》。

(9)《中國新文學大系·小說一集·導言》。

(10)《波特萊爾全集》第1卷，第120頁，中譯據錢春綺譯本。

(11)本雅明：《發達資本主義時代的抒情詩人》，第9-10頁。北京三聯書店1989年版。

12《葉聖陶選集·自序》。

13老舍：《讀讀書》。

(14)同註(5)。

第三章　失去的家園與地之子

壹

在論述了小城鎮意識與現代作家以後，我們想繼續探討現代作家與農村的聯繫，從而將我們的研究推向深入。

在本世紀二、三十年代的作家中，在上海、北京等大城市土生土長的作家只占極小的一部分。他們中的大部分都來自於農村。這其中的原因主要是隨着工業化進程的推進而迅速形成的工商都市，所造成的發達的文化市場對遍佈各地的人材的吸引，以及新式教育對全國青年的聚集作用。因而，在本時期便自然形成了一支人數衆多的"僑寓作家"隊伍。這支作家隊伍儘管活躍在都市，但是他們童年、少年時期所生活過的故鄉，卻常常縈繞在他們心頭。他們忘不了那塊土地，忘不了生他養他的父老鄉親。正是這種背景，在本時期出現了如此衆多的自稱爲"地之子"的作家，出現了如此衆多的鄉土文學。

那個從老遠的貴州跑到北京的蹇先艾宣稱：我"是鄉下人，所以對於鄉村人物也格外喜愛"。(1) 蘆焚自認"我是從鄉下來的人，說來可憐，除卻一點泥土氣息，帶到身邊的真亦可謂空空如也。"(2) 李廣田將自己的詩歌定名爲《地之子》，高聲唱道："我是生自土中，來自田間的，這大地，我的母親，我對她有着作爲人子的深情。"(3) 早期李廣田將自己的小說集定名爲

《地之子》的臺靜農，被魯迅認爲："將鄉間的死生，泥土的氣息，移在紙上的，也沒有更多更勤於這作者的了。"[4]沈從文更是一而再、再而三地說明："我實在是個鄉下人……鄉下人照例有根深蒂固永遠是鄉巴佬的的性情，愛憎與哀樂自有它獨特的式樣，與城市人截然不同！"[5]

與此相聯繫的，本時期文學中出現了如此衆多的村莊地名：魯迅筆下的未莊、平橋村，許杰筆下的楓溪村，彭家煌筆下的溪鎮，許欽文常用的松村，蹇先艾描寫的貴州山道……

不過，當我們將本時期相當繁榮的鄉土文學進行綜合考察時卻不難發現，本時期鄉土文學所表現的主要是兩類主題意旨：一類是從工業文明的角度，站在科學和民主的高度，對落後、愚昧的農村進行批判性的描寫；另一類則是用浪漫抒情的筆調，描繪農村田園牧歌式的生活，並以此作爲自己的感情寄託與循世法寶。

下面，我們將通過對這兩類作品的具體分析，來確認本時期鄉土文學的不同特點與價值。

貳

以批判性爲主題的鄉土文學，以魯迅先生的鄉土文學作品爲其傑出代表，再加上許欽文、王魯彥、臺靜農、蹇先艾、許杰、彭家煌……一批作家的種種表現，形成了本時期鄉土文學中一股重要潮流。其影響之大、聲譽之高，在當時要遠遠超出於另一類田園牧歌式的鄉土文學。

魯迅是本時期鄉土文學的開創者和重要旗手。他的《阿Q正傳》、《風波》、《故鄉》、《祝福》等篇，代表了當時鄉土文學的最高成就。

　　應該說，魯迅是描寫風土人情的高手。他在《故鄉》中精彩
地描寫過小英雄閏土的光彩形象，極富抒情的筆致："海藍的天
空中掛着一輪金黃的圓月，下面是海邊的沙地，都種着一望無際
的碧綠的西瓜，其間有一個十一二歲的少年，項帶銀圈，手捏一
把鋼叉，向一匹猹盡力的刺去，那猹卻將身一扭，反從他的胯下
逃走了。"由遠及近，由靜到動，此情，此景，此人，都足以喚
起人們對鄉土詩意的回憶。但是，魯迅先生並沒有把他的這種才
華盡情地發揮，而是轉向到更理性的角度，以憂憤深廣的筆觸着
力揭示農村的愚昧與落後。作品中思想性的光芒阻止了他在鄉土
人情方面取得更大的成就。《阿Q正傳》中那個江南鄉村稼莊
的赤貧者阿Q，不僅在錢、權、物、力等物質生活資料方面一無
所有，而且他的精神也被封建宗法思想腐蝕得一乾二淨。這是幾
千年來貧苦農民的悲劇，也是我國民族的苦難史。《風波》則是
"一齣以鬧劇形式出現的深刻的悲劇。"[6]當辛亥革命只是在
江南農村引起了一場近乎滑稽的辮子風波時，魯迅的諷刺與批判
意義是不言而喻的。"最要緊的是改造國民性，否則，無論是專
制，是共和，是什麼什麼，招牌雖換，貨色照舊，全不行
的。"[7]而《祝福》中那位勤勞善良的農村婦女祥林嫂，籠罩
在封建倫理道德觀念的羅網中無法自拔，最後悲劇地死去……無
需對魯迅先生的作品逐一分析，他對農村生活的描寫以及他對鄉
土文學的貢獻，主要集中在他第一個最有力地揭示了農民精神的
弱點，並顯示出他勾勒那農民沉默靈魂的巨大努力。

　　這是一個偉大的開端。其後眾多的鄉土文學作家自覺或不自
覺地團聚在魯迅的旗幟下，開始了對農民的全面審視與批判性描
寫。

　　許欽文是魯迅的同鄉，小說格調也與魯迅極其相似。他曾

說，魯迅"是我的私淑老師，我可以算作他的私淑弟子。"[8]
十分虔誠地追隨魯迅。他的早期作品《父親的花園》，以感傷、
哀怨的心情回憶了少年在家時的歲月。其深深的眷戀之情、物是
人非的心靈惆悵，一方面是對失卻理想家園的痛心，另一方面也
是對田園牧歌生活的依戀。其批判鋒芒並不明顯。從《瘋婦》開
始，他有意識地在自己的作品中表現深廣的憂憤，與深沉的思
考。那雙喜家婆媳兩代的隔閡，已經不是一般意義上的婆媳爭
吵，而是深入到對婦女地位、價值問題的探討。而中篇小說《鼻
涕阿二》中對農村婦女不幸命運的描寫，則將矛頭直接指向了那
個罪惡的宗法社會。主人公菊花只因爲是個二胎女兒就在家中抬
不起頭來，受到歧視；又因爲自由戀愛，更在家中得了個"賤小
娘"的稱號。她不甘心自己的屈辱命運，在種田的丈夫去世後嫁
給錢師爺作妾，用種種心計邀寵，謀圖在錢家獲得一席之地。然
而，最後又被錢師爺新相好排擠，落得個一無所有的境地。這是
一個無可奈何的悲劇。任憑菊花如何折騰，都逃脫不了這個社會
早已給她安排好了的命運。在以批判性爲主題的鄉土文學中，無
疑是一篇重要的作品。

王魯彥是本時期鄉土文學的中堅人物。他原名王衡，因崇拜
魯迅而取筆名爲魯彥。魯迅曾親切地稱他爲"'吾家'彥
弟"。[9]從中可見魯彥與魯迅間的緊密關係。在創作上，魯彥
主要摹仿魯迅冷峻的創作風格，通過對農民昏聵、愚昧的心理狀
況的深入揭示，從而使他描寫的宗法制農村社會籠罩了一層驅散
不開的悲劇氛圍。《菊英的出嫁》反映的是浙東農村極其野蠻的
風俗'冥婚'，母親爲已死了十年的菊英物色了一個也已死了十
年的女婿，並舉辦了盛大的婚禮。這是一個荒誕的故事。然而，
作者的描寫卻是一本正經地娓娓叙來，在煞有介事中揭露了當地

農民落後無知的本質。發表於1927年的《黃金》，叙述着魯彥鄉土寫實小說的成熟。茅盾認爲："鄉村小資產階級的心理，和鄉村的原始式的冷酷，表現在這篇《黃金》裡的，在文壇上，似乎尚不多見。"（10）這是一篇展示鄉間村民世態炎涼的小說。陳四橋的如史伯伯，僅僅因爲在外的兒子年終未曾匯款回來，他在村民中的地位便陡然動搖起來。他不敢出門，生怕別人以爲他出去借錢；家中遭竊不敢報案，生怕別人以爲他故意賴債，不一而足。這是一個充滿着勢利、鄙俗的村莊，人性已在金錢的威壓下完全扭曲、變形。此外，如《岔路》、《屋頂下》等篇，也都從不同角度對村民的劣根性進行深入的解剖與批判。將魯彥歸之爲"魯迅風"的作者，確實符合實際。

比較看來，同爲出生於浙江的許欽文、王魯彥，他們筆下的鄉村是我國經濟比較發達的沿海地區，已經留下了些許工業文明侵蝕的痕跡，而那個出生於老遠的貴州遵義的蹇先艾，他所帶給讀者的則是一片蒙茸、原始的偏僻鄉村風貌。正是在這裡，蹇先艾的鄉土文學作品具有了其他作家無法比擬的原始美感，更顯出粗獷、質樸的鄉土情調。可能也正是在這裡，魯迅先生在《新文學大系·小說二集·導言》中對鄉土文學的歸納，便是從蹇先艾開始的。《水葬》中那個因偷了東西而被村民處以"水葬"酷刑的農民駝毛，臨死前自稱"老子今年三十一！再過幾十年，不又是一條好漢嗎？"其麻木與愚昧，與阿Q同出一轍；而駝毛被處死，並不是出於某種政權的力量，而是來自於他那個生活的社群，便更帶有了對野蠻鄉風的批判。《鄉間的悲劇》是一個被遺棄農婦的悲劇。她的苦難與不幸並不在於如僕役似的拼命幹活，只是在她聽説遠在外地的丈夫已經有了另室時，她的精神支柱才徹底崩潰了。在這裡，封建夫權觀念也已深入到這些偏僻鄉村農

婦的心靈深處。此外,《到鎮溪去》中對以擔抬爲生的孫大哥窮
苦命運的描寫,《在貴州道上》對轎夫趙世順困苦生活的同情,
《躊躇》中對草藥販子朱二一家凄慘遭遇的描繪,都讓人沉痛得
透不過氣來。這裡太原始、太落後了,"到處都遇見的是陷在泥
沼中的老人、女人、窮人,他們的苦臉深刻地永遠留在我的記憶
裡了。"[11]也深刻地不易消逝留在讀者的記憶中。

　　與許欽文、王魯彥、蹇先艾等作家僑寓北京不同的是,彭家
煌是僑寓上海的重要鄉土文學作家。這位來自湖南的作家,着力
以魯迅式的幽默、詼諧的手法,揭露鄉村宗法社會的愚昧,是鄉
風民俗的好手。茅盾指出:"彭家煌的獨特的作風在《慫恿》裡
已經很圓熟。……在這個幾乎稱得是中篇的《慫恿》內,他寫出
樸質善良無知的一對夫婦夾在'土財主'和'破靴黨'之間,怎
樣被播弄而串了一齣悲喜劇。濃厚的'地方色彩',活潑的帶着
土音的對話,緊張的'動作',多樣的'人物',錯綜的故事的
發展,都使得這一篇小說成爲那時最好的農民小說之一。"[12]
彭家煌在鄉土文學中的地位,主要在於他技巧上的圓熟。除《慫
恿》外,《陳四爹的牛》、《喜訊》也都取得了相當的藝術成
就。前者《陳四爹的牛》中的農民周涵海,老婆被流氓霸占,他
忍氣吞聲不敢反抗,被人稱爲"豬三哈";可是當他給當地有勢
力的陳四爹放牛以後,居然攀龍附鳳地覺得自己的勢力也壯大起
來。這是一個不知是非、不知事理的愚弱農民。作者以《陳四爹
的牛》爲題寫"豬三哈",正是對他冥頑不化的劣根性的諷刺與
批判。後者《喜訊》,寫一個貧窮的農民含辛茹苦將兒子培養到
師範畢業,然而在外地謀生的兒子捎給他的"喜訊"卻是被當作
政治嫌疑犯而入獄十年。從一個側面寫出了當時白色恐怖在人們
生活中投下的陰影,使原本荒涼、貧寒的鄉村生活更添了一種壓

抑、沉悶的氣息。作品寫得從容不迫，舒展自如，耐人咀嚼。

…………

　　我們無需將這時期鄉土文學作家一一列舉。通過對以上幾位重要作家的簡要介紹，人們就可以知道，滿蘊着強烈的主觀色彩對落後鄉村農民劣根性的批判，構成了這些作家的一個共同特色。魯迅從 "故鄉" 中發現，阿 Q、祥林嫂、閏土的精神病態竟是那樣的嚴重！許欽文從 "父親的花園" 中走出，注視着下層農民 "瘋婦" 和 "鼻涕阿二" 的命運，蹇先艾從懷舊的 "朝霧" 中醒來，大量叙寫着 "鄉間的悲劇" ……

　　這是一個特殊的歷史時期，是一個由農民文明向工業文明過渡的轉折關頭。這些從沿海、内地、偏遠山村聚集到上海、北京等大都市的鄉土文學家們，他們從前生活的鄉村是如此的愚昧與荒唐。他們情不自禁地拿起筆來，向他們的鄉親，也是向所有的農民，發出了要求改變他們命運的呼喚。

　　這是一個偉大文學主題的開端。在我國邁向工業化進程中，在文明與愚昧的長期較量中，我們都無法忽視這些作品的時代意義與現實意義。在 "魯迅風" 的旗幟下，今後還將湧現出眾多批判性的鄉土寫實作家。

叁

　　田園牧歌式的鄉土文學出現得較晚。儘管許欽文在《父親的花園》、蹇先艾在《晨霧》等早期作品中，都有明顯的對鄉土生活抒情式的描寫。但他們不久都轉向到批判性的鄉土寫實潮流之中。真正較爲純淨地描寫田園牧歌式鄉土文學的是稍後出現的廢名（馮文炳）、沈從文。由於近年來海内外學者對沈從文、廢名的高度評價，更使人們對這一類田園牧歌式鄉土文學的研究具有了較高的理論價值。

廢名與周作人有師生之誼，在北京大學上學時也是魯迅、周作人所組織的"語絲社"的成員。但是，他並不具有"任意而談，無所顧忌，要催促的產生，對於有害於新的舊物，則竭力加以打擊"[13]的語絲社的特點，而是接受了周作人在"五四"退潮後中庸的退隱的文學主張，神往於那種幾近隱逸的、田園風韻的人生態度和文學態度。他強調藝術與時代的距離："創作的時候應該是'反芻'。這樣才能成為一個夢。是夢，所以與當初的實際生活隔斷模糊的境界。藝術的成功也就在這裡。"[14]只有"用平靜的心感受一切大千世界的動靜"，"用略見矜持的情感去接近這一切"[15]，藝術才具有了永恆的魅力，才能創作出樸質明淨、高遠清雅的不朽之作。所以，他的小說多以平淡質樸、蕭穆靜觀的筆調，去表現尚未被現代工業文明所侵蝕、污染和異化的宗法制農村生活，在茅屋樹蔭、沙灘老柳、竹林菜園和果園小徑中反映人物的純樸美德。你看他的《竹林的故事》，恰似一幅清新淡雅的山水畫，觸筆之處盡是澄澈、寧靜、輕靈的氣息。就連那美麗而嫻淑的三姑娘，善良勤敏的母親，都似乎是大自然的精靈出入於河邊那片蔥綠的竹林之中。這是一片神奇、古樸、平和的土地，充滿着田園牧歌一般的意境和韻味。廢名為之心醉，為之感動，他在這裡找到了他的理想社會的模型和藝術的沃土。

與廢名相比，沈從文的作品更帶有強烈的愛憎色彩和原始野蠻的放縱。他與廢名一樣，都以"鄉下人"自居，都神往於故鄉邊城長河、桃園竹林的盎然詩意，但是沈從文卻由此散發去，以故鄉寧靜冲淡的生活為參照，展開了對城市病態文明的全面批判。因而，他的作品比廢名顯得更為舒展、開闊，具有更深一層的思想核心。"五四"運動過後不久，他爲新思潮所激勵，同時也爲故鄉生活的破產與衰敗所逼迫，從家鄉流落到北京等地。然而，他迅速在現代都市中發現了經濟進步與道德退化之間的矛盾。他發現在那些文質彬彬、溫文爾雅的"紳士階級"和"高級知識分子"中間，其實充滿着在"小小恩怨得失中攀爬"的喜劇，"人與人關係複雜到不可思議，然而又異常單純地一向受'鈔票'所控制。"(16)於是，沈從文迅速在"新思潮"面前卻步，轉而想創造一個古樸明淨、純真雅緻的藝術世界。他宣稱："我想表現的原本是一種'人生形式'，一種'優美、健康、自然，而又不悖乎人性的人生形式'。我主張不在領導讀者去桃源旅行，卻想借重桃源上行七百里路酉水流域一個小城市中幾個愚夫俗子被一件事情牽連在一處時，各人應有的那份哀樂，爲人類'愛·字，做一度恰如其份的説明。"(17)這種古老的人生形式和自然化的人性，沈從文認爲，可以作爲將來人與人關係重造的基石，以期實現人對自然的皈依。因而，沈從文的所有小説幾乎都可歸入兩類之中，一類是以冷雋、嘲諷的寫實筆調揭示都市社會中人物的内心醜惡與道德淪喪，例如《八駿圖》、《顧問官》、《紳士的太太》等等，另一類則是以溫情、浪漫的抒情筆調描寫那些生活在湘西土地上的人們的純樸人性，例如《邊城》、《長河》、《三三》等等。從這兩組對比描寫中，沈從文想讓人們認識"這個民族過去偉大處與目前墮落處"，並試圖用農村原始的人情美麗來改造社會，恢復民族性格，來醫治被現代工業文明所扭曲、所玷污了的人性。這是沈從文對現代社會的獨特思考和藝術追求。

廢名幾乎是一純到底，譜寫的是一曲曲純淨、恬美的田園牧歌，而沈從文則在城市和鄉村的對照描寫中，表現出偏僻山寨的人情美和風俗美。這是我國現代文學中一個特殊的文學思潮。也正因爲如此特殊，它才具有了人們着力研究和探討的必要。

　　沈從文、廢名等人對傳統文明加以禮讚，將封建宗法社會詩意化，其核心是神往於鄉村生活中那種樸素的人性美和人情美。因而，對田園牧歌式的鄉土文學進行評述的一個重要關鍵就在於如何評價那些落後鄉民的心理結構與性格内涵。

　　在馬克思主義者看來，人的心理與性格的形成，主要是由當時特定的生產與交換方式決定的。由於農民的生活特點與生產方式，限制了他們像從事大工業生產的工人那樣，具有進步性和先進性，從而顯得落後、保守、愚昧、狹隘、不懂得科學與文明，要求平均主義等等，都是顯而易見的。同時，馬克思、恩格斯在《神聖家族》中還指出，在那種封閉的近於原始的環境中還具有了這樣的可能：“依然保持着人類的高尚心靈、人性的落拓不羈和人性的優美。”[18]諸如純樸、善良、義氣、正直、節儉等等，都是這另一方面的具體表現，是這種生產方式和生活特點在農民性格特徵上的又一不同色彩的投影。

　　我們完全同意馬克思這種對農民心理內涵的深層剖析。不過問題在於：這兩種矛盾着的不同性格特徵在農民的自身命運中各自起着什麼樣的作用呢？而且對農民心理內涵的主導傾向又該如何確定與裁判？舉一個較近的例子，如新時期著名農民作家高曉聲筆下的李順大，應該説是純樸、善良與誠實的，然而在他幾十年的人生歷程中，卻是充滿了被愚弄與被欺騙的悲劇。對此，人們到底應該怎樣來評價與認識他的文化結構與心理內涵？倒是高曉聲説得簡捷明白、一針見血：“他們是一些擅於動手不擅動口的人，勇於勞動不擅思索的人。他們老實得受了損失不知道追究，單純得受到欺騙會無所察覺。他們甘於付出高額代價換取極低微的生活條件，能夠忍受超人的苦難去爭取少有的歡樂。"[19]說得更透徹一點：他們的"勇於勞動"、"老實"、"單純"、"忍受"之類，無非也與他們的落後、愚昧、保守、麻木一樣，儘管表現形式不同，但它們都集中在這樣一點：無知。都是他們對一切都"不知道追究"、"無所察覺"的必然結果。

　　社會的進步與發展已經無情地打碎了一切關於小農社會的烏托邦理想。工業革命的興起與現代物質文明的極大豐富，都顯示出一種新型的社會形態必將要在整個地球全面地取代落後的、愚昧的農業文明。這是社會進化的必然規律。純樸也罷，善良也罷，田園牧歌也罷，都將要在這個新型的社會形態到來之際被沖得七零八落。歷史總是這樣的無情，有所得的同時必將會有所失。

　　但是人們還是不死心。在現代物質文明與淳樸鄉情之間，難道真的沒有調和的餘地？在現代大工業生產與東方傳統文化之間，難道真的會造成一條不可逾越的鴻溝？在封建古代與西方現代之間，難道真的沒有"第三條道路"？對此，人們常常總是徘徊猶豫、患得患失，希冀能有一條兩全其美的道路。這種民粹主義思想，在中國這樣一個具有悠久的文化傳統，小生產的生活方式和生產方式占優勢的文明古國，特別有着深厚的土壤。

　　以章太炎為例。這位一度非常激進的資產階級革命派，在目睹了國外資本主義社會的現實和國內資本主義興起時的種種情狀之後，迅速拋棄他曾信奉的文明進步、物質幸福等等主張。他覺得社會進化並不可能帶來幸福、快樂和愉悅，而只能造成社會的世風日下、道德敗壞。因而，他寧可要古代的儉樸生活，"啜菽飲漿"，而不要"沾物質之務"[20]。非常有趣的是，他曾以道德爲標準把當時社會上的職業分爲十六個等級：

> 今之道德，大率從於職業而變。都計其業，則有十六種
> 人：一曰農人，二曰工人，三曰褲販，四曰坐賈，五曰學
> 究，六曰藝士，七曰通人，八曰行伍，九曰胥徒，十曰幕
> 客，十一曰職商，十二曰京朝官，十三曰方面官，十四曰軍
> 官，十五曰差除官，十六曰雇譯人。其職業凡十六等。[21]

這是一個極其特殊的職業分類。章太炎認爲農民“勞身苦
形，終歲勤動”，依靠自己的勞動所得，自給自足，是一種最可
稱道的職業。而“藝士”（醫師、畫家等）和“通人”（高級知
識分子）則多不道德，因爲“知識愈進，權位愈伸，則離道德也
愈遠”。而被列爲最下品的“雇譯人”，則非獨相官吏那樣盤剝
百姓，而且還依靠於洋人，更其不足掛齒。這種注重獨善其身的
個人品性和詆毀現代科技知識作用的思想傾向，與沈從文、廢名
等將封建宗法社會美化，要求復歸傳統，恢復人的原始品性的社
會理想是何其相似！在這裡，人們可以發現在思想史和文學史中
民粹主義思潮的一個共同特點，即都是想以主觀精神和道德力量
去拯救世界，以挽回被現代物質文明所破壞的精神損失。

然而歷史還將證明，這些美好的願望和想法都只能是一廂情
願的自作多情。在社會浪潮的變動中，這種舉動與其説顯得悲
壯，倒不如説更近於滑稽。

在資産階級經濟學家亞當·斯密斯創立的自由貿易學説中，
其實分明表現了資本家對金錢的瘋狂佔有和對人性的嚴重扭曲。
但是恩格斯卻認爲：“可是難道説亞當·斯密的學説不是一個進
步嗎？當然是進步，並且是一個必要的進步。”[22]因爲在他看
來，“卑劣的貪慾是文明時代從它存在的第一日起直至今日的動
力。”[23]也正如老黑格爾所説，社會的進步總是以醜陋爲代價

的。在歷史與道德之間，在理性與情感之間，一直存在着這種二律背反的現象。如果傾向於後者，整天淪於道德家的喋喋不休，或者墮入偽善者多愁善感的哭哭啼啼，不僅會表現出自己在歷史觀念上的失誤，而且有時還會妨礙社會變革的進程。馬克思談到英國對印度的入侵時，曾經分析了它的雙重性：

> 的確，英國在印度斯坦造成社會革命完全是被極卑鄙的利益驅使的，在謀取這些利益的方式上也很愚鈍。但是問題不在這裡，問題在於如果亞洲的社會狀況沒有一個根本的革命，人類能不能完成自己的使命，如果不能，那麼，英國不管是幹出了多大的罪行，它在造成這個革命的時候，畢竟是充當了歷史的不自覺的工具。這麼說來，無論古老世界崩潰的情景對我們個人的感情是怎樣難受，但是從歷史觀點來看，我們有權同歌德一起高唱“既然痛苦是快樂的源泉，那麼何必因痛苦而傷心？”……[24]

然而，中國現代的一些思想家和文學家並不如歌德那樣灑脫，那樣熱切地歌頌未來。歷史悠久的東方古國對它的子孫們造成了強大的心理惰性，在一方面感受着現代文明的同時，而另一方面卻又充滿了小生產者慣有的空想。不過，時代總會進步，社會必定發展，二十世紀文學中綿綿不斷的“改造國民性”的主題，正是反映了作家們決意向傳統文化告別，大步跨向現代文明的自覺要求。

至此，我們可以清醒地斷定：儘管民粹主義者試圖用各種幻想和言詞來阻攔現代文明的發展所引起人們道德上的墮落，但是這種打算以主觀精神和道德力量來拯救世界的一切企圖都只能是徒勞無益的。而表現到文學上，那種對意識到的歷史內容有意或無意的迴避與反感，自然也必然會影響到作品所反映的思想深度和藝術生命力。這其實是同一問題的兩個方面。

肆

　　然而，同時還有難以理解的問題。不僅廢名、沈從文等人的作品在世界上贏得了崇高的聲譽，被認爲是中國現代文學中具有民族性的世界性的作品，而且在國內，人們在閱讀他們的作品時，也常常爲它們的審美趣味和藝術氛圍所陶醉，真情實意地被感動，並不覺得他們的作品中有着道德家說教式的虛假與做作。

　　難道藝術作品的魅力並不受到它思想內容的約定與限制？在歷史的標準與美學的標準這兩者之中，如果堅持了美學的標準而不顧及歷史的標準，藝術作品也可以取得圓滿的成功？對於意識到的歷史內容，作者可以視而不見，或者逆其道而行之？說到底，藝術作品是不是可以脫離其時代的思想內容而存在？

　　不對。對民粹主義思潮的一般評價是一回事，而對奉行這種思想的田園牧歌式的鄉土文學的評價又是另一回事。

　　廢名、沈從文的獨特之處在於，作爲二十世紀中國社會應該"意識到的歷史內容"，在他們那裡，其實並沒有能從生產關係的萌芽和確實的生活經驗中自發地產生，而還只是一種外在的客觀存在。出身於長江中游中國腹地的廢名和家處湘西崇山峻嶺之中的沈從文，他從青年時代走進都市開始新的人生時，已經在家鄉農村度過了人生道路上極爲重要的童年和少年時代。他們在那裡曾經怡然自得地享受了當地的古樸風俗，或者雖則貧窮、落後，但卻不乏神秘、清雅的村居生活。這是中國經濟發展的極度不平衡而引起的。與沿海農村爲外國殖民勢力所侵略而日趨沒落迅速破產的情形不同，在中國腹地的廣大農村，其實當時並沒有深切地感受到資本主義文明的衝擊，那種社會形態即將要發生巨大變革的現代"歷史内容"。因而，一方面是中國二十世紀的發展即將或者正在融入到世界歷史發展的潮流之中，而另一方面，廢名與沈從文們在他們的故鄉卻絲毫都没有感到這種變動的跡象。只是等到他們步入都市之後，一種社會變動的現實才極其真實地出現在他們面前，不過在這時，在他們的心理圖式中已經有了一套相當完整的故鄉農村的生活畫面，以及與這畫面相適應的鄉民們的情趣愛好和風俗習慣。這是一個非常重要的時間差和地域差。廢名和沈從文他們正是憑藉着這種差距而形成的思想觀念和價值體系，在那個燈紅酒綠、車水馬龍的現代都市中，開始了一種以"鄉下人"的觀念對現代都市文明的評判。在這裡我們應該指出的是，他們所持的觀點和想法仍然是相當的真實，一點都不帶有做作、裝假的成份。他們固執而極其虔誠地信奉他們在故鄉生活中所形成的生活哲學，並以此爲武器來抗阻和反對他們極其陌生的非常不適應的都市生活。因而表現到文學中，當他們以這種觀點作爲自己的思想基石，並在藝術形式上採用與落後農村相互適應的緩慢、優美與一切田園牧歌式的表現手法來創作時，便使他們的作品具有了獲得成功的可靠保障。因爲在他們那裡，這恰恰是他們意識到的歷史内容和藝術形式的完美結合。

在分析古希臘藝術和史詩時，馬克思曾經指出：這"同它在其中生長的那個不發達的社會階段並不矛盾。它倒是這個社會階段的結果，並且是同它在其中產生而且只能在其中產生的那些未成熟的社會條件永遠不能復返這一點分不開的。"[25]正是由於當時落後的生產力和原始的生活方式，才形成了希臘人幻想的基礎，形成了希臘神話中那種對自然和社會的奇特觀點產生的原因。隨着社會生產力的發展，許多自然力的事實上被征服，產生希臘神話的土壤也就隨之消失了。但是馬克思進一步指出，歷史不可復制，作爲人類社會的童年在藝術上的反映，希臘神話將作爲人類社會文化發展史上的一個永不復返的階段的藝術品，永遠對後人顯示着不朽的藝術魅力。只是在社會迅速發展之後，伏爾泰仍然盲目地模仿古希臘羅馬史詩，在《亨利亞特》中把一場封建貴族內部的宗教戰爭，寫成半神話的對封建君主的緬懷和歌頌，這才像馬克思所諷刺的那樣，似成年人扮演孩童那樣的可笑了。

廢名、沈從文與伏爾泰根本區別在於，他們並沒有可能在自己所處的生活中敏銳地發現出新的形態的萌芽，原始、封閉的農村生活並不曾向他們顯示出一點點跡象；他們也沒有過漂洋過海，直接接受西方現代文化的機會。他們只是憑着自己在故鄉已經基本形成的思維框架對現代都市生活作出自己特殊的理解，並最終走向一條與魯迅等人完全不同的道路。因而，中國現代都不是徹頭徹尾的一般意義上的民粹派。他們中許多人其實並不了解現代文明，只是憑着感性的認識和對一些具體事件的不滿，才表現出對現代文明的恐懼與仇視，且進而全面否定了現代新的價值標準和道德規範。表現到文學中，廢名、沈從文等並不是想以成年人的身份扮演孩童，而是自己本身就是一個孩童，那個在中國腹地童年期的土地上生活並成長起來的孩童。在沈從文的兩類作品中可以發現，那種以純靜、清澈、寧靜的詩情畫意作爲小説品格的追求，表現湘西古樸明淨、清新蒙茸的藝術世界的作品，如《邊城》、《長河》、《蕭蕭》等確實是一篇篇不可企及的藝術傑作，散發着如希臘神話般的持久的藝術氣味。但是，另一類描寫與嘲諷現代都市生活的作品，如《八駿圖》、《紳士的太太》等篇，則多顯出淺薄與缺乏藝術感染力。沈從文的成功正是在於前者，而絕不是後者。至於廢名，魯迅的一段評價極其深刻：

> 在1925年出版的《竹林的故事》裡，才見以冲淡爲衣，
> 而如著者所説，仍能"從他們當中理出我的哀愁"的作品。
> 可惜的是大約作者過於珍惜他有限的"哀愁"了，不久就更
> 加不欲先前一般的閃露，於是率真的讀者看來，就只見其有
> 意低佪，顧影自憐之態了。（26）

這十分準確地指出了廢名作品成功和失敗的原因。在第一個
小説集《竹林故事》中，他以冲淡清新、哀愁憂鬱並蓄的田園詩
風格，真實地表現了他故鄉那種童年期土地上的人們和他們的看
法，不乏率真，不乏純樸。然而，也許是這部小説集爲他贏得了
較高的聲譽，也許是爲了刻意追求一種風格，在後來出現的
《橋》和《莫須有先生》中，或者一味講究清新冲淡，以圖創造
一種超脱的意境或者主要偏向於對世道人心的諷刺，減淡了詩
意，增加了幽默。這時，他的率真已失，他的那種與故鄉童年期
土地相適應的童年化的心態已差不多蕩然無存，其作品自然也不
可能引起人們對社會童年期生活的回憶，而幾乎只能讓人感到面
目可憎了。

別林斯基指出："古希臘史詩只可能爲古希臘人存在，作爲
用他們的形式對於他們的生活、他們的內容的表現。對於新的世
界來説，用不着把它加以恢復，因爲新的世界具有它自己的生
活、自己的內容、自己的形式。"（27）中國現代田園牧歌式的鄉
土文學確實也是一個特殊的存在。他們以文學形式極其寶貴地記
錄下了那塊還沒有被現代文明所侵蝕的土地。它不同於後工業社
會那種由於社會的高度發展而轉向到東方文明尋求心靈慰藉的尋
根思潮，也不同我國新時期一批年輕作家對傳統文化的重新發
現。他們更像古代的陶淵明和李商隱。

伍

我們似乎對田園牧歌式的鄉土文學花費了太多的篇幅，但其實卻正是我們的特殊用心。

在現代工業社會的自由競爭和快速競爭到來時，人們既希望物質文明的迅速提高，又希望在這其中能得以保留傳統的人性美；既要現代工業能夠帶來生活上的實惠，但又不要破壞人類和自然的和諧。這是我們在進入工業化進程以後便出現的一個共通性的課題。

郭沫若這樣表示對田居生活的嚮往："在這樣的窮鄉僻壤中，有得幾畝田園，幾椽茅屋，自己種些蔬菜，養些雞犬，種些稻粱，有暇的時候寫些田園的牧歌，刊也好，不刊也好，用名也好，不用名也好，浮上口來的時候便調好聲音朗誦，使兒子們在旁邊諦聽。兒子們喜歡讀書的時候，便教教他們，不喜歡的時候便聽他們去遊戲……"(28)

老舍這樣表述他對人間的情趣："夏天，能夠住在竹林的鄉間，喝兩杯白乾，謅幾句舊詩，不論怎麼說，總算說得過來。""蕉葉清新卷月明，田邊苔井晚波生。村姑汲水自來去，坐聽青蛙斷續聲。"(29)

…………

隨着工業化進程的深入，這種共通性課題越來越受到人們的重視。因此，從這個角度來看待本世紀二、三十年代的鄉土文學，儘管以批判性爲主題的鄉土文學受到當時人們的高度稱讚，在文學史上卻更多的是共時性的特徵，然而另一類田園牧歌式的鄉土文學，在當時可能還會受到指責與誤解，然而它在文學史上卻有着更爲長久的的魅力，即歷時性的特徵。

　　這是我國工業化進程不同時期的特點所造成的。正是從這裡，我們對田園牧歌式的鄉土文學格外留意。

【附　註】

(1)蹇先艾：《鄉間的悲劇・序》。

(2)蘆焚（師陀）：《黃花苔・序》。

(3)李廣田：《地之子・自序》。

(4)《中國新文學大系・小說二集・導言》。

(5)沈從文：《從文小說習作選・代序》。

(6)范伯群、曾華鵬：《魯迅小說新論》，第117頁，人民文學出版社1987年版。

(7)《兩地書・八》。

(8)許欽文：《魯迅日記中的我・伴游杭州》。

(9)魯迅：《敏捷的譯者・附記》，載1925年6月12日《莽原》周刊第8期。

(10)方璧（茅盾）：《王魯彥論》，載1928年1月《小說月報》第19卷第1期。

(11)同註(1)。

(12)茅盾：《中國新文學大系・小說一集・導言》。

(13)魯迅：《我和〈語絲〉的始終》。

(14)馮文炳：《說夢》。

(15)沈從文：《論馮文炳》。

(16)沈從文：《水雲》。

(17)沈從文：《邊城・題記》。

(18)《馬克思恩格斯全集》第2卷，第215頁。

(19)高曉聲：《創作談》，第13頁。

(20)章太炎：《回惑論》。

㉑章太炎：《革命之道德》。

㉒恩格斯：《政治經濟學批判大綱》。

㉓恩格斯：《家庭、私有制和國家的起源》。

㉔馬克思：《不列顛在印度的統治》。

㉕《馬克思恩格斯選集》第2卷，第114頁。

㉖魯迅：《中國新文學大系·小說二集導言》。

㉗《別林斯基全集》（俄文版），第4卷，第414頁。

㉘郭沫若：《行路難》。

㉙老舍：《舊詩和貧血》和《蜀村小景》，轉引自吳小美等《現代性與傳統性的交戰論老舍對傳統文明與現代文明的批判》，載《中國現代文學研究叢刊》1987年第3期。

下編　　藝術篇

　　文學是有意味的形式。特定時代的情感方式決定了特定時代的藝術表達方式。

　　如前所述，自鴉片戰爭以後在中國開始的工業化進程，促使了科學、民主思想成爲我國近代以來的主流意識。崇尚科學精神，尊重人的個性，以及由此而産生的理性原則與文人主義思想，成爲現代衆多作家共同的價值尺度與情感依據。專制的、愚昧的封建文化思想受到了現代作家的廣泛批判。在這樣宏觀變動的背景下，作爲具體表達人們思想情感和審美活動的藝術作品，它的創作方法、表現技巧、文學觀念和語言運用等方面，都必然會與當時的社會狀況一樣發生根本的質的變化。這是任何唯物主義者都必須承認的事實。

　　在本編中，我們將着力探討與“前工業文明”相伴而生的創作方法，以及在文學觀念、文學樣式與語言運用等方面的變化，從而使我們對中國現代文學的外觀與內蘊有一個更爲透徹、清醒的了解。

第一章　關於現實主義

在文學創作中，創作方法不同於一般的表現技巧與藝術手段，而是指作家在反映社會生活時在處理文學創作與現實關係上所持的態度和遵循的原則。它具有一種宏觀性的、統領性的特徵。

在探討工業化進程對文學藝術的影響時，我們首先着眼的也正應該是這種宏觀性的、統領性的特徵，因此，我們的探討將從創作方法開始。

在對創作方法的研討中，我們首先選取人們極爲熟悉的、長期被稱爲中國現代文學主潮的現實主義作爲突破口。

壹

長期以來，人們對現實主義的論説可謂是連篇累牘、汗牛充棟，構成了中國現代、當代文藝批評史上的一大奇觀。然而，當我們今天來重新審視這些論點時，卻不無遺憾地發現：許多觀點都不可避免地帶有了歷史的局限；或者由於觀察視角的缺陷，儘管洋洋灑灑但論述起來卻不得要領。

在五、六十年代，被公認爲具有"相當的代表性"的觀點，是馮雪峰在《中國文學從古典現實主義到無產階級現實主義的發展的一個輪廓》的論述：

> 現實主義作爲藝術觀或作爲創作方法，都和"五四"時

代文學所擔負的革命任務相吻合的。這樣，"五四"新文學吸收了中國文學中古典現實主義的基本精神和優點，並加以發揚，加以現代化，這是"五四"新文學中現實主義的本國來源；"五四"新文學又吸收了外國進步文學中現實主義的經驗與方法，而加以應用和民族化，這是"五四"新文學中現實主義的世界的來源。"五四"新文學，就是在這兩種來源的基礎之上，在從"五四"以來的人民革命的時代中，體現着我們民族的創造力，獨立地創造出了以魯迅爲代表的輝煌的革命現實主義。……"五四"時的新文學的現實主義雖然還不是無產階級現實主義，而是像魯迅當時所奠定的那種我們慣稱爲革命的現實主義……[1]

時隔幾十年後，再來看這種在當時十分時髦的觀點，真會茲生出無數的感慨。時代真的進步了，進步得使今天的許多學者竟然覺得這種觀點"不知所芸"。

在馮雪峰的心目中，現實主義主要分爲四個階段：古典現實主義、資産階級現實主義、革命現實主義和無產階級現實主義，"五四"文學正處於革命現實主義的階段。在這裡，所有的文學創作方法都被理解爲現實主義，唯一不同的只是階級思想的性質；也就是説，從古到今只存在一種創作方法，即現實主義。應該説，這不是把創作方法理解爲處理文學創作與現實關係上所持的態度和遵循的原則，而是從反映論的角度對文學與生活關係作出的解釋。正如陳思和先生所説："儘管文學是人們審美把握來表現對客觀世界的各種認識，它離不開創作者的主體意識，但歸根結底，客觀世界總是作爲人的認識對象，或成爲文學現象的生存依據，文學總是現實的精神投射。從這個意義上説，自有文學以來，凡優秀的作品都離不開現實，或現實主義。"[2]馮雪峰

的觀點，正是把現實主義作爲一種反映論來理解。從這裡出發，
馮雪峰把正視與揭露現實的文學創作以及在作品中所滲透出來的
這種“精神”，都一概理解爲現實主義的內容。把現實主義界定
在反映論的層面上，馮雪峰的這種觀點自然能自圓其說；但是，
作爲一種對具體的創作方法的研究，卻顯得過於空疏與寬泛。無
論是對於文學理論的研究，還是對於文學創作的指導，這種觀點
都缺乏切實的理論價值與指導意義。

　　進入八十年代後，衆多研究者迅速將現實主義從反映論的層
面上分離出來，而真正從創作論的角度對現實主義加以具體、細
致的研究。這些研究的集大成者和重要代表作，當推溫儒敏的博
士論文《新文學現實主義的流變》一書。(3)

　　在溫著中，對現實主義在中國產生的條件、特點、演變與得
失，進行了系統的考察與分析，不乏真知灼見。但是，在對現實
主義在中國出現的歷史條件論證方面，卻嫌過於表面化。

　　他這樣論述現實主義文學思潮在“五四”時期出現的原因：

　　　　作爲一般的現實主義創作方法精神或方法，在傳統文學
　　中就已經存在；而現實主義文學思潮則完全是現代的產物，
　　在我國，是“五四”新文學運動之後才出現的現代文化意識
　　的一部分。它主要並非由古代文學的傳統延伸發展而來，儘
　　管不難尋出其間的某些歷史聯繫；它基本上是在對外國文學
　　橫向吸收和改造中所形成的新的文學思潮，可以說是世界性
　　現實主義思潮傳入的結果。在二十年代，新文學現實主義主
　　要接受了十九世紀歐洲現實主義包括俄國現實主義的影響，
　　三、四十年代，又逐漸融匯了社會主義現實主義的成
　　份。(4)

在這裡，溫儒敏將現實主義文學思潮在“五四”時期出現的

原因，歸結爲“基本上是對外國文學橫向吸收與改造的產物”，一種“傳入的結果”，卻有些令人不解。

從影響研究的角度來觀察，一國文學對另一國文學的作用與影響，其前提是受影響國已經具備了接受作用與影響的條件，如此影響才能有效。人們通常所說的外因必須通過內因起作用，也正是說的這個道理。因此，如果僅僅將“五四”新文學現實主義的產生歸之爲外國文學的橫向吸收與影響時，這個論點便很值得懷疑。

不過，溫儒敏先生事實上在提出了上述結論之後也並沒有停止思考，而是繼續深入下去，認爲下述三個方面構成了我國“五四”文學橫向吸收西方現實主義的“土壤”。這三個方面是：“首先，新文化運動是前所未有的反封建思想革命運動，它對中國封建傳統文化的整體性批判，是與對外國文化的整體性認同同時進行。”“其次，“五四”時期左右文壇空氣的主要讀者層，也已經從近代的一般市民轉變爲受科學民主思想薰陶的小資產階級知識分子，他們有更開放更健全的審美要求，迫切希望擺脫‘瞞與騙’的封建傳統文學，尋求真實反映現實人生的文學。”“第三，“五四”時期（特別是“五四”運動前後幾年）是新舊交替的時代，也是動蕩的時期，思想文化界相對來說還比較自由。加上西方各種新思潮湧進，中西文化發生空前的碰撞交融，更是形成我國歷史上難得有過的思想解放時代。”

無庸置疑，這三個方面都說出了五四時期現實主義產生的部分理由，確實是探討現實主義產生時不可忽視的因素。然而，僅僅憑這三個方面，我們還認爲並不能成爲現實主義產生的根本原因，似乎給人一種尚不“到位”的感覺。

先說第一點“對外國文學的整體性認同”。這確是“五四”

時期帶有鮮明印記的時代潮流，好的絕對的好，壞的絕對的壞，
盲目崇尚與模仿西方文化，問題則是：西方文學思潮比比皆是，
諸如寫實主義、浪漫主義、印象主義、象徵主義、未來主義，等
等，爲什麼這時偏偏鍾情於現實主義呢？用整體性認同來解釋顯
然不通。再說第二點“新式讀者需要更開放更健全的審美需
求”。在“五四”時期，沈雁冰、周作人等人都明確地意識到現
實主義在西方已成“衰歇”之態。如沈雁冰認爲“寫實主義不過
是文化進化過程中的一段路程，決不是文學的極則。”(5)認爲
“新浪漫主義”才是更高級的創作方法。對於要求“更開放更健
全的審美要求的新式讀者來說，主動放棄更高級的新浪漫主義而
去俯就已見衰歇之象的寫實主義，於情於理都是說不通的。至於
第三點“五四”是“難得有過的思想解放時代”，其實只是一種
較爲廣泛的時代背景，對於各種新思潮、新觀念都同樣適宜，用
以說明現實主義產生的原因自然過於籠統。

貳

　　從我們研究的的論題出發，其實我們可以清楚地發現：現實
主義創作方法是工業文明的產物。

　　現實主義作爲一種創作方法，它是與特定時期的人們在對待
人與自然、人與社會的態度上密切相關的。人們對自然、社會的
認識程度以及所遵奉的原則，從根本上決定了人們的思維層次與
觀察視角；表現到文學創作上，也就從根本上決定了作家對社會
生活採取什麼樣的觀照方式與表現方式。任何創作方法產生的原
因，都概莫能外。

　　在古代，由於人們征服、改造自然的能力還停留在一個較低
的水平，因而他們對自然現象、宇宙本質乃至人自身，都缺乏一

種清醒的科學的認識。他們既不能對變幻莫測的自然現象作出合理的解釋，又不能充分地發現與肯定自身的價值，在這種背景下，宗教文化、神靈文化便有了滋生的土壤。對於這種情況，五四新文化工作者也已有着較爲清晰的感悟。陳獨秀認爲我國古典文學有三大弊端："曰，貴族文學，藻飾依也，失獨立自尊之氣象也。古典文學，鋪張堆砌，失抒情寫實之旨也。山林文學，深晦艱澀，自以爲名山著述，於其群之大多數無所裨益也。其形體則陳陳相因，有肉無骨，有形無神，乃裝飾品而非實用品。其內容則目光不越帝王權貴，神仙鬼怪，乃其個人之窮通利達。"儘管陳獨秀對貴族文學、古典文學、山林文學的表述仍嫌不夠明晰，但他卻發現了我國古典文學整體性的錯誤。對於這種錯誤的原因，陳獨秀進一步認爲："所謂宇宙，所謂人生，所謂社會，舉非其構思所及，此三種文學共同之缺點也。"[6]這種從宇宙、人生、社會皆非古代作家"構思所及"的角度來認識古典文學的弊端，我們認爲正是說中了問題的要害。

也正是出於古代作家在對待人生、自然、社會等方面愚昧、落後的認識，"五四"新文學工作者認識到我國古典文學非寫實的一面。周作人在《人的文學》中，驚世駭俗地將《西游記》、《水滸》、《聊齋志異》等眾多文學名著歸於非人的文學，認爲它們是妨礙人性的生長，應該加以排斥的東西。魯迅認爲《三國演義》中對諸葛亮的刻劃採取了過於神化的態度，致使諸葛亮"近妖"而失去現實的成份。胡適則大膽宣稱："從沒有說過一句從文學觀點讚美《紅樓夢》的話。"因爲，他認爲《紅樓夢》中所寫"主角是赤霞宮神瑛使者投胎的，是含玉而生的"，[7]以及不少如太虛境、警幻曲等神怪描寫，都足以使《紅樓夢》喪失在文學觀念上的重要價值。……儘管周作人、魯迅、胡適等人

對《紅樓夢》、《三國演義》、《水滸》等我國最重要的文學名
著採取了過於簡單與片面的否定，然而，他們的否定也昭示了這
樣一個事實：從文學進化的角度來看，上述名著都還不是嚴格寫
實主義意義上的佳作。

這一論斷是可以成立的。儘管人們可以從《紅樓夢》等作品
中發現深廣的現實內容，以及豐富的現實主義精神與傾向，但是
從創作方法的角度將它們認定爲現實主義的作品，卻也不符合這
些作品的實際。它們都還不是真正創作方法意義上的現實主義作
品。

那麼，什麼是創作方法意義上的現實主義作品呢？它們又是
怎麼產生的呢？

從人類歷史的發展進程來看，工業革命的產生是將人類從中
世紀的黑暗中解放出來的根本原因。隨着生產力的提高，人們對
自然、社會的認識達到了前所未有的高度。人類第一次欣喜地發
現，神秘莫測的自然現象是可以被人們所認識、所改造的；機器
生產也使得人們相信科學技術才是推動社會進步提高社會生產力
的重要手段。在這種背景下，神學與宗教文化土崩瓦解了，人們
相信的是科學，相信的是理性原則。美國當代著名社會學家貝爾
這樣表述道：

> 十九世紀的中心意識是把社會看成一張大網（文學裡的
> 生動幻象是一張蜘蛛網）。用較抽象的哲學術語表達，如黑
> 格爾所述，第一種文化，每一歷史“時期”，以及與它們相
> 應的那個社會，都是一個結構嚴密的整體，由某種內部原則
> 束扎成型。這種內部原則，對黑格爾來說是內在精神，對馬
> 克思來說是決定所有社會關係的生產方式。(8)

當整個社會被人們認爲是有序的、是可以加以認識與改造

時，與之相適應的，人們便自然圍繞着對空間和時間的理性思考而組織建立起某種正式的藝術原則，力圖把一種具有深度的空間和具有順序時間的理性宇宙結構學轉化成藝術。人們可以肯定，這正是現實主義創作方法產生的最根本原因。

既然社會是一張大網，而各個網絡之間又存在着內在的聯繫，作家們便自然對社會採取一種理性的觀察與描寫的態度。他們通過對社會生活的客觀描寫，好奇地注視着各個階級是如何生活的，人物的性格與命運又是如何變遷的。而在這裡檢驗文學作品是否成功的試金石便是經驗的介入。當文學作品中的描寫反映或印證了社會真相時，人們便會驚嘆它的成功；反之，則會被認爲是不成功的作品。西方從十五、六世紀，到十九世紀一度成爲西歐文學主潮的現實主義文學，便正是在這個大背景下產生、並受這大背景所制約的。

現實主義創作大師巴爾扎克認爲：“我搜羅了許多事實，又以熱情作爲元素，將這些事實如實地描寫出來。”[9] 這是巴爾扎克對現實主義創作方法的理解。法國現實主義繪畫的開創者庫爾則宣稱：“像我所見到的那樣如實地表現出我那個時代的風俗、思想和它的面貌，一句話，創造活的藝術，這就是我的目的。”[10]……人們自然還可以聯想到福樓拜、狄更斯、龔古爾兄弟、左拉、莫泊桑、托爾斯泰、易卜生等一大批現實主義作家對現實主義創作方法的精彩表述。需要指出的是，這些精彩表述只有放在將社會理解爲一張有着蛛網式內在聯繫的大背景下，才會具有時代意義與主流特徵。

回到我們所論述的“五四”新文學中來，科學和民主思想，理性原則和近代人文精神，既有着我國自鴉片戰爭以後逐漸發展起來的工業化進程的脆弱基礎，又有着從西方進步思潮中引進的強大外力作用。它們作爲一種合力，使得科學與民主思潮成爲當時無可爭議的主流意識。在這種背景下，表現到文學中，如陳獨秀所言愚昧落後的貴族文學、古典文學、山林文學，注定要退出歷史的舞臺。現實主義創作方法的出現其實已是水到渠成、別無選擇。

沈雁冰在《文學與人生》一文如此說道：

　　近代西洋的文學是寫實的，就因爲近代的時代精神是科學的。科學的精神重在求眞，故文藝亦以求眞爲唯一目的。科學家的態度重客觀的觀察，故文學也重客觀的描寫。因爲求眞，因爲重客觀的描寫，故眼睛裡看見的是怎樣的一個樣子，就怎樣寫。又因爲尊重個性，所以大家覺得東西盡是特別，或不好，不可因怕人不理會，就不說。心裡怎樣想，嘴裡就怎樣說。老老實實，不可欺人。這是近世時代精神見於文藝上的例子。(11)

這一段話，是對新文學現實主義産生原因的最好詮釋，也是對我們上述觀點的最好證明。

不過，有人或許會問：爲什麼五四作家不接受“最先進的浪漫主義”(12)而是屈就提倡現實主義呢？沈雁冰認爲：“我主張先要大力地介紹寫實主義和自然主義，但又堅決地反對提倡他們。……我認爲中國的新文學要提倡新浪漫主義。”(13)可見新浪漫主義是比寫實主義更進一層的文學主張。對於這一問題的解答，我們認爲仍然應該回到時代背景上來。西方工業化進程歷經數百年的發展，至十九世紀末已經出現了根本性的變化。正如我們在前文中將西方工業化進程區分爲前工業與後工業那樣，到十九世紀末，西方工業文明已進入了它的成熟期，並逐漸顯示出它對人性的異化作用。經濟主宰着人們的生活，高科技成爲當代人類的圖騰，豐富多樣的人類生活變成單薄無情的分工角色。正如德國文藝批評家本雅明在《發達資本主義時代的抒情詩人》中所說：" 機械以它轟然的節奏打破了個性生活的整體，一如它侵損了自然的整體。在機械面前，人要麼通過接受機械訓練而變得合乎規範，要麼毫無防備地陷入震驚。在此，經驗與體驗、意識與無意識便明確地分離開來，這種分離無疑是現代主義的專利。"[14] 在這裡，對於社會存在着蛛網式內在聯繫的想法已大大削弱，非理性的念頭又在更高的層次回歸到人們的腦海中，世界已變得如此陌生，如此深不可測。正是這樣的時代背景，立體主義、未來主義、印象主義、達達主義等等所謂現代主義文藝思潮，在十九世紀末開始在西方社會萌生，並逐漸擴散開來。而這種情形，對於剛剛接受工業文明洗禮的本世紀二、三十年代的作家來説，還顯得爲時太早。他們喜歡接受的仍然是基於屬於" 前工業文明 "形態的現實主義。當時重要的文藝理論家沈雁冰認爲：" 寫實主義的文學，最近已見衰歇之象，就世界觀之立點言之，似已不應多爲介紹；然就國內文學界情形言之，寫實主義之真精神與寫實主義之真傑作未嘗有其一二，故同人以爲寫實主義在今日尚有切實介紹之必要，而同時非寫實的文學亦應充其量輸入，以爲進一層之預備。"[15] 作爲開設過" 小説新潮欄 "專門介紹過西方最新文學動態的沈雁冰，他對世界文學的大勢是相當了解的，他捨新求舊對寫實主義的推崇，我們認爲從深層的角度觀察正是我國當時" 前工業文明 "的特點使然。

　　也只有從這個角度觀察，我們才能發現魯迅先生對中國傳統文學瞞與騙的批判，以及對現實主義創作方法的提倡才是那樣的底氣充足：" 世界日日改變，我們的作家取下假面，真誠地，深入地，大膽地看取人生並且寫出他的血和肉來的時候早到了！"⁽¹⁶⁾現實主義在這時候出現，正是恰如其時。

叁

　　儘管我們可以指出作爲創作方法的現實主義在本世紀二、三十年代出現的深層原因，然而一個同樣值得我們重視的問題是：我國本世紀二、三十年代的現實主義與十九世紀西方經典現實主義相比仍然有着明顯的差異，這其中的原因又是什麼呢？它會動搖我們理論的基礎嗎？

　　從我國現實主義產生的土壤分析，我們認爲起碼在以下三個方面與西方現實主義產生的土壤有較大的差別：

　　第一、本世紀初我國薄弱的現代工業經濟基礎。自鴉片戰爭開始的我國現代工業化進程，至本世紀二、三十年代尚不足一百年的時間，而且其發展的不平衡性，使得我國社會還處於一種半封建半殖民地的性質，與真正意義上的工業化國家尚有相當遙遠的距離。而西方工業化國家，發展到十九世紀已經形成了相當完備與周密的工業體系，工業革命的成果已深入人心。因此，我們儘管可以指出工業化進程是我國現實主義產生的根本原因，一種使外因發生作用的事物內部方面的因素，但是同時，我們也清醒地意識到，作爲我國現實主義出現的表現形式，往往體現爲少數先知先覺者對西方文藝思潮的借鑒、引用與移植。表現到現實主義中，西方十九世紀現實主義文藝思潮呈現出一種瓜熟蒂落、順理成章的運行形式，而在我國，由於缺乏工業經濟基礎方面強有力的推動作用，因此在引進過程中的中國化特色便不可避免。

　　第二，中國傳統文學觀念的影響。儘管"五四"新文學工作者往往以一種全面否定傳統文學的姿態出現，但是也正如我們在第一點中就已指出的，薄弱的現代工業經濟基礎使這些新的觀點、新的思潮失去有效的支撐點，好像是一片無根的浮萍。因此，長達數千年的傳統文學觀念不僅不可能得到徹底的清算，而且還極有可能寄寓於新形式中得以借屍還魂。當西方現實主義文藝思潮引進到中國時，人們便自然想到我國古已有之的現實主義文學精神與傾向，與創作方法的現實主義混為一談；當現代現實主義強調在客觀描寫的同時還應表現一定的主觀情感時，人們也就自然地聯想到我國傳統文學中"經世致用"、"文以載道"的文學主張。凡此種種，都使得現實主義在新文學中的出現受到傳統文學的牽引作用，有時甚至會使新文學工作者自身迷失方向。

第三、當時特定的現實環境因素。本世紀二、三十年代，我國正是戰亂頻仍、民不聊生的動盪時期，現實主義的產生並不是出現在工業化進程平穩發展之際。當時緊迫的反帝反封建的鬥爭，成為人們最為關注的焦點。對於現實主義的介紹與引進，在很大程度上並不是因為對這種創作方法的特殊喜愛，而往往表現為對現實生活的功利需求。當時瞿秋白就這樣宣稱："我們決不願意空標一個寫實主義或象徵主義、新理想主義來提倡外國文學，只有中國社會所要求我們的文學才介紹。"[17]這種觀點幾乎可代表當時眾多作家的共同想法。因此，現實鬥爭的需要，與現實生活保持密切聯繫的共通願望，促使了現實主義創作方法在中國的引進不可能完全照搬西方的模式，這確是當時特定的現實環境所決定的。

正是由於我國現實主義土壤在上述三個方面的特殊性，因此，我國現實主義文藝思潮的面貌便具有了中國式的特點。

作為一種創作理論，現實主義在十九世紀西方的產生是以其科學精神為理論依據的；與之相適應，它也形成了一套相對穩定的藝術觀與表現手法。儘管在創作也可以表達自己的主觀感情、愛憎，但按生活的本來面目反映生活卻是這一創作方法的首要原則。你看，巴爾扎克是這樣認爲：" 只要嚴格描寫現實，一個作家可以成爲或多或少忠實的、或多或少成功的、耐心的或勇敢的描繪人類典型的畫家、講述私生活戲劇的人、社會設備的考古學家、職業名册的編纂者、善惡的登記員 "。[18] 一句話，" 從來小說家就是自己同時代人們的秘書 "[19] 正因爲巴爾扎克如此嚴格地描寫現實，因而他在作品中違背了他的政治偏見，寫出了他心愛的貴族階級必然滅亡的命運，被恩格斯譽爲現實主義的偉大勝利。然而，在我國本世紀二、三十年代的現實主義文藝運動中，從 " 爲人生 " 的藝術到社會主義現實主義的提倡，充滿着作者强烈的思想情感與明確的主觀意圖。福樓拜認爲：" 偉大的藝術應該是科學的、客觀的 "，" 藝術家不應該在他的作品裡露面，就像上帝不應該在自然裡露面一樣。"[20] 而我國本時期的作家卻偏偏喜歡露面，而且往往是那麼迫不急待。

茅盾的例子可能是最爲典型的。

在 " 五四 " 新文學運動初期，這位提倡自然主義[21]的健將認爲 " 描寫不求忠實乃中國文人之通病 "，" 也是中國文學不能發展的原因。"[22] 於是他轉向自然主義，認爲西方經受過近代科學精神洗禮的自然主義，正是反對傳統文學 " 主觀的向壁虛造 " 的消毒劑，" 對於浸在舊文學觀念裡而不能自拔的讀者，也是絕妙的興奮劑。"[23] 他在《自然主義與中國小說》一文中，對將客觀寫實方法的優點發展到 " 極致 " 的自然主義作了較爲系統與全面的闡釋，並構成了他提倡現實主義創作方法的重要起點。在這裡，我們發現與他所推崇的法國自然主義大師左拉的理論是一脈相承的。然而到了三十年代，那種 " 以具體的代替抽象的，以嚴格的分析代替單憑經驗所得的公式 "[24]的自然主義創作主張，已經遭到了他的唾棄。他大膽地宣稱自己＂在構思過程中老是先從一個社會科學的命題開始。＂（25）這種從主題到生活的創作路數，與他原先提倡的＂如實描寫方法＂，其距離該是何等的遙遠！他在《子夜》中對中國各階級狀況的刻意分析，在《春蠶》等作品中先入爲主的創作模式，都使他遠離了他當年提倡的自然主義創作方針。

　　這是一個巨大歷史時代的開端，其間必然會有挫折與反覆、進步與倒退。但是，從一種總的趨勢與背景上觀察，工業文明的成果畢竟已經在我國這塊古老的農業大國中佔有了一席之地，並且作爲一種代表進步與先進的觀念，已成爲人們判斷是非、衡量作品的一個重要參照。在現實主義文藝思潮的發展中，儘管有僞現實主義、假現實主義，但是人們對現實主義卻有了一個不變的原則。這是在＂五四＂以前的古代社會中所不能想像的。這一重要參照系的確定，得力於科學、民主思想，得力於工業文明已經在中國擁有了儘管算不上肥沃的土壤。

　　你看葉聖陶，這位人生派的寫實作家默默在創作中堅持着他的主張：＂從原料講，要是真實的，深厚的，不說那些浮游無着不可體驗的話；從態度講，要是誠懇的，嚴肅的，不取那些油滑輕薄十分卑鄙的樣子。＂（26）他的作品，從《飯》、《潘先生在難中》到《倪煥之》，也正散發着現實主義的持久魅力。

　　老舍、曹禺這些在當時並不算怎麼激進的作家，沒有什麼宏偉的主張，也沒有什麼高深的理想，只是平實地從事着他們的創作。《老張的哲學》、《離婚》、《雷雨》、《日出》等作品的現實主義成就，將長久地在中國現代文學史上熠熠閃光。

　　畢竟，我們已經擁有了一個重要的參照系。在我們這樣一個＂前工業文明＂的國度中，現實主義將長期地爲人們所重視、所推崇。在科學和民主的旗幟仍然作爲時代的進步標示的時候，我們總不會放棄現實主義這一創作方法。

　　從這個角度，我們對中國現代現實主義的觀察便也具有了一種宏觀性與統領性的視角。

【附　註】

(1)見《馮雪峰論文集》（中），人民文學出版社1981年版。

(2)陳思和：《中國新文學整體觀》，第70頁，上海文藝出版社1987年版。

(3)該書由北京大學出版社1988年出版。

(4)溫儒敏：《新文學現實主義的流變》，第2－3頁。

(5)沈雁冰：《近代文學體系的研究》，載《中國文學變遷史》，新文化書社1921年初版。

(6)陳獨秀：《文學革命論》，見《新青年》第2卷第6號。

(7)《1960年11月24日致高陽信》，載《胡適論古典文學》，上海古籍出版社出版。

(8)丹尼爾·貝爾：《資本主義文化矛盾》，第54頁。

(9)巴爾扎克：《人間喜劇·前言》，《文藝理論譯叢》第2期，第128頁。

(10)見《西方文論選》（下），第220頁，上海譯文出版社1979年版。

(11)原載1922年7月《松江第一次暑期學術演講錄》第一期。

(12)當時沈雁冰等人所指的新浪漫主義，其實是指十九世紀末西方開始出現的現代主義文藝思潮。

(13)茅盾：《商務印書館編譯所生活之二》，載《新文學史料》第二輯。

(14)本雅明：《發達資本主義時代的抒情詩人》，第20頁。

(15)沈雁冰：《答邵立人》，見《小說月報》第13卷第9號。

⒃魯迅：《墳·論睜了眼看》。

⒄《俄羅斯名家短篇小說·序》，見《瞿秋白文集》第2冊，第544頁，人民文學出版社1953年版。

⒅同註(9)。

⒆巴爾扎克：《〈古物陳列室〉、〈鋼巴拉〉初版序言》。

⒇腓力克思·達文：《巴爾扎克十九世紀風俗研究·序言》，見《古典文藝理論譯叢》第3輯。

(21)現今國外許多文學史家都籠統地把現實主義與自然主義看作是文學發展中的同一個大階段，兩者只有描寫上客觀化程度之分，而沒有本質的不同。

(22)沈雁冰：《答周贊襄》，見《小說月報》第13卷第2號。

(23)沈雁冰：《自然主義與中國小說》，見《小說月報》第13卷第7號。

(24)左拉：《戲劇上的自然主義》，收《西方文論選》下冊。

(25)茅盾：《我怎樣寫〈春蠶〉》。

(26)葉聖陶：《誠實的，自己的話》，見《小說月報》第15卷第1號。

第二章
世紀之光：曇花一現的浪漫主義

　　作爲科學與民主思想在文學創作中的影響，理性原則主要表現爲現實主義創作方法產生的理論與現實的基礎，而近代人文精神則往往體現爲對浪漫主義創作方法的催生與勃發作用。自工業文明在西歐出現以後現實主義和浪漫主義兩股文藝思潮的澎湃激盪，正是理性原則與近代人文精神在文藝中的具體表現。

　　不過，從西歐文藝思潮的演進歷史來看，現實主義和浪漫主義並不是同時出現的。比主要盛行於十九世紀中期的現實主義較早的是，浪漫主義在十八世紀末到十九世紀初形成了遍及全歐洲的聲勢浩大的文學運動。拜倫、雪萊、歌德、席勒、雨果、喬治・桑、萊蒙托夫……等一大批傑出的浪漫主義作家，適應着時代和階級的要求，在作品中以豐富的幻想、大膽的誇張、火熱的激情表現出蔑視權貴、歌頌叛逆、追求個性解放的思想。這是資產階級上升時期作爲新興階級代言人的作家，要求反對神權、反對封建思想的强烈願望在文學中的具體映現。在歐洲文學史中，在從文藝復興到十九世紀末現代主義思潮產生以前，浪漫主義與現實主義雙峰並峙、不差上下。這是在歐洲前工業文明的土壤上綻開的兩朵奇葩，常常令後來者贊嘆不已。

　　那麼，在剛剛步入工業化進程的中國，其浪漫主義的表現如何呢？它在中國文學中的命運又到底怎麼樣呢？

壹

　　從浪漫主義產生的外在條件與要求來說，＂五四＂時期的中國一點也不弱於歐洲。

　　與歐洲中世紀漫長的神學統治對人性的摧殘與壓抑不同的是，中國長達數千年的封建統治主要依靠的是儒家正統文化對人民的麻醉與毒害作用。這是與落後的農業生產方式相適應的兩種精神統治方式，在本質上是相通的。區別則是，神學統治是令人敬畏的、神秘莫測的，而儒家正統文化則披上了溫情脈脈的面紗。但當人們撩起面紗的一角，就會在滿口仁義道德的幌子下發現其＂吃人＂的真正面目。這同樣是令人窒息、摧殘生命的＂鐵屋子＂。不過，這兩種精神統治方式也具有了使人們在獲得解放時採取不同情感表達方式的可能，在神靈面前一直覺得自己是渺小的、罪孽深重的西方人往往會大叫着站起來，盡情宣泄着對神權統治的憤怒，表達出對理想人性的強烈追求；而長期昏睡的中國人，在他們面前並不存在如神學那樣面目可憎的具體敵人，似乎更需要打開窗子，讓淹淹一息的身體慢慢復原。從這個角度觀察，近、現代的中國似乎缺乏西方十八世紀那樣不可抑制的浪漫主義激情。

　　不過，這只是問題的一個方面。

　　問題的另外一個方面在於：我國第一代的浪漫主義作家並不是在國內慢慢經受着工業文明的洗禮，在現代商品經濟的交換中自覺地萌生出自由平等、個性解放的思想（前面我們已經反覆說過，自鴉片戰爭以後出現的工業化進程，由於它的緩慢性與不平衡性，尚不足以在全國形成一個新型的全國性的社會背景。它往往只是作爲一種前景、一種方向，成爲人們思想、行爲的重要參照與追求目標。）他們中的大多數人是因爲歷史的機遇，遠涉重洋，在國外接受了先進思想的影響。當他們回到國內之後，兩個文明之間的巨大差異，在他們心理上產生了強烈的震撼。這種對比，清醒了他們的認識，也使他們心底的狂瀾巨濤不亞於歐洲浪漫派作家對封建神權的痛恨程度。正是在這裡，我國第一代浪漫派作家狂飆突進的熱度與能量，比之歐洲浪漫派作家甚至有過之而無不及。

你看郭沫若，這位來自祖國內地四川的地主少爺，當他走出夔門，東渡日本，重又來觀察與表現中國人的生活時，他是充滿了如此的熱力與激情的火焰：

我們歡唱！

我們歡唱！

一切的一，常在歡唱！

一的一切，常在歡唱！

是你在歡唱？是我在歡唱？

是“他”在歡唱？是火在歡唱？

歡唱在歡唱！

只有歡唱！

只有歡唱！

只有歡唱！

歡唱！

歡唱！

歡唱！[1]

這是青春的力量，是醒過來人之子的聲音。在歐洲浪漫派作家中，我們也很少發現有什麼作品達到了如此精神的強度，表現了如此酣暢淋灕的氣勢。《天狗》、《站在地球邊上放號》、《我是個偶像的崇拜者》、《地球，我的母親》、《鳳凰敍槃》等篇中散發出的磅礴激情，曾經強烈地吸引與感染過幾代中國青年讀者。

　　再看郁達夫。這位在人們腦海中有着纖弱身材和自卑心理的小說家，在《沉淪》中對封建假道學的批判竟是那樣的勇猛、直率。正如作者自己所說："寫《沉淪》的時候，在感情上是一點也沒有勉強的影子映着的；我只覺得不得不寫，又覺得只能照那麼地寫，什麼技巧不技巧，詞句不詞句，都一概不管，正如人感到了痛苦的時候，不得不叫一聲一樣，又哪能顧得這叫出來的一聲，是低音還是高音？或者和那些在旁吹打着的樂器之音和洽不和洽呢？"[2]《沉淪》中旁若無人的自我暴露，坦白直率的大膽描寫，"對於深藏在千年萬年的背甲裡面的士大夫的虛僞完全是一種暴風式的閃擊，把一些假道學假才子們震驚得至於發狂了。爲什麼？就因爲有這樣露骨的直率，使他們感受到作假的困難。"[3]在中國文學史上，也很難找到如《沉淪》這樣對不附加任何條件的純真愛情的追求，以及在失望之後深刻的痛苦：

　　　　"……我就在這裡死了吧。我所求的愛情，大約是求不到的了。沒有愛情的生涯，豈不同死灰一樣嗎？唉，這干燥的生涯，這干燥的生涯，世上的人又都在那裡仇視我，欺侮我，連我自家的親兄弟，自家的手足，都在那裡排擠我到這世界外去。我將何以爲生，我又何必生存在這多苦的世界裡呢？"[4]

　　這是真正醒過來的人之子對純真愛情的要求。沒有矯飾，沒有隱瞞，也沒有諸如對金錢、地位、名譽的考慮，他要的只是愛情。這是一種浪漫的情懷，一種飛騰、激越的時代情緒在纖弱的作者筆下的表現。

　　高爾基指出："浪漫主義乃是一種情緒，它其實複雜地而且始終多少模糊地反映出籠罩着過渡時代社會的一切感覺和情緒的色彩。"⁽⁵⁾在郭沫若、郁達夫的作品中，當然人們還應該聯想到鄭伯奇、成仿吾、倪貽德、周全平等人在文學上的種種表現（這裡，也還應該包括張資平前期的作品），表達的正是從農業文明向工業文明轉變的偉大過渡時代，一代青年對新生活的無限渴望和對黑暗環境的無比痛恨。這是一個宣告長達數千年封建文化壽終正寢的歷史時刻，也是一代青年對新生活充滿無限憧憬與嚮往的嶄新時代。五四浪漫派作家，正是從這裡把握住了時代的脈搏，順應着時代的潮流，没有辜負時代的恩賜，在中國文學史上第一次如此强烈與集中地發揚浪漫主義精神，譜寫了一曲狂飆突進的浪漫主義凱歌。

　　你看他們的創作主張，與不加粉飾、如實描寫的現實主義是何等的大異其趣！郭沫若認爲："藝術家的目的只在乎如何能真摯地表現出自己的感情"，⁽⁶⁾藝術只是作者内心情緒衝動的自然表露。創造社重要理論家成仿吾主張："文學始終是以情感爲生命的，情感便是它的終結。至少對於詩歌我們可以這樣説。不僅詩的全體要以它所傳達的情緒之深淺決定它的優劣，而且一句一字亦必以情感的貧富爲選擇的標準。"⁽⁷⁾另一個代表人物鄭伯奇則宣稱："藝術只是自我的表現，……一個赤裸裸的自我，墮在了變化萬端的社會中其所懷的情感，所受的印象，一一都忠實地表現出來：這便是藝術。"⁽⁸⁾……這是一批真正屬於浪漫主義的宣言。它與以往中國傳統文學中"詩言志"的主張，與文學作品中側重主觀抒情性的描寫，都有着本質的區別。在創造社作家身上，浪漫主義已不僅是一種表現技巧與手段，而是成爲他們共同的反映生活和表現生活的原則。

　　許多讀者可能都會敏銳地發現，歐洲浪漫主義常常通過離奇的情節，塑造奇特的性格，使用與眾不同的語言，按照理想的模式去塑造形象，反映現實，而我國創造社作家則往往通過日常生活和平凡瑣事的描寫來表現自我。歌德的《浮士德》、拜倫的《唐·璜》、雪萊的《麥布女王》、《解放了的普羅米修斯》，等等，都可以加深我們對歐洲浪漫主義的上述印象。不過，我們認為，創造社中郭沫若、郁達夫等人由於受日本身邊小說的影響常常描寫日常生活和平凡瑣事，然而崇尚奇特、色彩鮮明的典型的浪漫主義作品也為數不少。且不說郭沫若的《鳳凰涅槃》、《棠棣之花》等作品，或選取神話題材，或表現古代生活，表現出奇異的浪漫主義色調，即使他的小說《牧羊哀話》也洋溢着綺麗的詩情與悠遠的哀傷。

　　《牧羊哀話》發表於1919年，是郭沫若的第一篇小說，也是我國新文學中出現最早的小說之一。由於作者後來熱衷於詩歌創作，對這篇小說常常表現出貶損的意思，因而《牧羊哀話》並不為讀者與研究者重視。然而，在我們看來，這確是一篇極具異域情調與浪漫特質的難得佳作。那曠渺無際的大海，那深幽浩瀚的星空，尤其那首哀思如焚、悲戀似水的牧歌，都使那位手執羊鞭、芒鞋天足、隨步隨歌的朝鮮少女如詩如畫，如幻如夢。且看一段他們童年生活的畫面：

　　　　……這見得一群羊兒睡在海岸上。英兒靠着一個岩壁，佩荑小組靠着英兒的肩頭，他們倆早都睡熟了。那天晚上，也是有這樣的月兒。月光兒照着，海潮兒搖着，他們就好像睡在大搖籃裡面的一樣。

這是一幅多麼浪漫、多麼令人嚮往的畫面！我信們相信，

《牧羊哀話》與《女神》一樣都是“五四”時期傑出的浪漫主義作品，將會越來越多地受到人們的重視與關注。

這是一個輝煌的開端。由郭沫若、郁達夫爲代表的“五四”浪漫主義文學，站在新舊時代的轉折點上，喊出了時代的最強音。與當時聲勢浩大的現實主義文學相比，浪漫主義文學毫不遜色。它們不分伯仲，不相上下。

問題則是：浪漫主義文學的發展在日後並不如現實主義那樣凱歌前進，而是充滿着挫折與艱辛。

貳

與十八世紀末十九世紀初的歐洲浪漫主義文藝思潮相比，我國”五四”浪漫主義文學只有短短幾年的時間。隨着“五四”運動的退潮，它便如一道耀眼的彩虹，在天空中迅速消失了。

爲什麼會出現這種情況呢？

道理其實也很簡單。歐洲浪漫主義文藝思潮直接受惠於工業文明的成果，迅速發展的商品經濟，日益頻繁的商品交換，使得封建教會與神權的統治受到根本的動搖。人們再也不相信迂腐的、荒唐的神靈統治，他們只相信自己的力量，只相信眼前的利益。正是在這種背景下，人性的解放與自由，才具有了實實在在的基礎。浪漫主義文藝思潮也才具有了實實在在的社會基礎的支撐。而在我國，浪漫主義文藝運動與其說是在本國工業文明的基礎上自發產生的，倒不如說是對外來文藝思潮的借鑒與吸收。儘管工業化進程在“五四”時期已有了一定的基礎，甚至在上海這樣的大都市已經達到了相當的程度，但是，僅僅依此來支撐浪漫主義文學長久地發展，顯然有些力不從心。因此，我們感到，“五四”時期我國工業化程度作爲一種背景，允許甚至縱容了一些新的生產力的代表，對浪漫主義大唱頌歌，但是作爲一種社會基礎，它仍嫌過於薄弱。

來自浪漫主義對立面的沈雁冰的批評是有一定道理的：

> 我們希望國內的文藝的青年。再不要閉了眼睛冥想他們夢中的七寶樓臺，而忘記了自身實在是住在豬圈裡。我們尤其決然反對青年們閉了眼睛忘記自己身上帶着鐐鎖，而又肆意譏笑別的努力想脱除鐐鎖的人們。阿Q式的“精神上勝利”的方法是可耻的！[9]

在當時，没有七寶樓臺，也没有象牙之塔，有的只是風沙撲面的嚴酷現實。郭沫若在經過了一段時間的亢奮之後，深深感覺到“行路難”，感覺到浪漫主義的虛幻。一九二五年，他這樣説道：“我的思想，我的生活，我的作風，在最近一兩年間，可以説是完全變了。我從前是尊重個性、景仰自由的人，但在最近一兩年間與水平綫下的悲慘社會略略有所接觸，覺得在大多數人完全不自主地失掉自由，失掉了個性的時代，有少數的人要來主張個性，主張自由，未免出於僭妄。……”[10]郭沫若的感覺是真實的。

那麼，浪漫主義文藝就到此結束了嗎？

不。有火種就會燃燒。剛剛從封建牢獄中掙脱出來的“五四”浪漫派作家，他們歌唱反抗和讚美創造的精神個性，絶不會就此罷休。只不過，他們的浪漫主義特性可能會以另外的形式表現出來。

郭沫若在經過一段時間的痛苦思考後認爲：“要發展個性，大家應得同樣地發展個性。要享受自由，大家應得同樣地享受自由。但是在大眾未得發展個性、未得享受自由之時，少數先覺者倒應該犧牲自己的個性，犧牲自己的自由，以爲大眾人請命，以爭回大眾人的個性與自由！”[11]在這裡，郭沫若的思想有了根本性的轉變。與這種轉變相類似的是，成仿吾也同時意識到個人主義、浪漫主義的虛妄。他表示今後“不再以過敏的神經纖維的感覺來塗改自然與人類的原則”，決心“要同感於全人類的真摯的感情而爲他們的忠實的歌者。”[12]在這裡似可以發現，郭沫若願意犧牲個人的自由，“以爭回大眾人的個性與自由”，成仿吾要求成爲全人類“忠實的歌者”，他們的價值觀念與藝術趣味已經有了質的飛躍。

在一九二八年前後，價值觀念與藝術趣味已經發生重大轉變的創造社元老們，再加上馮乃超、李初犁、蔣光慈、洪靈菲、胡也頻、丁玲、陽翰笙、錢杏村、戴平萬、樓建南等一批後期創造社、太陽社成員，以及一些志趣相投的文學青年，迅速興起了一股“革命的浪漫蒂克”的旋風。這股旋風正是“五四”浪漫主義文學在新形勢下的繼續與發展。

對於“革命的浪漫蒂克”（一般俗稱爲“革命文學”），以往許多研究者都將它歸之爲“五四”現實主義的新發展，其實並沒有了解這股文學旋風的實質。儘管“革命的浪漫蒂克”具有濃鬱的現實成份，反映的也大都是實實在在的現實生活，然而，他們的創作（人們可以想到丁玲的《維護》、洪靈菲的《流亡》、陽翰笙的《地泉》、樓建南的《鹽場》、胡也頻的《光明在我們的前面》、蔣光慈的《短褲黨》，等等），並不着眼於對現實生活細致與客觀的描寫，而是着力於主觀激情的抒發，煽動讀者的革命情緒。因而，將這些偏於主觀、突出激情的作品歸結於現實主義，顯然是違背其實情的。對於這種創作特點，馮乃超的一段表述是有相當的啓發意義的：

偉大的藝術家，他們所以偉大的緣故，並不在發明何種

流派，而在他們代表同時代的一種社會的偉大的人格，就是
說他們以熱烈的革命精神，熔鑄表現時代的 Tempo 的作
品。[13]

在這裡，"時代的 Tempo"指的是時代情緒。馮乃超的感
覺是：誰表現了時代情緒，誰就是偉大的藝術家。這也正是眾多
革命文學倡導者的共同意向。這種強調時代情緒體驗、感應與表
現的文學，正是"五四"新文學浪漫主義精神的復甦。

不過，與"五四"時浪漫主義文學受到社會普遍歡迎的情況
不同，當時，許多重要作家與文藝理論家都對"革命的浪漫蒂
克"持否定與懷疑的態度。如瞿秋白在評論華漢（陽翰笙）的長
篇小說《地泉》時認為，《地泉》的創作路綫正是典型的浪漫蒂
克的路綫，而這路綫所提供的恰恰只是作家們"不應當怎樣寫"
的標本。他宣稱："這種浪漫主義是新興文學的障礙，必須肅清
這種障礙，然後新興文學才能夠走上正確的路綫。"[14]在我們
看來，儘管"革命的浪漫蒂克"的作家缺乏深入的生活經驗，在
表達革命情感時也有浮躁、空想的成份，但是，瞿秋白對革命文
學人物性格的"理想化"和"時代精神的號筒"的批評，他所依
據的仍然是現實主義的價值尺度，其實並沒有能準確地揭示"革
命的浪漫蒂克"的歷史特徵。再加之創造社、太陽社成員對魯
迅、茅盾等作家採取簡單、粗暴的否定態度，更加劇了當時文學
界對革命文學的誤解與反感。因此，革命文學也只不過在文壇熱
鬧了幾年的時間，便又重新歸於寂靜。

1930年，"唯物辯證法創作方法"作為國際革命作家聯盟所
確定的最先進創作方法傳入中國，並成為我國左翼文學的法寶。
在左聯的一份決議中明確寫道："要和現在為止的那些觀念論，
機械論，主觀浪漫主義，粉飾主義，假的客觀主義，標語口號主

義的方法及文學批評鬥爭。（特別要和觀念論和浪漫主義鬥爭。）"[15]在左聯看來，浪漫主義是唯心主義和主觀主義的產物，應當予以摒棄並加以批判。儘管時隔不久，"唯物辯證法創作方法"作爲"左"的產物受到清算，左聯重新開始提倡從蘇聯傳入的社會主義現實主義，對浪漫主義給予了一定的重視，但是，社會主義現實主義對浪漫主義的肯定也僅僅只是在表現"理想"生活與"樂觀精神"。作爲創作方法的浪漫主義已經被遺忘了。

表現到文學創作中，1931年出現的丁玲中篇小說《水》，被認爲是丁玲本人以及整個"革命的浪漫蒂克"的轉變界碑。用馮雪峰的話即是："從浪漫主義走到現實主義。從舊的寫實主義走到新的寫實主義的一個路標。"[16]

"五四"浪漫主義文學到此便匆匆地劃上了一個句號。

叁

我們常常思考這樣的問題：如果左聯不用唯物辯證法創作方法對革命文學進行批判與否定，"革命的浪漫蒂克"會不會再繼續發展下去？再則，後期創造社如果不倡導"革命的浪漫蒂克"，從"五四"開始的浪漫主義文學會不會選擇其他的發展形式？

儘管只是假設，但對這些假設的深入分析，卻有助於我們對我國新文學中浪漫主義文學來龍去脈的準確把握。

從浪漫主義文學產生的作家心理機制來說，它總是與美好的憧憬、光明的前程、幸福的願望結合在一起的；沒有了理想與憧憬，也就無從談論浪漫主義。十八世紀末至十九世紀初遍及整個歐洲的浪漫主義文學思潮，正是當時人們掙脫封建神權統治嚮往美好生活的那種向上的、昂揚的時代精神的反映。而在中國本世紀二十年代後期，大革命失敗給激進青年心理上帶來的固然有消極、嚴峻的影響，但是對革命前景的憧憬與嚮往還恰恰因爲大革命的失敗而愈益顯得迫切與强烈起來。這是在三座大山長期壓迫下的中國人民極易滋生的情感。因此，對革命的嚮往，對革命的讚美，對革命的歌頌，便成爲這一時期一股强烈的時代潮流，"革命的浪漫蒂克"正是在這裡有了生長的土壤。蔣光慈的下述一段話，可以極其準確地概括當時許多革命文學倡導者的心態：

> 革命這件東西，倘若你歡迎它，你就有創作的活力，否則，你是一定要被它送到墳墓中去的。在現在的時代，有什麼東西能比革命還活潑，光彩些？有什麼東西能比革命還有趣些，還羅曼蒂克些？倘若文學家的心靈不與革命混合起來，而且與革命處於相反的地位，這結果，他取不出來藝術的創造力，乾枯了自己的詩的源泉，當然是要滅亡的。[17]

正是由於當時革命最活潑、最光彩、最有趣，也最羅曼蒂克，因此，將心靈與革命混合便成爲作家文學情感的"源流"。但是，這種情感又能維持多久呢？它能如工業文明成果支撐起歐洲浪漫主義文藝思潮那樣支撐起我國新的浪漫主義運動嗎？

答案顯然是否定的。革命不是詩，也不能憑理想就能取得革命的勝利。正如魯迅先生所謂："現在所號稱革命文學者，是鬥爭和所謂超時代。超時代其實就是逃避，倘自己沒有正視現實的勇氣，又要掛革命的招牌，便自覺地或不自覺地要走入那一條路的。身在現世，怎麼離去？這是和説自己用手提着耳朵，就可以離開地球者一樣地欺人。社會停滯着，文藝絶不能獨自飛躍……"[18]這真是一針見血。即如蔣光慈本人而言，他的《冲出雲圍的月亮》反映大革命失敗後青年人有的叛變，有的彷徨，也有的繼續追求，很好地契合了當時的時代氣氛，因此在出版的當年就重版六次，受到廣大青年的歡迎。而稍後的《田野的風》，羅曼蒂克的氣氛大爲減少，對農村革命鬥爭的描寫又因爲不熟悉而缺乏真情實感，成爲一部結構鬆散、缺乏感染力的平庸之作。這一結局，正是對他所鼓吹的"革命的浪漫蒂克"的否定。

　　因此，我們認爲革命文學的消失，並不全是因爲唯物辯證法創作方法對它的否定與批判。這一批判，則是加速了它消失的時間。在一個"社會停滯着的時代"，革命的浪漫蒂克想獨自飛躍，到頭來如果不是願意自欺欺人，那麼就必須老老實實轉變方向。

　　那麼，從"五四"開始的浪漫主義文學會不會選擇其他的發展形式呢？

　　儘管有些棘手，但其實也不難回答。

　　本世紀二、三十年代浪漫派作家的活動範圍主要是在上海。這時期的上海，從工業化進程觀察，它的發展程度與繁榮程度已絕不亞於十八世紀末至十九世紀初的歐洲。如果將工業文明作爲浪漫主義文學出現的根本原因，人們似乎應該相信在上海這塊土地上也已經有了浪漫主義文學滋生的土壤。但是仔細分析一下，卻可以發現這時期的上海與十八世紀末至十九世紀初的歐洲不是一回事。當時的歐洲，工業文明帶來的人的解放與自由發展給當時的人們以無比的與鼓舞，他們享受到從中世紀黑暗統治中掙脫出來的愉悅；而新興的工業文明使得這種愉悅有着扎實的基礎和較爲充裕的時間。然而在本世紀二、三十年代的中國上海，它的繁榮卻是建立在黑暗現實基礎上的，是半殖民半封建的社會現實在十里洋場的畸形表現。在這裡，人們享受不到工業文明帶給人類的自由、平等與個性解放，而有的只是資本家對工人的殘酷剝削與壓迫。在這種環境中，人們體現不到樂觀、向上、昂揚的情緒，而只會對這洋人霸道的花花世界充滿厭惡與仇恨。從這個角度理解，促使十八世紀末至十九世紀初歐洲浪漫主義產生的那種樂觀情緒與對理想的憧憬，在這時的上海其實並不存在。因此我們認爲，在“五四”熱潮以後，在上海可以出現象徵主義、新感覺派，但就是缺乏了浪漫主義的土壤。

人們或許還會進一步追問：“五四”浪漫主義文學爲什麼只是在“革命的浪漫蒂克”中迴光返照了一下，而沒有向如象徵主義、新感覺派那樣的現代主義認同呢？

相對說來，象徵主義、新感覺派那樣的現代作家比較注重個人纖細的情感，但往往沒有將這種情感與廣大的社會背景與時代潮流結合起來；他們比較注重社會情緒在作家心理上的主觀感應，而往往又沒有直接描寫當時的社會情緒，樂意將自己的主觀感覺與時代潮流結合起來加以表現。這正是“五四”浪漫派作家不可能向象徵主義、新感覺派靠攏的根本原因。且看一段成仿吾對創造社作家“偉大的心情”的表白：

> 他們的偉大的心情，樂時要比一般的人更歡喜，苦時要比一般的人更悲痛。他們樂時是爲全人類樂，苦時是爲全人類苦。他們自知是全人類的有意識的一部分，他們以此爲苦，也以此爲樂：他們決不獨善其身，棄此彷徨的羊群而他去。[19]

這段表白，正是創造社作家與象徵主義、新感覺派迥然有別的地方。

這是一個苦難深重的民族。當“五四”浪漫派作家感覺到兩個文明的差異，在“五四”時期特有的“新世紀的曙光”[20]

中，他們以火熱的激情、豐富的幻想，盡情表達出對理想生活的
嚮往。但是，中國特殊的工業化進程，使得自鴉片戰爭以後的中
國缺乏一個浪漫主義的滋生地。"五四"只是一個特殊的歷史階
段，"五四"以後的浪漫派作家在"革命的浪漫蒂克"中略作表
演之後，便逐漸與現實主義合流，融入到浩浩蕩蕩的現實主義洪流
之中。

　　這是歷史的欠缺，是中國工業化進程不是由自發產生而主要
是由外力推動這一特殊國情所造成的。表現到文學中，我們不無
遺憾地發現，我國新文學中的浪漫主義，比之十八世紀末到十九
初的歐洲浪漫主義文藝思潮，實在是少之又少。

【附　註】

(1)郭沫若：《鳳凰涅槃》。

(2)郁達夫：《懺余集·懺余獨白》。

(3)郭沫若：《歷史人物·論郁達夫》。

(4)郁達夫：《沉淪》。

(5)高爾基：《俄國文學史》，第70頁，新文藝出版社1956年版。

(6)郭沫若：《藝術的評價》，見《創造周報》第1號。

(7)成仿吾：《詩之防御戰》，見《創造周報》第33號。

(8)鄭伯奇：《國民文學論》（上），見《創造周報》第33號。

(9)雁冰：《"大轉變時期"何時來呢？》，載1923年12月31日《文
　　學》第103期。

(10)郭沫若：《我們的文學新運動》。

(11)同註(10)。

(12)成仿吾：《文學家與個人主義》，見《洪水》第3卷，第34期。

(13)馮乃超：《藝術與社會生活》，載《文化批判》第1期。

⑭《革命的浪漫蒂克》，見《瞿秋白文集》（文學編）第1卷，第459
　頁，人民文學出版社1985年版。

⑮《中國無產階級革命文學的新任務》，見《文學導報》1932年11月
　第1卷第8期。

⑯馮雪峰：《關於新的小說的誕生》，見《馮雪峰文集》上冊，人民
　文學出版社1981年版。

⑰蔣光慈：《死去了的情緒》。

⑱魯迅：《文藝與革命》。

⑲成仿吾：《真的藝術家》，見《創造周報》第27號。

⑳魯迅：《隨感錄五十九·"聖武"》。

第三章
後工業特徵與中國的現代主義

壹

　　長期以來，人們對中國現代文學中的現代主義文學思潮的批判與否定，一種耳熟能詳的流行的理論體系是：現代主義非但不懂藝術要真實地顯示時代的潮流和趨勢，也不懂藝術要通過典型形象反映生活中某些本質方面的東西，甚至根本否認客觀現實的實在意義，排斥生活，排斥實踐，只相信自己"心靈的真實"，以至"下意識、潛意識的真實"，"夢境的真實"……實際上，現代派所表現的往往只是感覺到的某些現象，甚至是與客觀真實絕緣的主觀臆想。[1]

　　按照這樣的理論體系，現代主義只是少數藝術家臆想出來的東西，與現實生活的本質方面沒有必然的聯繫，至多只是對現實生活的一些皮相之見。然而，事實真的如此嗎？

　　其實，最先敏銳地發現現代主義認識論基礎的是馬克思。

　　他在《1844年經濟與哲學手稿》中發人警醒地提出了異化的理論：在資本主義制度下，物質財富的創造者反倒成了物質財富的奴隸，人沒能主宰物，物倒控制了人。"物的依賴性"日益顯示出它荒誕的一面。在人的個性發展方面，不是工人使用勞動工具，而是勞動工具使用人。如果說在工業文明初期，資本主義的產生與發展促使了科學精神與理性原則的張揚，顯示出比農業文

明優越得多的進步性，那麼，到了十九世紀中葉，隨着資本主義
競爭與壟斷的加劇，科學與物質主義的失敗便成爲眾多哲人深入
思考的現實問題。正如一位學者對德國近代重要文藝批評家本雅
明生活環境所設想的那樣，十九世紀後半期的歐洲，已經完全不
同於井然有序的蒸汽機的時代：

> 他懷着憂慮的震驚深切地注視着他的同類在大城市喧囂
> 的街道上行走，在摩肩接踵的人流裡被人推搡着；急速的交
> 通使他陷入驚慌，窮於應付扼殺了他的沉思；商品的誘惑以
> 及"集商品和售貨員爲一身"的性誘惑使他神不守舍；而對
> 這一切漠然置之則不啻是淹沒在規範了的大眾之中，把自己
> "交了出來"。(2)

這位著有《發達資本主義時代的抒情詩人》、《機械復制時
代的藝術》等書的文學批評家，在高度發達的資本主義社會中發
現了異化的人、人的精神創傷和變態心理，從而對波特萊爾的
《惡之花》等現代派作品進行了極具啓示性與準確性的揭示。

在驚恐與碰撞的大街上，在轟然與顫動的機器旁，在錯綜複
雜的流水綫邊，在鋪天蓋地的商品信息面前，人似乎成了只是被
機械操縱的反射行爲。我是誰？我爲誰而活着？我活着又是爲了
什麼？……在高度發達的工業文明階段，面對城市生活的整齊化
以及機械復制對人的感覺的侵佔與控制，人爲了保持住那個獨立
的自我，不得不縮回內心，在孤獨的靜夜中悄悄品味着人的存
在。什麼是理性原則？眼花繚亂的大街和商店難道是按理性原則
組合起來的嗎？什麼是人文精神？唯利是圖的利益驅動原則難道
符合人性的正常發展？人們無暇他顧，物質利益超過了一切，只
有作家與哲學家在作着這樣迂腐而又不切實際的夢想。

面對這一切，威廉·詹姆斯對文藝復興以來的理性原則表露

出深深的懷疑：

> 當我現在說話的同時間，有一隻蒼蠅在飛，阿瑪遜河口一隻海鷗正啄獲一條魚，亞德隆達荒原上一棵樹正倒下，一個人正在法國打噴嚏，一匹馬正在韃靼尼死去，法國有一對雙胞胎正在誕生。這告訴了我們什麼？這些事件，和成千上萬其他的事件，各不相同地同時發生……但事實上，這個併行的同時性正是世界的真秩序，對於這個秩序，我不知如何是好。"[3]

與那位宣稱"從來小說家就是自己同時代人們的秘書"[4]的巴爾扎克相比，詹姆斯顯得謹慎而無能。然而，在紛然雜陳、千變萬化的生活潮流中，到底是詹姆斯缺乏自信，還是巴爾扎克顯得狂妄？問題的根本區別只是在於，在巴爾扎克的時代，他的自信有着充分的現實基礎，而在詹姆斯這裡，他的無能倒也顯示了他的冷靜與正確。

這是一個轉換了的時代。懷疑主義、神秘主義、頹廢主義等等一切現代主義所抱定的思想觀點，其實都在某種程度上反映了他們對現實生活的公正認識。一個異化的社會，正是工業文明發展到一定時期的必然產物，正是"物的依賴性"所散發出來的腐朽的一面，也正是馬克思孜孜以求於企盼超越"物的依賴性"階段的根本動因。而現代主義表現形式的怪異、誇張、虛幻，也正是"精神與物的緊張關係的再現"[5]，是現代工業生活對人的精神產生作用的結果，是對傳統認識論的顛覆。

而在現代中國，尤其是在二十世紀二、三十年代的十里洋場的上海，其生活含義也明顯具有了西方後工業社會的某些顯著的特點。中國新感覺派小說家施蟄存如此描述上海當時與傳統大相徑庭的"現代生活"：

這裡包含着各式各樣的獨特的形態：匯集着大船舶的港灣，轟響着噪音的工廠，深入地下的礦坑，奏着 JAZZ 樂的舞場，摩天樓的百貨店，飛機的空中戰，廣大的競馬場……甚至連自然景物也和前代的不同了。這種生活所給予我們的詩人的感情，難道會與上代詩人從他們的生活中所得到的感情相同嗎？"[6]

施蟄存所感覺到的這種"現代生活"──當然，李金發、戴望舒、穆時英、劉呐鷗等人，也都明顯地感覺到了。這是當時十里洋場的上海實實在在的生活，並不只是他們心靈的真實，也不是他們下意識與潛意識中的真實，更不是夢囈的真實。

爲了更爲具體、感性地"顯示"這種後工業社會特徵的生活，我們可以仔細閱讀以下兩個表格：[7]

表一：1852年至1949年上海人口增長表

年份	人口數(萬人)	比上期增長(%)	平均增長率	
			時　間	（％）
1852	54.4	—	—	—
1865	69.2	27.21	1852－1865	1.87
1876	70.5	29.60	1865－1876	0.17
1885	76.4	40.44	1876－1885	0.90
1890	82.5	51.65	1885－1890	1.55
1895	92.5	70.04	1890－1895	2.31
1900	108.7	99.82	1895－1900	3.28
1905	121.4	123.16	1900－1905	2.23
1910	128.9	136.95	1905－1910	1.21
1915	200.7	268.93	1910－1915	9.26
1920	225.5	314.52	1915－1920	2.36
1927	264.1	385.48	1920－1927	2.28
1930	314.5	19.08	1927－1930	5.99

1935	370.2	17.71	1930－1935	3.81
1942	392.0	5.89	1935－1942	0.82
1945	337.0	－14.03	1942－1945	－4.91
1946	383.0	13.65	1945－1946	13.65
1947	449.4	17.34	1946－1947	17.34
1948	540.7	20.32	1947－1948	20.32
1949	545.5	0.89	1948－1949	3.55

表二：1935年上海與世界各大商埠通航綫路表

航路名稱	到　達　地　點
中歐航路（21個）	至：瑞典、君士坦丁堡、布林得西、敖得薩、熱那亞、馬塞、巴塞羅納、直布羅陀、普利茅茨、瑟堡、掃桑波登、利物普、倫敦、安特衛普、鹿特丹、漢堡、阿斯羅、卑爾根、歌德堡、哥本哈根、列寧格勒（21個）
中美航路（14個）	至：①美洲西海岸：西雅圖、維多利亞、舊金山、洛杉磯、巴拿馬、法爾巴萊索（個）②美洲東海岸：紐約、魁北克、新奧爾良、哈瓦那、特立尼達、里約熱內盧（6個）③太平洋海島：檀香山、蘇伐（蘇瓦：斐濟首都）（12個）
南印度洋航綫（12個）	至：①東印度：馬尼拉、新加坡、檳榔嶼、巴達維亞　至：①（赤道幾内亞）仰光（5個）②印度：哥倫坡、加爾哥達、馬德里、瑪德拉斯、孟買、喀喇崖、埃及（7個）
非洲航綫（3個）	至：桑給巴爾、亞歷山大、好望角（3個）
臺灣、日本航路（5個）	至：①臺灣：淡水（1個）②日本：長崎、門司、神戶、橫濱（4個）
西伯利亞航路（3個）	至：仁川、釜山、海參崴（3個）
澳洲及新金山航路（4個）	至：比利斯本、志德尼、墨爾本、奧克蘭

　　在表一中，我們發現上海人口的增加呈超常規的高速遞增的過程。這種超常規增長不是依賴於本地人口的自然增長，也不是通過轄區範圍的變動而取得，而主要是機械增長即人口遷移所致。這種外來移民的大量湧入，使得上海在1935年擁有了三百五十萬的市區人口。這在當時，與巴黎、紐約、東京等國際大都市已不差上下，甚至已經超過了當時令馬克思感到後工業社會即將來臨的二百五十萬人口的老牌大都市倫敦。在表二中，我們更能清晰地感受到上海作爲國際性通商口岸的重要地位。數以萬計的遠洋貨輪、駁船、小輪、舢板、拖船匯聚黃浦江邊，使上海一躍成爲世界巨港。它的貨場吞吐量已與國際性大港如紐約、橫濱、馬塞等並駕齊驅。

　　這是一種真正意義上的國際大都市上海。它與巴黎、紐約、倫敦、東京等滋生出現代主義文藝思潮的其他國際大都市一樣，在某些本質方面具有相類似的一面。我們可以説，在這樣的背景下，現代主義文學思潮在中國產生應該是一種必然的事情。關鍵的問題只是在於：我們如何來正確區分與研究中國現代主義文學思潮的不同情形與特質。

貳

　　如果細究一下中國現代主義文學思潮的作家構成狀況，那麼我們可以發現大致是由以下三類成員所組成，即：先進的文學青年、國外歸來的年輕學子和少數生長於斯的本土作家。

　　我們先看第一類。

　　這是一批敏銳地感受着時代的脈搏，密切地注視着世界發展趨勢的積極進取的社會青年。他們在八面來風的時代潮流面前，準確而及時地把握到了西方現代主義文藝思潮萌動、發展的最新信息，並表露出與世界潮流同步發展的強烈願望。這方面最傑出的代表當推"五四"時期的沈雁冰（茅盾）先生。

這位一貫有着強烈現代社會意識的作家，在"五四"時期通過革新後的《小說月報》等刊物向人們灌輸與宣揚世界文藝新潮時，首先認定屬於現代主義文藝思潮範疇的新浪漫主義是當時文學發展的方向。他這樣認爲：

> 新文學要拿新思潮做源泉，新思潮要藉新文學做宣傳。然觀之我國的出版界，覺得新文學追不上新思想，換句話說，就是年來介紹創作的文學，倒有一大半只可說是在中國爲新，而不是文學進化中的新文學。……現在中國提倡新思潮的，當然不想把唯物主義科學萬能主義在中國提倡，則新文學一面也當然要和他步伐一致，要盡力提倡非自然主義的文學，便是新浪漫主義。……能幫助新思潮的文學，該是新浪漫的文學，能引我們到正確人生觀的文學，該是新浪漫的文學，不是自然主義的文學，所以今後的新文學運動該是新浪漫主義的文學。[8]

在沈雁冰看來，現實主義（即自然主義）已經是過了時的文學，中國新文學的發展方向雖然是現代主義的文學，亦即他當時稱爲新浪漫主義的文學。依據這種文學進化論的思想，他於1919年在《解放與改造》雜誌上翻譯了比利時作家梅特林克的神秘劇《丁泰琪之死》，從而使他成爲最早將象徵主義介紹到中國來的文化使者。不久，他又接連發表了《近代戲劇家傳》（1919年）、《近代文學的反抗——愛爾蘭的新文學》（1921年）、《神秘劇的熱心試驗者》（1921年）、《霍普特曼的象徵主義作品》（1922年）等文章，翻譯並介紹了象徵主義作家愛倫・坡、安特萊夫、夏芝、斯特林堡等人的作品。沈雁冰在作着這些文學

工作的時候，充滿着站在世界文學巔峰的自豪感與優越感。他要
將我國的新文學引導到世界文學發展的最新潮流中去。

　　沈雁冰的這種想法應該可以代表當時許多激進的文學青年的
普遍願望。正如陳思和先生在《中國新文學發展中的現代主義》
一文中指出的那樣：〝當時的中國作家都受着一種文學進化論的
影響，他們從國外一些文學史著作中知道，西歐自文藝復興以
後，經歷過古典主義、浪漫主義、現實主義（即自然主義，在當
時他們是把兩者視爲一體的）等文學階段，而現代主義（當時的
浪漫主義文學主要是指象徵主義、唯美主義、神秘主義等）文學
是取代現實主義的新的文學階段。所以，他們介紹現代主義文
學，不是把它看作世界文學的一種流派，而是把它看作文學發展
的最高階段和必然趨勢，是一種較之浪漫主義與現實主義更能深
刻表現人生的文學〞。⁽⁹⁾儘管後來不久，沈雁冰便折回去提倡
現實主義的文學，但是，他對現代主義文藝思潮的鍾情，卻毋庸
置疑地構成了他文學追求的最初起點。這種現象，足以代表當時
眾多先進的文學青年傾心於現代主義文學的普遍情形。

　　再看第二類。

　　飄洋過海、出國求學，是二十世紀前半葉眾多知識分子的共
同追求。這時期出國人員數量之多，領域之廣，即使是實行改革
開放之後的大陸八、九十年代，也恐怕難以與之匹敵。當這一批
沐浴着歐風美雨、實地感受了西方工業化大都會光怪陸離的作
家，在開始他們的文學征程時，便自然而然地具有了現代主義文
學的特質。

　　試看李金發的詩歌《秋》──

　　　　到我枯瘦的園裡來，
　　　　樹蔭遮斷了溪流。

長翅的蜻蜓點着水，
如劍的菖蒲在清泉之前路。

勿留片刻，你將見
斜陽送落葉上道，
他們點頭和 Salute，
此等殘酷的別離。

幾使長睡的淺草，
亦下淚了，看呀！
情愛之神右臂提着籃兒，
欲收拾大地一切果實和香花。

更遠的有雁兒成隊，
牧童領着羊兒犬兒，
（他飲其乳，寢其皮，）
他們的步音在河上錯綜呢。

　　與《棄婦》、《沉寂》等詩作相比，李金發的這首《秋》並不是最晦澀、艱深、難懂的。然而，按照傳統的審美習慣與思維演繹，也仍不可能完全領會詩人的寓意。但是，如果拋開以往的陳見，而對象徵主義換一種肯定與欣賞的眼光，那麼，該詩中諸多意象的運用並不是隨意的排列，而是處處顯現秋天的蕭瑟與悲涼。那“斜陽”送“落葉”上路的鏡頭，那彼此間的“點頭”與“Salute（意指：致意）”，該是何等的震人心魄！這是李金發的象徵主義詩作，它直接受到了西方象徵主義作家波特萊爾、魏爾倫、馬拉美等人的影響。

　　與李金發留學法國、深受歐洲文學影響不同的是，劉吶鷗自
幼生於日本，後來又在日本攻讀文學。他對日本文學的熟悉，再
加之長期生活在日本的影響，使他一開始便對當時在日本流行的
新感覺派小說具有了濃厚的興趣：

　　　　文藝是時代的反映，好的作品總要把時代的色彩和空氣
　　寫出來的。在這時期能夠把日本的時代色彩描繪給我們看的
　　也只有新感覺派一派的作品。……他們都是描寫着現代日本
　　資本主義社會的腐爛期的不健全的生活，而在作品中表露着
　　這些對於明日的社會、將來的新途徑的暗示。(10)

　　劉吶鷗耳濡目染了日本新感覺派小說生長與發展的過程，因
而，幾乎是在不經意中毫不勉强地成了新感覺派的擁護者。他的
短篇小說集《都市風景綫》成了我國新感覺派小說的重要代表
作。

　　與李金發、劉吶鷗這樣明顯深受外國現代派文學影響不同的
是，許多留洋歸來的作家也都表露出外國現代派文學影響的印
痕。且不說人所盡知的魯迅先生的《狂人日記》借鑑了象徵主義
的創作方法，即使是影響更爲深遠的《阿Q正傳》，也蒙上了
一層現代主義所慣有的荒誕的色彩。而郭沫若，他早期創作的小
說《殘春》、《陽春別》等，也分明運用了意識流的創作手法。
他公開宣稱："我那篇《殘春》的着力點並不是注意在事實的進
行，我是注意在心理的描寫。我描寫的心理是潛在意識的一種流
動。——這是我做那篇小說的奢望。若拿描寫事物的尺度去測量
它，那的確是全無高潮的。若是對於精神分析學或夢的心理稍有
研究的人看來，他必定可以看出一種創意，可以說出另一番高
見。"(11)只要國門打開，就肯定會受到國外文學的影響。二十
世紀二十年代如此，三十年代中期也如此，只是到了1937年抗日

戰爭爆發以後，這種影響才明顯減少，以致斷絕。

最後，來看一下第三類。

從嚴格意義上講，中國當代缺乏純正的都市人，有的只是從內地蜂擁而入的移民。但移民到上海等通商口岸時間的長短，以及他本人在都市中所處的地位，也使得這些林林總總、五方雜陳的移民具有了不同的特性。例如，魯迅先生曾一度將創造社成員譏爲" 才子＋流氓 "，而將施蟄存、穆時英等感覺派作家批評爲" 洋場惡少 "。很顯然，" 才子＋流氓 "還帶有明顯的封建性質，而" 洋場惡少 "則是這十里洋場的上海所特有的產物了。

施蟄存，這位慣常於精神分析的新感覺派作家，1905年生於杭州，幼年隨父母到蘇州，辛亥革命後又遷居到上海附近的松江，中學畢業後進入上海的震旦大學等校讀書。這種地緣上的親近關係，一方面使施蟄存有可能親眼目睹了工商都市上海的崛起，另一方面也使他對工商都市的上海有了認同感。因此，儘管他沒有出過國，對外國現代文藝思潮在當時也沒有廣泛的涉獵，但是，他在與剛從日本回國的劉吶鷗接觸後便一拍即合，醉心於新感覺派的倡導與實踐。在這裡，有日本新感覺派的影響，但毋庸置疑地，地緣因素起了相當大的作用。

更爲突出的例子是穆時英。穆氏祖籍浙江省慈溪縣，父親是銀行家。幼年時即隨父親來到上海，在被譽爲冒險家樂園的上海讀完中學和大學。由於家庭出身的影響，穆時英接觸到上海灘形形色色的人物，尤其以舞場男女爲多。這使他不同於外地來上海闖世界的青年學子，在他的作品中也較少下層社會的痛苦與" 亭子間 "的悲傷。他關注的是舞女、少爺、水手、姨太太、資本家、投機商、流氓無產者的生活。試看穆時英在短篇小說《夜總會裡的五個人》中給我們展示的現代大都會生活的情景：

　　星期六的晚上，是沒有理性的日子。紅的街、綠的街、
藍的街、紫的街……強烈的色調化裝着的都市！霓虹燈跳躍
着——五色的光潮，變化着的光潮，沒有色的光潮——泛濫
着光潮的天空，天空中有了酒，有了烟，有了高跟兒鞋，也
有了鐘……

　　請喝白馬牌威士忌酒……吉士烟不傷吸者咽喉……

　　亞歷山大鞋店，約翰生酒鋪，拉薩羅烟店，德茜音樂
鋪，朱古力糖果鋪，國泰大戲院，漢密爾登旅社……

　　迴旋着，永遠迴旋着的霓虹燈——

　　忽然霓虹燈固定了：

　　“皇后夜總會”

　　穆時英通過上述快速的鏡頭搖動，展現了夜上海紙醉金迷的
奢華生活。穆氏不是以過客的眼光好奇地打量着這“皇后夜總
會”的一切，也不是因生活擠壓而退出了這樣的消夜場所而產生
了某種的嫉恨與厭惡。他出入其中，盡情地享受着大都市夜生活
的歡愉與詔笑。他不是局外人，他熟悉這裡的一切，他具有了那
些外地來上海灘闖世界的窮小子所不可能擁有的優越條件：金
錢、地位與時間。因此，當穆時英拿起筆來進行小說創作並有機
會接觸到日本新感覺作品時，他便自然而然有了一種認同感。應
該說，穆時英醉心於新感覺派小說的創作，並被譽爲中國新感覺
派的聖手，與他對大上海都市生活的熟稔是密不可分的。

　　有了都市就會有都市人。儘管劉吶鷗、穆時英等作家在當時
文壇上並不佔很大的比重，他們對文學的認識與追求也常常被人
們斥之爲怪異，然而，只要有現代大都會的出現，便會有這些人
物的產生，也便會有與現代大都會相適應的現代文藝思潮的存
在。

總起來看，在二十世紀二、三十年代，第一、二類的成員較多，第三類較少。然而，他們並行不悖、此消彼長，也使得中國現代文學中的現代主義文藝思潮儘管算不上轟轟烈烈，但也顯得源遠流長、綿綿不絕。

叁

從上述一、二兩部分的論述中，我們可以發現現代主義文藝思潮是在工業文明發展到一定階段之後的必然產物，而且，我國現代主義文藝思潮的提倡者們也往往是得風氣之先。與以往人們慣常給現代主義作家冠以世紀末、頹廢、荒誕、夢囈截然相反的是，在我們看來，我國現代文學中的現代主義文藝思潮的倡導者們是站在了時代的前頭，倡導的是前衛藝術運動；在他們的文藝理想中，主張的是一種精英式的美學觀念。

然而，前衛藝術運動也好，精英式的美學觀念也好，我國現代主義文學思潮在現代文學中受到的冷落與拋棄卻是毋庸爭辯的事實。

魯迅先生說："我們能聽到某人提倡某主義"，卻"從未見某主義的一篇作品，大吹大擂地掛起招牌來，變生了開張和倒閉，所以歐洲的文藝史潮，在中國毫未開演而又像已經一一演過了。"[12]他又說："弄文藝的人們大抵敏感，時時也感到，而且也防衛自己的沒落，如漂浮在大海裡一般，拼命向各處抓攫。二十世紀以來的表現主義，達達主義，什麼什麼主義的此興彼衰，便是這透露的信息。"[13]

這位曾經有意識地運用現代主義創作手法的文化巨人，後來轉向了，轉到了現實主義的一路。當然轉向的遠不止他一位。沈雁冰（茅盾）轉向了，郭沫若轉向了，施蟄存後來也轉向了。似

乎是一種集體無意識，絕大多數的現代作家都沒有固守自己初期
信服的現代主義文學主張，而是紛紛向傳統的現實主義靠攏。

這是爲什麼？

難道現代主義文藝思潮真的不適宜二十世紀二、三十年代中
國的天空？難道現代主義文藝思潮真正在當時缺乏適宜的土壤？
難道它真的是文學垃圾、夢囈、荒誕與世紀末？換言之，本文在
上面的論述錯了嗎？

不是。情形要比這樣的簡單推論複雜得多。

張誦聖女士在《現代主義與臺灣現代派小說》一文中這樣認
爲：

> 現代派作家對高層文化和世界性藝術的雙重追求，驅使
> 他們多年來一直在作持續不斷的努力；但是，他們對由西方
> 傳統所衍生出來的文學成規愈加精巧地運用，也使他們更疏
> 遠了多數中國人所組成的詮釋群體——這不但是一個社會由
> 外輸入文學符碼所常經的階段，同時也是深奧的藝術品在現
> 代社會裡曲高和寡的普遍遭遇。"[14]

這不由得使人想起了一個故事：在抗日戰爭期間，一支由音
樂人組成的交響樂團去延安根據地慰問演出；由於這些音樂人都
是當時赫赫有名的藝術大師，於是轟動了整個延安城，連一位目
不識丁的老太也搬了張板凳老遠地趕去。樂團領隊見到如此盛況
空前的場面極爲興奮，於是走到臺下挨在那位老太旁邊坐下，打
算好好欣賞一下在偏遠延安所產生的如此巨大的反響。演出開始
了。先是蕭邦名曲，接着是貝多芬的命運交響曲，演員們專心全
神、如痴如醉。然而，愛扭秧歌、喜唱信天游的延安人先是捺着
性子，最後終於捺不住稀稀落落地走開了，直到演出結束時只剩
下了樂團領導旁邊的那位老太。樂團領導悲喜交集，緊緊地握住

老太的手，連稱“知音！知音！”然而，那位老太滿臉尷尬，回答倒很直爽：“其實，我也一點聽不懂，只是我的板凳給你坐住了，離不開。”

這真使人發出長長的浩嘆。

高雅的交響樂在延安受到的是這樣的對待，前衛的現代主義在二十世紀六十年代的臺灣受到的也是這樣的對待，極其自然的，現代主義文藝思潮在二十世紀二、三十年代的上海等通商口岸，也受到了長期接受中國傳統文化觀念人們的有力抵制和誤解。這確實是幾乎所有新興藝術種類在初始階段都面臨到的問題，也確實是現代主義文藝思潮在二十世紀二、三十年代受到冷落與漠視的一個重要原因。

不過，除此之外，我覺得還有第二個方面的原因。

在二十世紀上半葉的中國，内憂外患構成了一切有良知的中國人思考問題、關注社會的思維基點。爭自由、爭民主、反列強、反軍閥是當時的重要大事。魯迅先生從“立人”入手，投身於文學啓蒙運動，直至晚年仍然堅持其啓蒙主義的文學思想。這並不表明魯迅先生不懂得現代主義文藝思潮，也不表明魯迅先生對現實主義的歸依是他藝術觀的保守與冥頑不化。在魯迅先生那裡，儘管他的小説因爲思想的深刻與“格式的特別”吸引了廣大的讀者，但是他所追求的是文藝的功利性，是文藝爲社會、民族所應擔負起的責任。因此，他對文藝民族化、大衆化的重視，對現實主義的張揚，是基於他對社會強烈的責任感與使命感。這是一個重視社會理想而不重視藝術理想的時代。當社會理想與藝術理想發生抵觸、矛盾的時候，人們自然傾向於以社會理想説服藝術理想。因而，當現代主義文藝思潮在中國大地剛剛萌芽，還不能爲許多讀者所認同所欣賞的時候，人們也就自然不屑花費精力去思考現代主義文藝思潮出現的充分合理性，而是匆匆忙忙將其丟棄一邊，並簡單地冠以諸如世紀末、頹廢的惡溢。黃子平等人在那篇有名的《論"二十世紀中國文學"》一文中認爲："在一個古老的民族在現代爭取新生、崛起的歷史進程中，以'改造國民性'爲總主題的文學是真摯的文學、熱情的文學、沉痛的文學。順理成章的，一種根源於民族危機感的'焦灼'，便成爲籠罩二十世紀中國文學的總體美感特徵。"[15]儘管該文將所有二十世紀的中國文學都以"焦灼"來概述其總體美感特徵略顯不足，但就二十世紀二、三十年代這一段時間而言，無疑是相當準確的。試想，在一個充滿着危機感與焦灼感的時代中，在一代被一種騷動不安的強烈的焦灼所沖擊、所改變的作家與讀者那裡，他們能有那種從容與寬鬆的心境來理解和體味剛剛萌動的現代主義文藝思潮嗎？這真是中國現代主義文藝思潮生不逢時的地方。但是，誰又能來改變這一命運呢？

　　不過，有存在就有意識。當一種新的經濟的變動已經能夠醞釀、產生出新的上層建築的時候，任何主觀的情緒方面的作用也就顯得有些捉襟見肘。

　　人們可以發現，在"五四"時期，現代主義文藝思潮在中國現代文學中的湧動，主要是得力於歸國留學生們的倡導，其成就主要在於摹仿與翻譯介紹，而到了三十年代，隨着上海等通商口岸都市規模的繼續擴大，後工業社會特徵的日益明顯，我國自己的現代派作家便開始較多地湧現，其作品也更多地帶有了我國都市生活的特點。這從我國新感覺派作家的形成中可得到強烈的信息。畢竟，我們已經擁有了產生現代主義文藝思潮的土壤，外國現代派作品所表現的內容和使用的表現手法，在我國都市人眼中，也已經不再是那樣的陌生與格格不入。甚至，我們還可以說，如果沒有抗日戰爭的爆發，如果沒有上海這樣東方大都市的阻隔與散落，我國的現代主義文藝思潮還會繼續地發展下去，並且會越來越顯出旺盛的生機。然而，歷史不可能假設。隨着上海這樣國際大都市中心地位的消失，現代主義文藝思潮也在中國失去了堅强的支撐，後來者們也更有可能因爲對當時現狀的失察而將其稱爲垃圾與夢囈。

　　但是，歷史總是歷史。尤其是在工商經濟迅速發展的今天，在我們現今的土壤又有可能産生出現代主義文藝思潮的時候，人們總算可以重新認識二十世紀二、三十年代的現代主義文藝思潮，並爲之投去親切而熟悉的眼光。

【附　註】

(1)這種觀點以洪明的《論一種藝術思潮》爲代表，見《文藝報》1982年第10期。

(2)見張旭東等譯《發達資本主義時代的抒情詩人》中譯本序，〔德〕本雅明著，三聯書店1989年出版。

(3)轉引自葉維廉《飲之太和》，香港時報出版社1980年版。

(4)巴爾扎克《〈古物陳列室〉、〈鋼巴拉〉初版序言》。

(5)〔德〕本雅明：《發達資本主義時代的抒情詩人》，17頁。

(6)施蟄存：《關於本刊的詩》。

(7)分別見忻平著《從上海發現歷史》第40頁、第392頁，上海人民出版社1996年出版。

(8)沈雁冰《爲新文學研究者進一解》，1921年《改造》第3卷第1號。

(9)陳思和《中國新文學整體觀》，175－176頁，上海文藝出版社1987年版。

(10)劉吶鷗《色情文化·讀者題記》。

⑾郭沫若《批判與夢》。

⑿《奔流》編校後記。

⒀《"醉眼"中的朦朧》。

⒁《文藝研究》1988年4期。

⒂《文學評論》1985年5期。

第四章　文學觀念、形式和語言

　　對本世紀二、三十年代文學在觀念、形式和語言方面的重大變化，許多論者已經從外來文學思潮的影響、中國傳統文學制約等方面進行了相當詳細與認真的研究。我們在這裡只是想從工業化進程這一角度，對人們已經反復論述過的文學觀念、藝術形式和文學語言進行闡述與論述，試圖得出一些新的見解與看法。

　　首先從文學觀念的新變談起。

壹

　　自從我國近代被迫進入工業化進程以後，隨着近代出版事業的發展和文化市場的初步形成，至本世紀二、三十年代，我國作家第一次破天荒地普遍地可以通過自己的精神產品直到得到經濟上的報酬。這是一次了不起的變化。稿費制度在中國的形成是我國近代工商經濟發展的必然產物，也是文化市場中的一個具體標尺。從這個時期開始，我國才真正擁有了專業意義上的職業作家。

　　作爲人類社會進化途中的商品經濟社會，帶給人類的並不僅僅是野蠻的掠奪，瘋狂的金錢交易與唯利是圖的人際交往準則，它還帶來了封建社會中所無法比擬的物質財富和公平交易的自由市場。表現在人的精神狀態上，它固然給人性戴上了金錢的枷鎖，永遠都無法擺脫那層由金錢所造成的魔影，然而，它卻又給人性提供了相對寬裕與自由的發展空間。在絕對尊奉"金錢面前人人平等"這一觀念的同時，事實上人們脫離了政黨、階層、宗教、信仰等方面的束縛，有了比封建社會中的人身依附關係自由得多的精神活動場所。他可以在金錢提供的保障面前享受到充分的言論與信仰自由。反映到本世紀二、三十年代的中國文學中，個性主義的張揚和自由空間的拓展，自然也離不開我國近代商品經濟的發展與稿費制度的建立這一特定的社會經濟形態。

即如魯迅先生，儘管我們可以指出他早年就抱有文學救國的宏願，在對北洋軍閥與國民黨政府的猛烈抨擊中，有着他一以貫之的戰鬥精神與政治理想；對於國民性、流氓地痞、幫閑文人的批判，也都是基於他對於理想人性的要求。然而，我們也必須面對這樣一個事實：如果他沒有賴以生存的物質來源，他能如此勇敢地挺直腰肢嗎？當章士釗施展其教育總長的淫威而革去魯迅在教育部擔任的檢事職務時，他毫不畏懼，決不屈服；當營救廣州中山大學被捕進步學生不成功時，他憤而辭去了教務主任的職務；當新月派等人宣稱魯迅加入左翼作家聯盟是受了蘇俄的盧布時，他心懷坦蕩，勇往直前……這一切，如果身上不名一文，能成嗎？魯迅曾經感慨地説過：

> ……錢，高雅的説罷，就是經濟，是最要緊的了。自由固不是錢所能買到的，但能夠為錢而賣掉。人類有一個大缺點，就是常常要饑餓。為補救這缺點起見，為準備不做傀儡起見，在時下的社會裡，經濟權就見得最要緊了。……
>
> 要求經濟權固然是很平凡的事，然而也許比要求高尚的參政權以及博大的女子解放更煩難。[1]

儘管魯迅先生一直沒有公布過他的財產數額，在他去世後也沒有人去調查過他的遺產，不過，在他準備與北新書局老板李小峰打官司時，北新應該付他的欠款就有"二三萬元"[2]確是可以查考到的事實。在本世紀二、三十年代，二三萬元並不是像四十年代後期物價飛漲時只夠供一家人生活幾天的小數目。茅盾從北京大學預科畢業初進商務印書館編譯所時，月薪只有二十四元。半年後因工作出色，經"破格優待"，也才漲到每月三十元。至於編譯所中其他人員，"進去爲二十四者，熬上十年，才不過五十元而已"。(3) 而丁玲大革命前後在北京時最高的理想，"只是一個月約十五六元的書記位置"，然而四處奔波卻都"皆難如願"(4)。如果以當時一個人的普通基本生活費用爲每月十元計算，(5) 那麼，僅魯迅當時所應得的欠款就可供一個三口之家生活好幾十年！在這樣的前提下，"橫眉冷對千夫指，俯首甘爲孺子牛"(6) 就有了堅實的經濟保障，否則，他自己也保不定會常常有"爲錢而賣掉"的危險。

　　其實何止魯迅先生一人。在本世紀（主要是從五四到抗戰爆發這段時間）的文學發展中，相對發達的出版事業與文化市場確實爲培育一批精神獨立的作家群體作出了特殊的貢獻。這是一個長期爲人們所忽視的話題，幾乎從來就沒有人從這個角度來理解本時期文學發展中自由特質的來源。然而它卻是一個無法迴避的客觀存在。茅盾對《蝕》三部曲、《虹》、《子夜》等鴻篇巨著的精心營建，巴金在激流三部曲《家》、《春》、《秋》中對封建大家庭罪惡的無情揭露，老舍在《老張的哲學》、《趙子曰》、《二馬》、《離婚》等中長篇小說中對市民世界的全景反映……其實都全部或部分地受到了稿費制度的恩澤。如果去除了稿酬收入對他們提供的重要經濟來源，那麼，這些在中國新文學發展中占有重要地位的文學大師，不是空懷雄心，可能就只有落得如曹雪芹那樣"蓬牖茅椽，繩床瓦竈"的境況了。然而他們都比曹雪芹生得其時。

　　當然最值得重視的應該是職業作家的心態。稿酬制度的實行既然養活了一批以文爲生的作家，那麼，這些作家便不僅可以從其他的社會階層中分化、獨立出來，成爲與產業工人、資本家、銀行家、出版家並行不悖的職業作家，而且極其自然地，這些作家還具有了幾千年來文學史中都從未有過的文學眼光：第一次真正從"職業作家"的角度來反觀自己的勞動成果與社會地位。從表面看，社會分工的日趨縝密帶來的只是一些新的階層、階級的產生，然而從本質上說，它所反映的卻是社會形態的轉變與進化，是社會進步到一定程度後的必然結果。而作爲這一結果的具體表現，新出現的階層就不只僅僅是一些嶄新的名詞，而是這些階層本身在特定的社會形態中所獨具的意義、價值、特性和職能，亦即它的本體意義。只有這種本體意義的最終被確認，這個新的階層才能被社會所接受、認可。正是從這個意義上，我們發現隨着近代商品經濟發展而出現的職業作家，他們帶給中國現代文壇的固然有金錢的消遣的一方面，也固然有人格獨立與精神自由的一方面，但是最爲內在的，則是他們爲確定文學的本體意義提供了特定的社會階層成員與理論依據，從而爲實現文學觀念的新變創造了有利的條件。

　　人們常常責怪我國漫長的封建社會中何以沒有能形成獨立的"士"的階層——他們往往只是作爲政權的附庸而存在，自然更談不上作爲社會獨立階層的作家的產生。事實上，在以自給自足的小農經濟爲其主要特徵的封建社會中，社會的分工還處於簡單、低級的層次。不單是"士"與"官"很難區分，就是當時作爲主體的農民也兼及了天文、地理、農具製造、作物耕種等多方面的才能，與我們現代意義上的農民也不盡相同。在這樣的社會形態中，作爲"士"的一部分的所謂作家在考慮文學的特性與意

義時，自然也就依據了更爲廣闊的社會背景與現實內容，與經過
近代商品經濟的社會分工而形成的文學的概念有着不同的內涵。
孔子主張"誦詩三百，授之以政"⁽⁸⁾認爲讀詩的目的是要能掌握
辦理政事的本領。荀子要求文學"以正道而辯奸，猶引繩以持曲
直"，⁽⁹⁾認爲捍衛真理、批判邪說是文學家的責任。白居易提出
文學應"補察時政"、"泄道人情"⁽¹⁰⁾要求文學反映下情，表達
人民的思想願望。柳宗元堅持"文者以明道"⁽¹¹⁾，反對"以辭爲
工"的唯美傾向。顧炎武則認爲"文之不可絕於天地間者"的原
因有四："曰明道也，紀政事也，察民隱也，樂道人之善
也。"⁽¹²⁾就是說，文學的用途在於闡明某種政治主張，表達作者
的傾向；是經國序民，爲政治服務；是反映社會生活，使當權者
了解民間的疾苦與願望；是使人向上，給人們以道德與理想。說
得相當明確與全面。在這裡，文學包含了政治、社會、倫理、道
德等等方面的要求，有着比現代的文學概念寬泛得多的內涵。然
而，這卻就是當時文學的職能與本體意義。因爲作家本身在那時
就肩負了如此衆多的責任，或者說，當時"士"與"官"渾然不
分的社會階層特點，就決定了當時的作家必須從如此寬泛的社會
層面上去確定文學的特性與本質。這是當時社會分工的特點所決
定了的，並不能說明古代作家對文學審美特性的忽視與遺忘。

真正成功地震撼了幾千年傳統文學觀念的是中國現代出現的
"職業作家"。近代商品經濟的發展造成了社會分工的新特點，
不僅產生了專門從事社會變革運動的職業革命家，專門從事經濟
理論研究的經濟學家，專門從事經營管理與實踐的資本家，專門
從事農作物耕種、不負責製造生產工具的職業農民，等等，而且
即使在意識形態的領域，文學也已從包羅一切的範疇中分離出
來。它不能代替新聞記者的職能，也不必涉足倫理學家的領地，

更無須像社會學家那樣專門從事社會的調查與研究。這是從傳統文學觀念中轉化出來的真正契機。面對社會分工的新形勢，文學只有找到屬於自己的那塊空間，界定自己的特性與職能，才有可能守護住自己的領土而不至於被別的學科侵吞掉。這是中國現代的社會分工特點對職業作家發出的强烈呼喚，也是這時期文學觀念變更的最爲内在與最爲根本的原因。

對“何謂文學之本義耶”[13]的嚴肅探討，構成了中國現代文學中一條或明或暗、或隱或顯的發展綫索。辛亥革命時期，王國維反對載道文學、反對“鋪綴”文學的呼聲，徐念慈、黃摩西等人關於文學的“美”的特性的見解，猶如報春的春燕，劃破了幾千年傳統文學觀念沉悶的天空，預示着一種全新的文學觀念的到來。到了五四時期，對文學觀念的重新確認擴展到更爲廣闊與多樣的層面與角度。創造社强調“藝術獨立”，認爲藝術的價值在於“除去一切功利的打算，專求文學的全與美”[14]。文學研究會的重要作家葉聖陶要求文學的“誠”。他說：“文藝家從事創作，不是要供人欣賞，他是‘無所爲而爲’。……只要他心以爲然的，他就真誠地表現出來。”[15]南國社“欲在沉悶的中國新文壇鼓動一種清新芳烈的藝術氣”，[16]淺草社“以爲只有真誠的忠於藝術者，才能夠了解真的文藝作品”。[17]沉鐘社極力要“將真和美歌唱給寂寞的人們”，[18]新月社標榜藝術的“尊嚴”，象徵派要創造真正純淨的“詩的世界”，以代替“没有什麼了不得的美”[19]的社會現實，而彌灑社則要求“無目的、無藝術觀、不討論、不批評，而 只發表順靈感而創造的文藝作品”[20]……人們常常把這種文學觀念的變革，歸功於五四時期强調個性解放、平等自由的大的時代背景，或者認爲主要得力於西方文學思潮的影響。然而，他們最大的錯誤都在於，忽視了當時商品經濟迅速發展與職業作家大量産生這一根本的社會基礎。正如一個缺少産業工人的國度裡大談無産階級革命一樣，到頭來都只能是向壁虛造的空中樓閣。

正是從這裡我們還可以從更深的層面上理解到，在三、四十年代急劇變化了的社會現實面前，一些自由主義作家爲守護文藝這塊淨土而進行種種掙扎與努力的重要原因。梁實秋認爲“偉大的文學乃是基於固定的普通的人性”，[21]戴望舒、李金發、施蟄存等“現代派”作家主張：“藝術家的唯一工作，就是忠實表現自己的世界”，[22]“第三種人”胡秋原聲稱“文學與藝術，至死也是自由的，民主的”[23]，等等，他們基於的其實都是對文學特性的重視。他們不願意使文學成爲政治鬥爭的附庸，使文學失去獨立的品性，辱没了“作家”的稱號。仍然是職業作家心態的自然表露。抗戰爆發後，朱光潛、沈從文等人與“抗戰無關”的主張，反對“作家從政”的議論，“文藝貧困”的呼聲，乃至在解放戰爭時期對“文藝自由”的要求，也都是源於他們要求使文學作品的價值從普通宣傳品回歸到文藝自身的善良願望。在革命與文學之間，他們自覺地劃上了一道巨大的鴻溝。他們不願意扮演政治家的角色，只願意過一種老老實實、清清靜靜的作家生活。然而，如果退回到那“士”與“官”不可分割的封建社會，他們能如此堅決地捍衛文學的權利嗎？他們能分得清哪是文學的任務哪是政治的任務嗎？當然，一切都可能無從談起。

因而，由於中國社會進程比西方落後了整整一個世紀，一切新的文學觀念的出現都似乎是西方文藝思潮在中國的重演，但是從本質上說，它們都是中國近代經濟狀況的發展使然。

貳

　　現代中國文學的另一個明顯的標誌，是文學樣式中傳統的古典詩文一下子失去了文學的正宗地位，而迅速被小說、戲劇所替代，在一般文學理論的四分法中，小說、詩歌、戲劇和散文的位置與作用在中國現代文學中有着與傳統的古典文學迥然不同的面貌與着重點。

　　"小說界革命"，幾乎是與二十世紀歷史同時起步的。不過，當時對小說的提倡與推廣是與開啓民智、啓蒙民眾的任務結合在一起的。提倡白話文，是因爲它能被廣大的普通民眾所接受；而推崇小說，也同樣因爲小說是有暴露舊社會、宣傳新思想的不可思議之魔力。夏曾佑認爲，人所喜歡的是"肉身之實事"（即是具體生活），而不是"縹渺之空談"（即抽象的理論），畫和小說都能使閱讀者去"親歷"如在目前的具體生活，而小說"雖稍晚於畫，而其廣過之"[24]，梁啓超則進一步認爲小說有四種神力，即"熏"、"浸"、"刺"、"提"。"熏"是指感情的潛移默化，"浸"是指感人至深，"刺"是指人的感情突然受到刺激，"提"是指提高人的情感世界。因而，他指出：

　　　欲新一國之民，不可不先新一國之小說。故欲新道德，必新小說；欲新宗教，必新小說；欲新政治，必新小說；欲新學藝，必新小說；乃至欲新人心，欲新人格，必新小說。[25]

把小說的作用强調到無以復加的地步。此外，當時的王無生、徐念慈、裴廷梁諸人也都一反前人輕視小說的傳統觀念，把小說提到了空前未有的重要地位。但是，發生在晚清的這次"小說界革命"並沒有取得根本的勝利。一方面儘管他們堅決反對把

小說視爲"稗官野史"的陳腐看法，並且還自己親手創作，然而
另一方面，他們大都還只是把小說視爲改良政治的手段，或則單
純以娛樂讀者爲目的，因而只求淺白，只求直露，缺乏現代小說
所必需的藝術性與美感。從晚清到"五四"這段時間，其實並没
有能產生出現代小說的優秀作品，對小說的鄙視在士大夫中也没
有能得到徹底的扭轉。只是到了"五四"新文學運動開始之後，其
面貌才煥然一新。魯迅曾經這樣闡述現代小說出現的時間與原因：

> 在中國，小說是向來不算文學的。在輕視的眼光下，自
> 從十八世紀末的《紅樓夢》之後，實在也沒有產生什麼較偉
> 大的作品。小說家的侵入文壇，僅是開始"文學革命"運
> 動，即一九一七年以來的事。自然一方面是由於社會的要求
> 的，一方面則是受了西洋文學的影響。[26]

在文學史上，小說地位的提高往往是與市民階層的出現相聯
繫的。在我國明代中葉以後，由於資本主義萌芽的滋長，城市商
業的繁榮，因而市民階層中的初步民主主義思想意識便反映到文
學領域中來。當時，便有李贄、袁宏道、金聖嘆等人出來抬高小
說、戲曲的地位，把《三國演義》、《西游記》與《詩經》、
《楚辭》等同齊觀。遺憾的是，這種進步的文學見解連同剛剛崛
起的資本主義萌芽一起，被滿清帝國的馬蹄聲踏得粉碎，只是成
爲"五四"時期小說理論的一次遙遠而悠長的回憶。在一九一七
年文學革命運動以後小說地位得以抬高的原因中，"社會的要
求"，自然一方面表現爲反映民眾的疾苦，喚起民眾的覺醒之類
的社會政治任務，但是另一個更爲重要的方面，則是由於都市中
廣大市民階層的出現。如果不以先進的進步的現代小說去佔領市
民市場，那麼它就會被落後的傳統的鴛鴦蝴蝶派作品所壟斷。辛
亥革命以後，鴛鴦蝴蝶派作品的大量出現，已經昭示出對小說觀

念加以更新的急迫要求。小説已經有了從未有過的廣闊市場，社會已經委以小説全新的使命。因而，胡適、魯迅在"五四"時對現代小説的重視只是順應了時勢而已。更何況西洋文學發展潮流中小説獨占鰲頭的歷史事實，更平添了他們抬高小説地位的幾分自信與勇氣。小説在本世紀擁有了得天獨厚的沃土。可以毫不誇張地説，現代中國文學史在很大程度上是一部小説史。如果沒有如此眾多的小説作家和作品，那麼中國現代文學史起碼必須減少三分之二的篇幅。

　　戲劇是與小説一起被新文學工作者抬到文學正宗的地位的。但是，它在中國現代文學中的命運卻充滿坎坷曲折。與小説相比，它的局限性一方面缺乏像小説那樣靈活的表現手法和巨大的生活容量，另一方面還表現於直接受制於物質條件的影響與制定，諸如演出場地、道具、演員與經費等等。這就使它不能如小説那樣在急劇動蕩的社會變革面前具有較強的應變能力。而且還有一個更爲重要與更爲深沉的原因是，觀眾的文化層次與接受水平也直接影響到戲劇能否生存這一根本問題。在本世紀初，由於商品經濟的發展與市民階層隊伍的日益壯大，話劇由歐洲經日本傳入中國。歐陽予倩、陸鏡若等提倡的新劇（即"文明新戲"）是其濫觴。"五四"之後，話劇更是得到了蓬勃的發展。田漢、洪深、曹禺、夏衍等劇作家的一批優秀劇作成爲當時常演出不衰的劇目。然而，到抗戰爆發後，情況就大不一樣了，一方面以隱晦曲折的方式影射現實生活的歷史劇在國統區得到了繼續的發展，然而同時，在解放區的現代話劇幾乎全部讓位於傳統戲曲。秧歌《兄妹開荒》、歌劇《白毛女》、京劇（當時延安稱爲"平劇"）《逼上梁山》、秦腔《血淚仇》等，因爲迎合了當時農民低下的文化水平與傳統的審美理想，而極一時之盛。這是戲劇觀眾從城市到農村之後的必然結果。綜觀中國現代的戲劇文學可以發現，因為它與觀眾的審美理想的聯繫最為直接，因而社會形態的轉變在它身上的投影也最為集中與明顯。

最不成熟的是詩歌。儘管戲劇文學的發展充滿了泥濘與沼澤，但是它還產生了像《雷雨》、《日出》那樣公認的優秀作品，而在現代詩歌中，人們似乎很難舉出可以代表詩歌樣式傑出成果的經典作品。"五四"時期，郭沫若的《女神》以衝破一切傳統詩歌藩籬的大膽表現手法，喊出了時代的最強音，促使了我國傳統詩歌形式的解體，然而，他的過於自由、散漫的詩歌格式，也在眾多的模仿者之後迅速失去了文學的價值。繼之而起的是聞一多等人對詩歌格律的強調，給現代詩歌以必要的規範。但是這也迅速縮小了詩歌的表現範圍，使本應充滿生機與活力的現代詩歌趨向僵化。艾青給現代詩歌注入了一定的活力，表現出現代詩歌的某種成熟。但是他的作品也根本不可能給中國現代詩壇樹立起學習與借鑒的標本。在表現現實的社會內容方面，它沒有田間的古典詩那樣富有號召力與戰鬥力；在抒發個人的情感與反映現代生活的快速節奏方面，它又遠遜於新時期崛起的"朦朧詩"。在所有的文學樣式中，詩歌可能是最富於文人化傾向的一種。它長於描寫個人的情感世界，而缺乏像小說那樣反映社會生活的恢宏的氣度和靈活的表現手法。這在社會生活十分豐富複雜的二十世紀顯得尤為重要。

似乎是與不成熟的詩歌形成對照的散文，在中國現代文學中有着平穩的發展。在我國傳統文學中，本來就多寫景或抒情的文章；而英國隨筆式的文體，又給新文化工作者以創作散文的借鑒。儘管散文語言從文言改為白話，但是現代作家大都具有良好的文學修養，也易於迅速打消"白話不能寫美文"的顧慮。因而得益於中、西文學傳統饋贈的現代作家，在散文領域中獲得人所公認的豐收。正如魯迅先生認為："散文小品的成功幾乎在小說戲曲和詩歌之上。"[27]朱自清在一九二八年也認為："就散文論散文，這三四年的發展確實絢爛極了。"[28]但是一個值得注意的傾向是：人們可以在現代散文中發現一件件的藝術精品，足以使人們悉心揣摹與細心品嘗。然而它所產生的社會影響卻要大大小於其他三個藝術門類。可能正是因為散文是極其個性化的，因而也使它難以承擔起極其複雜的社會使命。散文上的這種不足，在本世紀剛剛興起的報告文學和雜文中得到了某種程度的補償。這也說明，儘管散文就文學性而言相當成熟，但是中國現代轉化了的社會經濟形態也使它處於了一個很不重要的地位。它再也不可能像在古代文學中那樣顯赫一時了。

小說、詩歌、戲劇和散文四種藝術門類，在中國現代的興衰沉浮，發展變遷，從一個側面集中映現了現代中國文學發展的基本面貌和特定情形。正如中國現代社會的特點決定了民主革命的對象與革命成員的組成一樣，它在文學進程中對某一種藝術門類的倚重偏愛，也同樣反映了社會的要求。這是一個不折不扣的規律。人們已經喚不回古典詩文的傳統雄風，而反之，即使對小說不加以正確的引導，它也會在鴛鴦蝴蝶派作家那裡大量地產生與繁衍。因為中國現代的經濟基礎與社會形態已經完全不同於以往的封建社會了。

叁

作為現代中國文學在藝術形式上根本不同於古代文學的又一顯明的標示，在於白話文全面取代了文言文而成為現代中國語言、文學的正宗。

在我國，白話文的傳統幾乎與中國文學史一樣悠久。從上古神話傳說到漢樂府民歌，直到明清時《水滸傳》、《紅樓夢》等著名小說，都顯示出我國勞動人民的無窮智慧和白話文學的感人魅力。然而，在浩如烟海的我國古代文學遺產中，白話文學只是佔據了一個極小的地位，並不能改變文言佔統治地位的局面。只是到了十九世紀末和二十世紀初，黃遵憲、裘廷梁等人發起白話文運動，梁啓超倡導新文體，才拉開了白話文要求全面取代文言文的序幕。發展到"五四"，經過新文學工作者胡適、魯迅、錢玄同等人的大量努力，終於徹底把文言文從佔據了數千年的文學寶座上掀了下來，確定了白話文的正宗地位。

這是一個頗需深思的問題：為什麼在我國數千年的文學發展中，儘管發生過諸如唐代的新樂府運動、古文運動、北宋的詩文革新運動等許多重大的文學運動，但為什麼都沒有一次是要求把白話文推向文學正宗的運動呢？為什麼綿延幾千年的白話文學傳統只是到了近代才被人們高度重視，並要把它立為最為主要的語言形式呢？這是碰巧，還是必然？是社會進程中的隨意揀選，還是歷史發展的必然要求？

答案是肯定的。

與封建社會中人際交往關係的分散性不同，近代發展起來的商品經濟形式突出地強調了人的社會性。由於農民分散的生活特點與生產方式，使得"雞犬之聲相聞，老死不相往來"成為一部分人的社會理想。表現到文學上，作為"載道"與"言志"的精神產品，則是封建士大夫圈子內的事情。它與小民無涉，自然不用考慮到他們的需要。當然更談不上要使引車賣漿者流的語言成為文學的正宗。然而到工業化之後，一切都大不相同了。伴隨着商品的交換與流通，人們建立起各種各樣錯綜複雜的關係。在文

學中，文化市場的形成與民眾文化水平的提高，不僅打破了封建
士大夫對文學的壟斷，而且還由於各民族之間文化的融合，使得
保持一個民族完全獨立的文學面貌都成爲不可能。文學完全從封
閉的狀態中衝了出來，深入到民間，深入到一切有社會交往的人
們之間。在日益多樣化的商品社會中，它肩負起審美與娛樂的特
定使命，滿足着人們的多層次需求。正是這樣的背景，白話文才
得到了徹底翻身的機遇，一躍而成爲文學的盟主。

　　例證可取之於西方國家被稱之爲“中世紀最後一位詩人，同
時又是新時代的最初一位詩人”的但丁。(29)他生活的時代正是
意大利的市民階層大量出現反封建、反教會的鬥爭日趨高漲的時
期，他敏銳地察覺到了一種新的社會形態的產生，以及這種社會
形態對於文學語言的要求。在《鄉宴》和《論俗語》兩書中，他
盛讚俗語的優點，批判封建等級觀念，認爲真正的高貴在於擁有
優良的道德品質的人文主義思想，對於解決意大利的民族語言和
文學用語問題發揮了重大的作用。而不朽之作《神曲》正是他所
推崇的意大利語的親自實踐。從而使意大利文學開始了從中古到
文藝復興的過渡。而在這其中，但丁也成爲意大利文學史上第一
個民族詩人。英國與意大利的情況極爲相似。最早具有新的人文
主義思想的代表作家——“英國詩歌之父”喬叟，他不用所謂高
雅的法語或拉丁語寫作，而是採用純粹的倫敦方言，開創了英國
文學的新時代，被稱爲英國新文學語言的始祖。他對英國現實主
義文學的偉大貢獻，顯示了英國近代文學最初的心聲。作爲東方
國家的日本，情況也不例外。在一八六八年的明治維新之後，日
本資本主義生產方式得到了迅速的發展。表現到文學領域，出現
了對歐美文學的廣泛介紹和對小說、戲曲、短歌、俳句的文體改
良運動，開始了日本近代文學的醞釀。坪內逍遙的《小說神髓》

和二葉亭四迷的《浮雲》，分別從理論和創作上吹響了向近代文學進軍的號角，開始了從思想內容到文學語言的重大變動。綜合起來看，這不是某一個國家發生的偶然事件，而是在經濟格局發生根本性的變化之後在文學語言上所必然帶來的結果。

中國的白話文運動主要有兩次高潮：一次是在戊戌變法維新之後，一次是在"五四"時期。作爲變法維新的合理要求，一些維新派人士認爲，開通民智是國家富強的重要手段，而要能達到開通民智的目的則又必須大大提高普通民眾的閱讀能力，改行白話。裘廷梁在那篇名噪一時的名文《論白話爲維新之本》中認爲，"愚天下之具，莫文言者"，而"智天下之具，莫白話者"，因此，旗幟鮮明地主張"崇白話而廢文言"。他的白話文的理論主張，反映出維新派人士急切的政治要求，成爲晚清白話文運動的政治綱領。黃遵憲根據他在歐、亞、美等國親自所見的世界，各先進國家的關係狀況，認爲文言文變爲白話文是一個不容否定的必然趨勢，主張語言與文學的復合，從而"變一文體爲適用於今，通行於俗者"。[30] 不過需要注意的是，儘管晚清的白話文運動在推動語、文合一方面發揮了積極的作用，造成了大量的白話書籍的出版，但是由於維新派人士主要只是把白話視爲開通民智的工具，很大程度上放棄了對文學性的追求，因此也就極大地影響到這次白話文運動的深度與效果。至於梁啓超所倡導的"新文體"，則是他在維新變法失敗後逃到日本，接受了日本文體的影響而形成的，他對"新文體"的解釋爲："……務爲平易暢達，時雜以俚語、韻語以及外國語法，縱筆所至不檢束。學者況效之，號'新文體'。老輩則痛恨，詆爲野狐。然其文條理明晰，筆鋒常帶感情，對於讀者，別有一種魔力焉。"（31）這是他以"俗語文體"爲"歐西文思"的文學主張的具體實踐。影響所及，迅速風靡全國。誠如錢基博所言："迄今（指一九三〇年）三十歲以下三十歲以上之士大夫，論政持學，殆無不爲之默化潛者！可以想見梁啓超文學感化力之偉大焉！"（32）不過，梁啓超的"新文體"其實還只是淺近的文言，而不是白話，因而它自然不可造成一個面貌全新的白話文的局面，而只能充當文言文到白話文之間的一個重要過渡。

"五四"新文學運動吸收了晚清白話文運動，梁啓超的"新文體"與近代白話小說的積極成果，使白話文成爲文學正宗的願望得以實現。運動的最初發難者胡適，曾經這樣認爲：

> 我們認定文字是文學的基礎，故文學革命的第一步就是文字問題的解決。我們認定死文字定不能產生活文學，故我們主張若要造一種活的文學，必須用白話文來做文學的工具。我們也知道單有白話未必就能造出新文學；我們也知道新文學必須要有新思想做裡子。但是我們認定文學革命須有先後的程序：先要做文字體裁的大解放，方才可以用來做新思想新精神的運輸品。我們認定白話實在有文學的可能，實大是新文學的唯一利器。（33）

很顯然，胡適把文學語言的革命放到了"五四"新文學運動的首要位置，並把它視爲運動能否取得勝利的根本保證。他在《文學改良芻議》中倡導的"八點主張"，在《建設的文學革命》中所認爲的建設新文學的唯一宗旨"國語的文學，文學的國語"，都强烈地反映了他欲以白話文代替文言文的文學主張。在當時特定的歷史條件下，這種主張有着相當的進步意義，表現出一位文學革命運動發難者的遠見卓識與務實精神。其後，陳獨秀在《文學革命論》中對封建舊文學陣營毫不留情的宣戰，錢玄同、劉半農等人的紛紛響應，都迅速擴大了文學革命的聲勢，顯示出新文學主動出擊的戰鬥姿態。尤其是魯迅先生，接連發表了《狂人日記》、《孔乙己》、《藥》等許多重要小說，顯示了文學革命後實績。不僅在作品內容上把批判鋒芒直指幾千年的封建制度，而且在形式上也運用了現代文學的體式、手法與白話語言，顯示出白話文的勃勃生機。從此白話文在現代的中國文學中逐步推廣開來，並進而把中國文學推進到一個嶄新的階段。

　　人們常常試圖對“五四”時期白話文取得徹底勝利的原因作出說明，有人認為是受惠於當時强烈的反傳統意識，有人認為是西方文體演進的參照影響，也有人認為是得益於晚清白話文運動和“新文體”的成果積纍。這些都說出了一定的道理。但是它們都忽視了一個極其重要的事實，那就是隨着近代商品經濟的發展與傳播媒介的變革而迅速興起的文化市場與迅速壯大的作者、讀者隊伍。如果沒有“五四”時期為數眾多的文學刊物與書籍的出版與發行，沒有廣大讀者的歡迎與支持，那麼，“五四”白話文運動到頭也還只能是局限於文人的圈子之中，其命運也只能與晚清的白話文運動乃至唐代的新樂府運動無異。

【附　註】

⑴《娜拉走後怎樣》，《魯迅全集》第1卷，第161頁。

⑵郁達夫：《回憶魯迅》。見《郁達夫文集》第4卷。

⑶茅盾：《我走過的道路》（上0，第106頁。

⑷沈從文《記丁玲》，見《文人筆下的文人》第505頁，岳麓書社1987年版。

⑸沈從文在《記丁玲》中說：“丁玲與胡也頻每月可得二十來塊錢，兩人就靠這個收入應付一切。”出處同上。

⑹《魯迅全集》第7卷，第147頁。

⑺《偽自由書·前記》。

(8)《論語・子路》。

(9)《荀子・正名》。

(10)白居易:《與元九書》。

(11)《答韋中立論師道書》。

(12)《文須有益於天下》。

(13)陳獨秀:《答曾毅》,《新青年》第3卷第2號。

(14)成仿吾:《新文學之使命》,《創造周報》第2期。

(15)《文藝談(六)》,《晨報附刊》1921年連載。

(16)《南國》半月刊第一期《宣言》。

(17)林如稷:《編輯綴語》。《淺草》第1卷第1期。

(18)魯迅:《中國新文學大系小說二集・序言》。

(19)李金發:《序林英強的〈凄涼之街〉》。見1933年8月《橄欖月刊》第35期。

(20)胡山源:《彌灑臨凡曲》,見《彌灑》第2期。

(21)《文學與革命》,1928年6月《新月》第1卷第4期。

(22)李金發:《烈火》,見《美育》雜誌創刊號。

(23)胡秋原:《阿狗文藝論》,見《文化評論》創刊號。

(24)夏曾佑:《小說原理》。

(25)《小說與群治之關係》。

(26)《魯迅全集》第6卷,第20頁。

(27)《南腔北調集・小品文的危機》。

(28)《背影・序》。

(29)恩格斯:《共產黨宣言・意大利文版序言》。

(30)黃遵憲:《日本國志・學術志二》。

(31)《清代學術概論》,見《飲冰室專集》第9冊,中華書局1936年版。

(32)《現代中國文學史》,世界書局1933年版。

(33)胡適:《嘗試集・自序》。

餘　緒

在經歷了一段並不算漫長的跋涉之後，我們終於可以暫時結束對本課題的思考了。

借此機會，我也想把自己為何選擇這一課題研究的動因補敘一下。說來也巧，在九十年代初我完成了《二十世紀中國文學發生論》一書，由臺灣業強出版社於一九九二年出版。在該書中，我分“經濟篇”、“文化篇”和“人才篇”三部分，探討了古典文學向新文學轉化的根源與契機。該書出版後，由於在大陸沒有發行，我便把“經濟篇”中的《稿費制度的確立與職業作家的出現》一章試着投諸《中國現代文學研究叢刊》，想在大陸有些反響。沒想到隔了二個月，收到了素昧平生的中國社科院文研所研究員劉納女士的來信，其中有一段是這樣的：

> 今天拜讀了大作《稿費制度的確立與職業作家的出現》。《叢刊》編輯部送來稿件的審稿單上，董炳月對大作大加讚賞，並用紅筆畫了個很大的五星以作讓我注意的記號，我還感到莫名其妙。但讀過之後，便完全理解了他的紅五星。我讀了兩遍，並且琢磨了好一會兒。您所說“他們最大的錯誤都在於，忽視了當時商品經濟迅速發展與職業作家大量產生這一根本的社會基礎”也包括我以前所寫的一些東西。大作不但有說服力，而且有震撼力，許久以來，讀文章沒有這樣的感覺了。不知您的《二十世紀中國文學發生論》什麼時候能見書，我非常想得到一本。當然，是買。……

劉納女士是我所敬重的研究“五四”新文學的著名學者。她的《“五四”小說創作方法的發展》、《辛亥革命時期至“五四”時期我國文學的變革》等重要論文，都給了我很多啓迪。又隔了幾個月，《中國現代文學研究叢刊》以顯著位置在一九九三年第二期上刊登了我的那篇《稿費制度與職業作家的出現》的文章。並在“編後記”中向讀者推薦：“欒梅健的《稿費制度的確立與職業作家的出現二十世紀中國文學發生論之一》是一篇富有啓發性的文章。以前，也有人涉及過“稿費制度”與“職業作家”對文學發展的影響，但像欒梅健這樣，將其視爲‘文學觀念變革的最爲内在與最爲根本的原因’，還是從來沒有過的。”

　　劉納女士與《叢刊》編輯部的肯定，給了我很大的信心。我打算將着眼點主要放在“經濟篇”上，重新全面而細致地思考自鴉片戰爭以來的工業化進程對中國文學的影響。在二十世紀中國文學發生論的基礎上，將自己的思考再推進一層。現在想來，我的這本博士論文《前工業文明與中國文學》的出現，特別應該感謝劉納女士和《叢刊》編輯部。

　　由於《前工業文明與中國文學》是一個相當宏觀的課題，而經濟基礎對文學的影響又往往是在若隱若現之中，因此，在醖釀與寫作中頗多猶豫，頗多斟酌。好在有導師范伯群教授的悉心指導，有衆多師兄弟、師妹的相互探討，終於能夠較順利地完篇。其中有些觀點，如彷徨歧路的現代作家、小城鎮意識、現實主義等等，在當初思考時曾經令我相當興奮。但到底論述得是否全面，觀點能否站得住腳，就需要專家和讀者的批評指正了。

　　二十世紀中國文學在歷史的長河中是一個特異的現象。到底是什麼力量促使它呈現出與傳統文學迥然不同的面貌？它的根源是什麼？對它的基本評價又該是如何？

　　這些問題總是給我以濃厚的興趣，激發我思考的欲望。我願意繼續探索下去，思考下去。

1997年4月26日於蘇州

附錄一：

答辯專家論文評語

　　我的博士論文於1996年底完成初稿，後在導師范伯群教授指導下作了些修改，於1997年5月30日正式進行論文答辯。參加論文答辯的評委有：復旦大學中文系賈植芳教授、潘旭瀾教授，《文學評論》雜誌社編審盧濟恩先生、中國現代文學館吳福輝研究員、揚州大學中文系曾華鵬教授、蘇州大學文學系徐斯年教授、朱棟霖教授。答辯委員會主席由賈植芳教授擔任。我於1987年碩士研究生畢業時，答辯委員會主席也是由賈植芳先生擔任，現在時隔十年，又由賈先生主持，感激之情不言自喻。

　　第一個宣讀評語的是吳福輝先生。他的評語是：

　　　　本文並着表明是一篇富有創造性研究的論文。從人類社會的生產方式與文學的關係入手，來闡釋本世紀前幾十年的中國文學的現代性。這樣一個視角，造成本文開闊的思路、廣博的眼光，既要回顧中國的農業文化與古典文學關聯所構成的中國古典文學特徵，又要平行地對照後工業文明開始時期的世界文學狀況，以準確釐定前工業文明所促成的中國文學的總體特徵。能多方位、多層次地解釋中國文學的現代性，同時處處對這種現代性的歷史特徵、局限加以觀照，顯示出論文的廣度與深度。這是很具有學術開拓性的研究，爲向來所沒有。

　　　　由物質文明的進步、文化市場的發育程度等一系列嶄新角度，來審視這一段時間的文學，便必然帶來許多新鮮的見解，包括從新視界鈎沉出新材料，也包括從舊材料做出重新發現。比如說現代作家的地位不如古典作家，卻又取得了相對的自由度；"五四"新式讀者一貫的產生與新式敎育的背景；市民讀者也使"五四"新文學有媚俗的一面；理性原則與人文精神所造成的文學眞實觀、悲劇意識、人性（性愛）的深度表達；現代作家的"小城鎮意識"和鄉村批判意識；用"工業文明"來解釋現實主義在中國的特有色調和浪漫主義的短暫性；金錢、稿費制度、職業作家身份給文學帶來的獨立性等等。這些觀點有的甚至相當精彩。它們都指向這個時期中國文學的共性。共性研究的深入細密，並眞正能提出一些別人未曾注意到的層面，正是本文的一大特色。

　　理論上的運用也是本文強調。作者能將馬克思主義原著的某些論點做完整的運用，加上西方社會學的合理採納，使全文論述立足於堅實的理論基礎。記錄翔實完備，論證過程清晰，有說服力，全文結構上中下遍及各章節之間，形成一個自足的體系。因此在研究理論、方法問題上，作者顯示了有提出問題與解決問題的能力、有"整合"前人的理論加以發揮的能力。比如全文對馬克思"以物的倚賴性爲基礎的人的獨立性"這一思想的運用，對佩奇·史密斯的"小城鎮"思想的運用，都獲成功。

　　關於"小城鎮意識"，是本文的一個嶄新見解，值得重視作者也認識到要將"小城鎮意識"與"鄉村意識"比較起來研究。而且提出了兩種"鄉村意識"的觀點（批判型的與田園牧歌型的）；只是對"純都市意識"提得較少。我認爲，"鄉村意識"的長期殘留和"純都市意識"的初步形成，是在前工業文明時期的中國同時存在的，它們必然對"小城鎮"這一主流文學意識形成兩面的壓力。

　　本文已經達到博士學位論文的水平，同意此文參加論文答辯。

吳先生是《中國現代文學研究叢刊》的常務副主編，極其熟悉中國現代文學的研究狀況。他一方面是現代文學研究專家，同時也是有名的編輯家，很多學者經他的提攜而在學界產生大影響。當時他在即席評論中，認爲論文用很正宗的角度寫出有創造性的內容，對我是很大的肯定。

接着，宣讀評語的是盧濟恩先生：

《前工業文明與中國文學》研究了自欺欺人1840年以來直到當今的中國文學中的若干問題。時間跨度大，作者所探討的經濟基礎對文學的影響等問題，又是一個以前人們甚少涉足的。這課題選擇的本身，就表現了作者的膽識。、在《格局篇》第一章裡，作者論證了古代不受重視的小說與戲劇，到近代以來卻地位扶搖直上，是因爲近代以來由工業文明造成的文化市場的重要作用，提出了與學術界長期流行的觀點不同的新見，該篇第三章論讀者對新文學發展的作用，作者指出當時教育領域的重大變革是適應工業文明要求的結果，而因此出現的大量在"洋學堂"求學的新文學讀者隊伍，正是新文學得以發展的土壤。對民初至三十年代通俗文學得以迅速發展的原因，論文也從工業文明的角度作出了合理的解釋。這些看法都頗具新意和說服力。

在《情感篇》中，作者舉出了《水滸》、《紅樓夢》等古典名著中的情節，與魯迅、葉紹鈞、巴金等作家的現代小說相比照，用比較分析的方法，論證了現代理論原創和人文精神的特徵，見解也頗爲中肯、精到。

論文作者富於創新精神，又善於對文學現象和作品中的例證作出有理論深度的分析，使論文達到了高水平。同意進行答辯，並建議授予作者博士學位。

與吳先生一樣，盧先生既是一位學者，又是一位獎掖後進不遺餘力的編輯名家。他在大陸權威學術刊物《文學評論》中分工編輯中國現代文學方面的稿件，許多後來產生大影響的學術論文都是經過他的手而發表出來的。他在發言中特別提到《情感篇》中的幾章論述，認爲較爲細致與新穎。後來，我將這幾章的内容整理了一下，經過盧先生的大力扶助，以《中國新文學的理性原則與人文精神》爲名，發表於《文學評論》上，這是需要特別感謝的。

第三位評語並發言的是曾華鵬教授：

　　本文試圖對前工業文明與中國文學的關係進行系統的研究，這是一雖然重要但又研究甚少的課題，因而這一選題富有新意，同時具有較高的學術價值。作者爲完成這一研究課題作了較充分準備，不僅在現代文學、古代文學、外國文學、文學理論等方面有較好的修養，而且擁有歷史學、經濟學、政治學、社會學等多學科的廣博知識，因而研究工作是建立在較扎實的基礎上的。論文考察了近代工業文明和商品經濟的發展給中國文學的整體格局、情感内容、文學觀念、創作方法以及文學語言等 方面帶來的深刻變化，脈絡清晰，把握準確，論證嚴密；論述中對有些個案和例子的分析（尤其是“情感篇”中的三章），時有創見，頗爲精彩。作者的文字也明白流暢。論文顯示作者有扎實的專業基礎，開闊的學術視野，思想活躍，學風嚴謹，具有較强的進行整體研究的能力。這是一篇優秀的博士學位論文，可以答辯，並建議答辯委員會予以通過。

曾先生是我熟悉與敬重的老師。他與恩師范伯群先生長期合作，先後出版有《現代四作家論》、《魯迅小說新論》、《郁達夫評傳》、《冰心評傳》等，被譽爲學術界的雙打選手。我在上大碩士研究生時，就曾專程去揚州聆聽他的教誨。上博士研究生時，曾先生也常來蘇州，給我許多指導。在這次答辯中，他特意點出我的論文 " 舉重若輕 "，不故作艱深，同時語言上文筆輕鬆，流暢，給我以很大的鼓勵。

其後，是潘旭瀾教授：

樂梅健的學位論文《前工業文明與中國文學》，是一個新題目。它既不同於文學史，不同於思潮、流派研究，也不同於作家論。作者採取社會學的方法和比較研究的方法，注視了工業文明對社會和人的內心世界變化的重大作用，着重論述了 " 五四 " 到抗戰爆發這大約二十年的文學。在 " 格局篇 " 首先以文學、作家、讀者在社會進程中的地位與作用。進而論述更深層次的問題： " 情感篇 "、 " 藝術篇 "。這是一個嶄新的視角，表明被某些人視爲 " 陳舊 " 的科學社會學的方法，並不 " 過時 "，它可以爲文學研究提供許多新的可能。雖然，作者所追求的 " 立體效果 " 也還不夠完善，有的提法也還可以作進一步的推敲，但總的看來是一篇有新思路和新見解的論文，較好達到博士論文的要求，簡議予以答辯和通過。與賈植芳先生一樣，潘旭瀾先生也是我的碩士學位論文答辯評委。他治學嚴謹，對論文有嚴格的要求，許多博士生答辯時都害怕潘先生的提問。這次，潘先生在肯定了論文成績的同時，也相當深刻地指出二十世紀上半葉中國文學的變動，除了工業文明的因素之外，也還有其它方面的原因，需要加以深入的研究與考察。這確實是精辟之言。

接着下來的是本校中文系的兩位教授。徐斯年教授的評語是：

　　　　存在決定意識，上層建築決定於經濟基礎，文化形態反
映着社會形態，這是馬克思主義的基本原理。但是眞正系統
地、緊密地從社會形態角度研究中國現代文學的特質的論著
並不多見。這一論題，對於文學研究者來説，需要進行相當
扎實的多學科的理論準備和資料準備，而且相當宏觀，難度
很大。本文作者的思維和學術觀點是以"先鋒型"爲特色
的，其博士學位論文卻選了一個相當"正統"的論題，研究
方法也定位爲並不"先鋒"的社會學方法，這表現了一種科
學的嚴肅的學術態度，非常可貴。

　　　　中國近現代的社會形態，總體上處於"前工業文明"時
期（而且正如論文作者所指出的，這一時期至今尚未結
束）。但是，它又與西方的"前工業文明"階段不盡相同。
最主要的區別在於，一百多年之中，中國的工業文明沒有那
種平衡、自然發展的環境，"非經濟"因素在這一百多年的
社會發展過程中，往往扮演着歷史的"主角"，這既反映着
經濟社會發展的要求，又反映着中國"前工業文明"發展進
程的"不正常"（嚴格説來，進入"正常狀態"只是近十幾
年的事兒）。其原因，革命經典著作講得很對——中國沒有
經歷過一場徹底的資産階級革命（而中國社會主義的"特
色"，在很大程度也是因此而形成的）。論文抓住了這一
"前工業文明"的"中國特色"，由此剖析現代文學既"鉛
華洗盡"，又時時充當政治代言人的矛盾地位；剖析現代作
家"彷徨歧路"的心態（需要指出的是，當時的科學家同樣
苦悶鬱憤。這在根本上不是一個何種職業"有用"的問題，
論文38頁的立論有待於深化）；剖析何以即使最先進的現代

作家，也難脫"市鎮心態"；剖析何以中國的現實主義更帶"主觀意圖"，而中國的現代浪漫主義發展到"革命文學'以後即難以爲繼。上述剖析，由於選擇的視角新穎科學，所以或能發人之未發，或能更觸及研究對象的本質，或能在前人研究的基礎上有所拓展和深化。

作爲"前工業文明"社會形態和文學的中介，論文作者十分重視文化市場的作用和意義（"格局"編將"讀者"列爲專章，稱之爲"無形的手"，是這一視角的鮮明表現之一）。文中不僅把通俗文學，而且把"純文學"也列入上述論題之內加以考察，這是很正確，而且很有見地的。作者認爲，稿酬制度的建立，不僅榜着現代新聞出版事業和文化市場"養活"了一大批作家，而且導致了作家獨立人格的形成和現代型的文學觀念的形成。"依附"（於經濟）促進了擺脫（對非文學因素的）"依附"，這一論析之中，蘊含着辯證的觀點和方法，相當深刻。在"格局"編的第三章裡，作者分析了兩個讀者群和兩類文學創作的關係，指出作爲負面現象，不僅通俗文學存在媚俗傾向，而且新文學也存在媚俗傾向；作爲正面經驗，則"不管是通俗作家，還是新文學工作者，在面對日趨商品化的文化市場時"，都應與讀者建立"一種平等的藝術對話的關係"。這一觀點從揭示新文學與通俗文學的同一性的角度而言，很有理論價值，同時又有很強烈的現實意義。

通篇文筆流暢，邏輯性強，總體上堪稱優秀之作。

部份內容略嫌空泛，個別段落須注意避免片面性。

論文達到博士學位論文水準，同意交付答辯。

朱棟霖教授的評語是：

　　樂梅健的博士論文《前工業文明與中國文學》從宏觀角度考察了社會經濟形態與文學發展關係這一重大課題。論文的這一角度並非簡單地重複過去的文藝社會學，而是從文化經濟的辯證影響關係，將中國現代文學的發展置於一個切實的、更廣闊的背景之考察，這一方法論在中國文學的研究中具有開拓性意義，也決定了這篇論文的成功。論文從文學總體格局、觀念情感更迭、創作方法特徵等三個重要方面論述了前工業文明在中國文學中鑴銘上的深刻印記。作者思維活躍，視野開闊，不爲陳說舊論所囿，全文論述新意迭出，提出了許多發人深思的見解，不僅有學術價值而且對當前我國文學的發展也頗具啓迪意義。論文論述層次清晰有深度，語言清新可讀。這是一篇優秀的博士論文，建議通過，並授予樂梅健文學博士學位。

　　徐斯年教授和朱棟霖教授都是蘇州大學中文系的老師，在我攻讀博士學位期間都曾經給我以指導與幫助。因此，他們的評語和發言都能準確地切中要旨。

　　最後，作總結發言的是賈植芳教授。

　　他在發言中認爲，論文提供了一個重大的問題，引進了新的視角。他認爲彷徨歧路的作家一章寫得最有份量與深度。他說總的感覺是"論文很有新意，内容也非常豐富"。

　　在賈先生的發言之後，我針對評委們對論文提出的問題一一作了回答。最後，我退場，由評委們投票表決，最後以全票通過，並獲得"優秀"的等第。

　　另外，按照國家教育部對博士論文答辯的規定，除了參加答辯的七位評委之外，論文還須請三位專家進行評閱，並且要在評閱通過之後才能進行論文答辯。

參加我的論文評閱的三位專家是：復旦大學中文系的陳思和教授、蘇州大學中文系的范培松教授和曹惠民教授。

陳思和教授的評語是：

樂梅健同志的論文《前工業文明與中國文學》，對中國文學由近代——現代轉化過程的研究，引進了新的視角，即社會經濟對文學及文化的影響。文中引用了大量的社會學知識背景，來解釋文學新因素的發生。如關於小說在文學史地位的變化，過去常在文學觀念，文學意識上找原因，而本文卻突出地注意到了小說所構成的物質材料——諸如紙張、印刷等條件的變化，這是相當有價值的看法。這種方法在當前學術領域是有開拓性意義的，使文學的考察放在一個較廣闊扎實的知識背景上，能夠說明文學史的現象。在具體章節的觀點上，也新意疊出，於學術上有較大的價值，能夠引人深思，如關於現代文學不發達的原因一章，作者提出由於前工業文明時期，文學並非是當時知識精英的主要職業，這個觀點與以往文學史研究大批知識分子棄理工科而轉文學的假設相對立，然而又有相當新意和說服力。這種新的見解在論文裡比比皆是。所以說，本論文已經達到了論者所申請的學位水平，推薦此篇以參加學位答辯。

范培松教授的評語是：

論文以前工業文明與中國文學的關係為論題，試圖對中國近現代文學從宏觀上進行新的概括和探討，論文分"格局篇"、"情感篇"和"藝術篇"，也是一種開拓性的嘗試，對撰寫文學史作出了大膽的探索。論點新，材料翔實，文筆也生動，這是一篇優秀的博士論文。已達到博士生論文水平，可以答辯，並建議授予博士學位。

曹惠民教授的評語是：

　　這篇博士學位論文，選題新穎，角度獨到，從一個全新的視角對二十世紀中國文學所呈現的新變作了有創新意義的詮釋，顯示了作者視野的開闊和思路的活潑以及多方面的知識積累和資料積累，言之有據，言之成理，能以馬克思主義唯物論的觀念指導自己的學術探索，從工業文明的萌生及經濟的發展、市場的形成以及創作主體、讀者受體諸多層面條分縷析，持論新而論證有力，頗能給人啓發，具有很強的學術開拓性和較高的學術價值，是一篇有創意的優秀的博士學位論文，建議通過答辯並授予欒梅健博士學位。

　　經濟而外，如能加強從政治社會及文學自身對命題的論證，當更為妥貼。

　　三位教授都對我的博士論文給以較高評價，使我心存感激。尤其是陳思和教授，多年來對我關懷頗多。我與他亦師亦友，從他那裡學到了許多東西，這使我常常感動。

　　緊張的三年博士研究生生活終於過去了。前面的路還長。在學術的道路上，每每想起這次博士論文答辯會，想起諸位師長對我的鼓勵與期待，都心潮起伏、情難自禁。

　　學問已成了我生命的一部分。我會在這條道路上繼續走下去。回望師長的身影，我要將這條路走得更正、更寬。

附錄二：

前工業文明與中國文學大事年表
（1840－1937）

1840年1月　　林則徐奉旨封港，斷絕中英貿易。

1843年1月　　魏源編著的《海國圖志》刻本出版。

1847年　　　　陳聯泰機器廠（均和安機器廠）建於廣州，督
　　　　　　　辦人陳聯泰。修理輪船。

1848年　　　　徐繼畬所著《瀛寰志略》刊行。

1850年　　　　開始出現專業洋布商店，至1858年，這種專業
　　　　　　　洋布商店發展達到十五、六家，並成立了振華
　　　　　　　堂洋布公所。1884年洋布店達到62家。

1850年8月　　英國人奚安門在上海主辦《北華捷報》（又名
　　　　　　　《華北先驅周報》），這是上海最早的英文周
　　　　　　　刊。

1851年11月　御使王茂蔭上奏清政府，提出請變科舉。

1853年　　　　太平天國頒布了《天朝田畝制度》對商業持否
　　　　　　　定態度。這違反了經濟發展的客觀規律，因而
　　　　　　　在實踐中失敗了。

1853年　　　　太平天國發布四民各安常業的誥諭，鼓勵和保
　　　　　　　護商業。

1858年　　　　天津成了華北地區經濟貿易中心；江蘇的鎮江
　　　　　　　則成為棉紗轉口貿易的中心。

1861年　　　　安慶內軍械所建於安慶，督辦人曾國藩，該所
　　　　　　　以手工為主，全用漢人，主要生產子彈、火

藥、炮彈等，設立僅7個月。

1861年1月　　　　天津開埠。

1862年　　　　　　上海洋炮建於上海松江，督辦人李鴻章，經辦人英人馬格里，以手工爲主，已使用汽爐、打眼機等，主要製造子彈、火藥等，次年遷往蘇州。

1862年3月　　　　美商旗昌輪船公司在上海成立，亦名"上海輪船公司"。

1862年3月　　　　中俄陸路通商章程在北京簽訂，開始了陸路通商減稅的惡例。

1862年8月　　　　北京同文館成立。

1863年　　　　　　洪盛機器碾米廠建於上海，商辦（經營方式），資本6000元。

1863年3月　　　　清政府在上海設廣方言館。

1863年3月　　　　江蘇巡撫李鴻章請仿京師同文館辦法在上海設"外國語言文字學館"。

1864年8月　　　　英國在香港創辦匯豐銀行。

1865年　　　　　　江南製造局建於上海高昌廟，督辦人曾國藩、李鴻章，經辦人丁日昌，該局爲清政府最大的軍事企業。共有機器廠等15個，1892－1893年設無烟栗色火藥二廠，1885年設煉鋼廠。造輪船、槍炮、水雷、子彈、火藥與機器等。創辦經費約54.3萬兩。1905年分爲江南船塢和江南製造局。1912年江南船塢改爲"江南造船所"，1917年製造局改"上海兵工廠"。1932年兵工廠停辦。

1865年	金陵機器局建於南京南門外，督辦人李鴻章、經辦人劉佐禹，爲蘇州洋炮局遷寧擴充而成，有機器、翻砂等廠，後有增加一火藥局，主要製造火藥。1928年並入上海兵工廠，稱上海兵工廠金陵分廠，1929年改爲金陵兵工廠。
1865年9月	曾國藩、李鴻章在上海設立江南機器製造總局。
1867年	天津機器局（北洋機器局）建於天津賈家沽道海光寺，督辦人崇厚，經辦人密妥士，規模僅次於江南局，有鑄造局、火藥局等。主要製造槍炮、子彈、火藥、水雷、小型船只等。創辦經費22萬兩。1900年毀於八國聯軍侵華戰爭，1906年籌設新廠。
1867年－1894年	據海關統計，洋紗進口由33507擔增加到1161694擔，洋布由4250324匹增加到13795884匹。28年中，洋紗進口增加了34倍多，洋布進口增加了3倍多。
1868年	福州船政局建於福州馬尾，督辦人左宗棠、沈葆楨，分鐵廠、船廠、學堂三部，主要製造輪船。創辦經費47萬兩。辛亥革命後改爲海軍造船廠。
1869年	建於福州水部門，督辦人英桂，經辦人賴長、黃維煊，聘請外籍技師。1900年建槍子廠一座、1902年又建無烟槍子廠一座。1903年機器、槍子兩廠改銀元局，停產。
1869年	西安機器局建於西安，督辦人左宗棠，主要製造洋槍、銅帽和開花炮彈。1872年遷蘭州。

1871年	蘭州機器局建於蘭州南關，督辦人左宗棠，經辦人賴長，主要製造槍、子彈、火藥等。1880年關閉。
1871年	天津行營製造局建於天津，督辦人李鴻章。
1872年	《瀛寰瑣記》創刊，以刊載詩文爲主，是我國最早的文學刊物。
1872年	繼昌隆繅絲廠建於廣東南海縣，創、督、經辦人陳啓源，商辦雇工六、七百人。
1872年4月	英國人美查在上海創辦《申報》，爲舊中國歷史最久的報紙。
1872年12月	李鴻章奏辦輪船招商局。
1873年	劉熙載作《藝概》，爲其歷年談文論藝的綜合性文藝論著。
1873年	昭文新報館建於漢口，創、督、經辦人艾小梅。
1873年	輪船招商局，創、督、經辦人李鴻章，官督商辦，資本263.8萬兩。
1874年	廣州機器局建於廣州聚賢坊，督辦人瑞麟、劉坤一，經辦人溫子紹。1876年主要造小輪船，1885年主要造火藥、子彈、水雷等，兼修輪船。開辦經費17萬兩。
1874年	招商局同茂船廠建於上海，修理製造船隻，1878年停業出租。
1874年	匯報建於上海，創、督、經辦人容閎、唐廷樞，資本1萬兩，使用手搖印刷機，後改名《匯報》、《益報》，1875年停業。
1875年	廣州火藥局建於廣州增步，督辦人劉坤一，經

辦人潘露。

1875年　山東機器局建於濟南濼口鎮，督辦人丁寶楨，經辦人徐建寅、薛福成。中型規模，主要製造子彈、毛瑟槍等。開辦經費18.6萬兩。

1875年　福建磚茶廠建於福州，創、督、經辦人閩商。

1875年　建昌銅鐵機器廠建於上海，創、督、經辦人林文，獨資，資本200元，修理船舶。

1875年　程桓昌軋花廠建於江蘇奉賢，商辦，資本20.6萬元。

1875年　直隸磁州煤鐵礦，創、督、經辦人李鴻章，官辦，因運輸困難曾中止，1882年重組礦物局，1883年退股停辦。

1876年　臺灣基隆煤礦，創、督、經辦人沈葆楨，官辦，資本195804元。

1876年6月　英商在上海擅築之吳淞鐵路通車，這是外國人在中國建築經營的第一條鐵路。

1877年　四川機器局（成都機器局）建於成都東門，督辦人丁寶楨，經辦人夏音。造槍、炮、子彈、火藥。開辦費7.7萬兩。光緒五年一度停辦。

1877年10月　李鴻章奏辦開平礦物局。

1878年　直隸開平礦物局，創、督、經辦人李鴻章、唐廷樞，官商督辦，資本205萬元，1882年投產。

1878年　上海鋸木廠建於上海。

1878年　貽來華機器磨坊建於天津，創、督、經辦人朱其昂，商辦，使用蒸汽機磨面。

1879年　裕昌厚絲廠建於廣東南海，創、督、經辦人陳植渠，商辦。

1879年	上海機器織布局建於上海，創、督、經辦人鄭觀應等，資本50萬兩，有紡機3.5萬錠，布機530臺，工人4000餘。
1879年	巧明火柴廠建於佛山，創、督、經辦人衛省軒，1908年出兌給人改名爲巧明光記。
19世紀60、70年代以來	除了絲、茶等傳統出口商品以外，原棉、草帽辮、羊毛、烟葉、豆類、豬鬃、皮毯等産品的輸出也大量增加。
1880年	天津電報總局建於天津，創、督、經辦人李鴻章、盛宣懷，官督商辦，資本178700兩。
1880年8月	清政府派吳贊誠駐天津籌辦水師學堂。
1881年	吉林機器局建於吉林，督辦人吳大　，經辦人宋春鰲。先後建成槍廠、子彈廠、火藥廠。1895年經費爲14.75萬兩。1900年被俄軍劫掠一空。
1881年	熱河平泉銅礦，創、督、經辦人李鴻章、朱其詔，官商督辦，資本24萬兩。
1881年	湖北長樂鶴峰銅礦，創、督、經辦人朱季雲，資本約10萬兩。
1881年	合昌機器廠建於上海，創、督、經辦人蕭永祺，商辦，資本3000元，修造船舶。
1881年	公和永機器繅絲廠建於上海，創、督、經辦人黃佐卿，商辦，資本139860元。
1881年6月	唐山胥各莊運煤鐵路建成，"中國火箭號"火車頭首次行駛。

1882年	永昌機器廠建於上海，創、督、經辦人董秋根，合資，資本400元，修造輪船，後造繅絲車，1907年改允昌。
1882年	直隸臨城礦物局，創、督、經辦人紐秉臣，官商督辦，資本139860元，設備簡陋。
1882年	江蘇利國驛煤礦，創、督、經辦人胡國燮、胡碧淳，官督商辦，資本80萬元，規模較大，長期虧蝕。
1882年	熱河承德府三山煤礦，創、督、經辦人李文耀，商辦，資本40萬兩，曾聘用外國礦師。
1882年	湖北施宜銅礦，創、督、經辦人王輝遠，資本40萬兩，1884年虧折停閉。
1882年5月	《字林西報》的中文版《滬報》在上海創刊。
1883年	浙江機器局建於杭州報國寺，督辦人劉秉璋，經辦人王恩咸。主要造子彈、火藥槍。創辦經費10萬兩。
1883年	雲南銅礦（礦物招商同局），官商督辦，資本100萬兩，1890年停採。
1883年	亞記機器廠建於上海。
1883年	源昌機器五金廠建於上海，商辦，資本139860元。
1883年1月	清政府設立沿海滬粵電綫。
1884年	雲南機器局建於昆明承華圃，督辦人岑毓英，經辦人卓維芳。主要製造炮、子彈、火藥。
1884年	永楨祥絲廠建於廣東順德，商辦，資本3萬元。
1884年	怡昌銅鐵鋪，承做銅鐵器等。

1884年	擷華書局建於北京。
1884年	西山煤礦建於北京，官督商辦，1884年使用機器開採。
1884年	坤記繅絲廠建於上海，資本24萬兩，雇工500人。
1884年5月	英商主辦的《點石齋畫報》創刊。
1885年	黃遵憲刊行《日本雜事詩》，並編寫《日本國志》。他晚年所作的《人鏡廬詩草》從理論上明確提出了詩歌自由化傾向的革新主張。
1885年	輪船招商局設立仁和、濟和兩保公司，經營水火保險，這是中國人自辦保險事業的開始。
1885年	廣東槍彈廠建於廣州石井墟，督辦人張之洞，經辦人薛培榕。
1885年	臺灣機器局建於臺北北門外，督辦人劉銘傳，經辦人丁達意。造子彈、火藥。創辦經費10萬兩。
1885年	公茂機器船廠建於上海，修造小輪船。
1886年	貴州青溪鐵礦，官辦，資本30萬兩，後虧損停辦。
1886年	中國機器軋鋼公司建於上海，商辦。
1886年	唐山細棉土廠，創、督、經辦人唐廷樞，官商合辦，資本40萬兩。
1886年	泰和火輪機器粉廠建於上海。
1887年	天津鐵路公司，創、督、經辦人李鴻章，官商合辦，資本1344500兩。
1887年	中西大藥房建於上海，商辦，資本50萬元。

1887年	熱河土槽子、遍地綾銀鉛礦，創、督、經辦人李鴻章、朱其照，官辦，1894年改爲張翼辦理。
1887年	廈門玻璃製造廠建於廈門。
1887年	福州機器西粉廠建於福州。
1887年	北洋織絨硝皮廠建於天津。
1887年	蜚英館石印廠建於上海。
1887年	廣東機器鑄錢局建於廣州，創、督、經辦人張之洞，官辦，職工320人。
1887年8月	張之洞奏辦水陸師學堂各一所。
1888年	鴻文書局建於上海，創、督、經辦人凌佩卿。
1888年	順成機器廠建於上海，製造石印機、小輪船、馬力機器等。
1888年	大昌機器廠建於上海，修造小輪船、繅絲車。
1888年	廣順源車船廠建於上海。
1888年	鴻寶齋石印局建於上海。
1889年	張之洞在武昌創辦湖北織布官局。
1889年	鴻安輪船公司成立，名爲中外合辦，實系華商所有。
1889年	中法藥房建於上海，商辦，資本20萬元。
1889年	漠河金礦建於黑龍江，官辦，資本20萬兩，1900年被俄軍佔領停辦。
1889年	宏遠堂機器造紙公司建於南海，1906年改組。
1889年	上海機器軋鋼廠建於上海。
1889年	廣德昌機器造船行建於上海，修造小輪船。
1890年	中國第一家機器織布局成立。

1890年	漢陽槍炮廠（湖北槍炮廠）建於漢陽大別山下，督辦人張之洞，經辦人蔡錫勇。有槍、炮、鋼、藥等廠。創辦經費70萬兩。
1890年	漢陽鐵廠建於湖北，創、督、經辦人張之洞，官辦，資本5829629兩。
1890年	上海機器織布局建於上海，創、督、經辦人鄭觀應，官商合辦，資本69.93萬元。
1890年	燮昌火柴廠建於上海，商辦，資本29萬元，職工800人，1927年歇業。
1890年	裕盛繅絲廠建於上海，資本20萬兩。
1890年	湖北大冶鐵礦，創、督、經辦人黃秉常、張之洞，官辦。
1890年	史茂恒機器造船廠建於上海，創、督、經辦人史攸鳳，獨資，修造小火輪。
1891年	康有為所著《新學僞經考》刊行。
1891年	上海華興紡織新局建於上海，官商合辦，資本699300元。
1891年	倫章造紙廠建於上海，創、督、經辦人李鴻章，商辦，資本15萬元。
1891年	熾豐機器廠建於上海，修理機器。
1891年	上海源記公司（軋花廠）建於上海，資本20萬兩。
1892年	韓子雲（花也憐儂）創辦《海上奇書》期刊，長篇連載了《海上花列傳》。
1892年	各通商口岸進出口的外輪噸位占到了77.8%。
1892年	湖北織布官局建於武昌，創、督、經辦人張之

洞，官辦，資本1342700元。

1892年	杭州石印廠建於杭州。
1892年	貽來牟機器磨面公司建於通州。
1892年1月	求是學書院創立，1928年改名爲國立浙江大學。
1893年	延昌繅絲廠建於上海，商辦，資本10萬兩。
1893年	北京機器磨坊建於北京，創、督、經辦人李福明。
1894年	張之洞在武昌創辦湖北紡紗官局。
1894年	進口洋針的數量達到了平均全國每人六七根，在28年中增加了10倍以上；而火柴進口則增長了80多倍。
1894年	陝西機器廠建於西安風火洞，督辦人鹿傳霖。
1894年	朱鴻度在上海創辦上海裕源紗廠。資金爲118.88萬元。擁有紗錠25000枚。
1894年	嚴信厚在寧波創辦通久源紗廠，資本與經費爲30萬兩。
1894年	張之洞在武昌成立湖北繅絲局，是爲官辦，開創經費爲47萬兩。
1894年後	汪笑儂與陳去病等一起創辦戲劇雜誌《二十世紀大舞臺》。《哭祖廟》（京劇）爲汪之代表作，借古諷今，影射時政。
1895年	張謇籌建通州紗廠即大生紗廠，官商合辦。
1895年	張振勛在烟臺創辦張裕釀酒公司，是爲官辦，資本在200萬元。
1895年	馬眉叙於上海創辦信昌繅絲公司，是爲商辦，資本爲37500元。
1895年	張謇於南通創辦大生鐵廠，商辦，資本及經費

	爲548萬元。
1895年4月	《馬關條約》簽訂，其中增開沙市、重慶、蘇州、杭州四個通商口岸。並規定允許日本在中國通商口岸設立工廠，產品運銷內地時，按進口貨納稅。
1895年8月	康有爲在北京創辦《萬國公報》（後改爲《中外紀聞》）。
1895年10月	天津中西學堂（北洋西學堂）開學。
1896年	嚴復譯英人赫胥黎《天演論》。
1896年	西南交通大學建立，其前身是山海關北洋鐵路官學堂。這是我國最早的工科大學之一。
1896年	交通大學在上海成立，解放後，遷往西安，名西安交通大學。
1896年1月	康有爲在上海創辦《強學報》，用孔子紀年。
1896年2月	夏瑞芳等於上海創辦商務印書館。
1896年3月	清政府建立郵政，任命英國人赫德爲總郵政司。
1896年4月	盛宣懷在上海徐家匯開辦南洋公學，此爲上海交通大學的前身。
1896年8月	《時務報》創刊，梁啓超任主編，該報爲"文界革命"之主要陣地，進行散文革新，反對桐城古文、經學古文。
1896年8月	中國第一次放映電影（法國無聲電影）。
1897年	梁啓超發起南學會，出版《湘學報》。
1897年	上海設立中國通商銀行，這是中國第一家銀行，是中國商辦銀行的開始。
1897年	南京成立江南銅元局，開辦費爲122萬兩。

1897年4月	康有爲等發起組織聖學會，出版《廣仁報》。
1897年10月	嚴復、夏曾佑等在天津創辦《國聞報》（日報）。
1898年	怡和洋行與上海電氣電車公司的買辦祝大春於1898年開始投資近代工業，至1913年，資本共計約235萬元。
1898年	江西子彈廠建於南昌，督辦人翁曾桂。日產子彈80顆。開辦經費42000兩。
1898年	張之洞在武昌成立湖北紡紗官局，爲官辦，開辦費110萬兩。
1898年1月	康有爲作《孔子改制考》序文，爲其鼓吹變法的重要著作之一。
1898年5月	《中外日報》、《時務日報》在上海創刊。
1898年6月	維新派婦女團體女學會在上海創辦中國女學會書塾，這是中國近代第一所自辦女校。
1898年6月	清廷詔令各省城成立商務局。
1898年7月	光緒帝詔會成立京師大學堂，爲北京大學前身。
1898年8月	清政府在北京設農工商總局、礦物鐵路總局。
1898年12月	梁啓超在日本橫濱創辦《清議報》，這是戊戌變法失敗後維新派的主要刊物。
1899年	梁啓超在《夏威夷遊記》中，正式提出"詩界革命"、"文界革命"。
1899年	河南機器局建於開封，督辦人劉樹棠。造火藥、槍、彈。
1901年	私立東吳大學在蘇州創立，該校爲解放前國內8所教會大學之一。
1901年	天津成立郭天成機器廠，商辦。

1901年6月	沈翔雲、秦力等在東京創辦《國民報》（月刊）。
1902年2月	梁啓超在日本橫濱創辦《新民叢報》，爲保皇黨人機關報。"新文體"的最後完成，以梁啓超從《時務報》到《新民叢報》時期所發表的大量散文爲重要標誌。
1902年4月	蔡元培、蔣智由等在上海發起成立"中國教育會"。
1902年6月	《大公報》在天津創刊。
1902年11月	上海南洋公學抗議校方壓制言論自由，中國教育會設立愛國學社。
1902年12月	京師大學堂開學。
1902年	梁啓超於《論小説與群治之關係》提出"小説界革命"。
1902年	梁啓超提出"小説界革命"，"戲劇改良"等文學改良口號。
1902年	榮德生兄弟與官僚朱仲甫合作於無錫創辦保興麵粉廠，1903年改名茂新。
1902年	黃恩永在天津成立北洋烟草公司，官商合辦，資本6.5萬兩。
1903年3月	愛國天主教徒馬相伯在上海徐家匯開辦震旦大學院。
1903年12月	蔡元培、王小徐等在上海組織對俄同志會，出版《俄事警聞》。
1903年	吳沃堯著《二十年目睹之怪現狀》。
1903年	劉鶚開始寫《老殘遊記》。
1903年	清政府派載振出洋考察各國工商企業，歸國後

奏請設立商部。同時設立注册局，擬訂商法。
這使得工商業者及其舉辦的公私企業得到政府
的正式承認。

1903年　　張謇在南通成立南通大隆油皂公司。

1904年　　德州北洋機器局設立。

1904年　　戶部奏准在北京設立戶部銀行（後改爲大清銀
行），這是中國第一家國家銀行。

1904年　　大規模的抵制洋貨運動開始。

1904年　　清政府頒布《商標注册試辦章程》，這雖然主
要是爲帝國主義服務的，但商標的推廣有利於
商品宣傳，並逐漸養成了人們認牌購貨的習
慣，對商店改進商業服務起了促進作用。

1904年　　北洋機器局建於德州，督辦人袁世凱。

1904年　　裕昌繅絲廠在無錫創建，創辦人爲周延弼。

1905年8月　近代中國自辦的第一份外文報紙——《南方報》
在上海創刊。

1905年9月　清政府決定自明年起廢除科舉。

1905年9月　商部顧問張謇、四品卿銜湯壽潛等奏準創設上
海大達輪步股份有限公司，資本100萬兩。

1905年11月　同盟會機關報《民報》在日本東京創刊。

1905年11月　祝大椿等在上海創設公益機器紡織股份有限公
司，集股本100萬元，是日商部批准立案。

1905年　　柳亞子、陳去病等南社詩人創辦《二十世紀大
舞臺》，使得京劇和地方戲空前活躍。

1905年　　三江師範學堂改爲兩江師範學堂，爲南京大學
前身。

1905年	北京豐泰照相館攝制京劇《定軍山》選段，是爲中國能拍攝的第一部電影。
1905年	李伯元著《官場現形記》，暴露了晚清官場的黑暗。
1905年	由四省九家火柴廠組成的華洋統銷公司成立。
1905－1908年	共設水電廠二十多家，其中武昌水電廠資本達279.7萬元。
1906年4月	京漢鐵路全綫通車。
1906年12月	《中國女報》創刊。秋瑾主編。
1906年	華僑簡照南等創辦南洋兄弟烟草公司於香港，資本十萬元，這是華僑經營近代工業的一個成功典型。
1906年	周學熙創辦啓新洋灰廠於唐山，官商合辦，資本100萬元。
1907年1月	曾樸《孽海花》發表。
1907年6月	中國留日學生歐陽予倩等在東京本鄉園公演《黑奴吁天錄》。
1907年9月	吉林巡撫朱家寶在松花江上創辦吉林官輪局。
1907年	同濟德文醫學校建立，1927年改爲同濟大學。
1907年	張謇等辦崇明大生二廠。
1907年	川江輪船公司於四川創辦，官商合辦。
1908年3月	漢冶萍鐵廠礦股份有限公司在農工商部注册。
1908年3月	上海公共租界有軌電車通車，這是中國城市建設電車交通之始。
1908年7月	清政府改户部銀行爲大清銀行，是中國最早設立的官辦銀行。

1908年	寧波商人創辦寧紹商輪公司。
1909年1月	滬寧鐵路建成。
1909年5月	于右任等在上海創辦《民呼日報》。
1909年8月	商辦浙江鐵路杭嘉綫告成。
1909年9月	我國自行設計、建築的京張鐵路全綫通車。
1909年11月	陳去病、高旭、柳亞子等在蘇州虎丘成立進步文學團體"南社"。
1910年10月	于右任等在上海創辦《民立報》。
1911年1月	廣州將軍兼署兩廣總督增祺奏准香洲自闢商埠，定爲無稅口岸。
1911年4月	外務部奏准游美肄業館改名清華學堂。
1911年4月	郵傳部奏准在吳淞創設商船學校。
1911年5月	《時事新報》在上海創刊。
1911年5月	清政府批准郵傳部奏議，確定鐵路政策。
1911年5月	廣州《南越報》開始連載黃小配的《五日風聲》，這是目前所知的中國最早的報告文學。
1911年6月	中央教育會成立。
1911年9月	郵傳部奏准，審定商辦輪船招商局股份有限公司章程並改良辦法。
1911年10月	胡石庵主編《大漢報》在漢口創刊。同日，《民國日報》在漢創刊。
1911年11月	安（東）奉（天）鐵路全綫通車。
1911年11月	中華銀行在上海開業，滬軍政府創辦，資本500萬元，官商各半。
1911年12月	江蘇軍政府將江蘇官銀號改組爲江蘇銀行，資本總額100萬元。總行設蘇州，另在上海、常

	州、無錫等地設分行。
1911年	清華學堂建立，1928年改爲國立清華大學。
1911年	陝西皮革廠建於西安，經辦人薛麟伯。1911年改爲陸軍皮革廠，出品多爲軍用品。
1911年前	林紓譯《巴黎茶花女遺事》等表現對封建制度的不滿；《黑奴吁天錄》等表達反帝愛國熱情；《〈華鐵盧戰火餘腥記〉》等體現倡科學、重民主因素。
1912年1月	中華書局在上海開業，創辦人爲陸費逵等，資本2.5萬元，各地設分局30餘處。
1912年1月	大清銀行改爲中國銀行，吳鼎昌爲監督。2月5日，該行在上海正式開業。
1912年2月	民社總部機關報《民聲日報》在上海創刊。
1912年2月	上海總商會正式成立，原商務總會宣布取消。
1912年3月	《民權報》在上海創刊。
1912年6月	高翀主編《真相畫報》在上海創刊，共出17期，次年3月停刊。
1912年6月	津浦鐵路北段通車。
1912年8月	中國銀行在北京開幕，資本3000萬元。
1912年9月	章士釗主編《獨立周報》在上海創刊。
1912年10月	津浦鐵路濟南以北黃河鐵橋竣工，全長1244米。
1912年10月	吉長鐵路全綫通車。
1912年12月	梁啓超在天津創辦《庸言報》半月刊。
1912年	陝西製革廠成立，其前身是陝西紗廠。
1913年1月	津浦鐵路全綫通車，全長1009公里。
1913年1月	中國社會黨上海支部機關刊物《人道周報》創

刊。

1913年2月	馮國璋、吳景濂等創辦民富漁業股份有限公司，資本100萬元。總公司設天津，分公司設北京、保定、奉天等11處。
1913年2月	國民黨汕頭支部機關報《大風日報》創刊。
1913年2月	中華民國蠶絲總會在北京成立，陶昌善爲會長。
1913年2月	《晨旦》月刊在北京創刊，趙管侯、李夢林編輯。
1913年3月	山東銀行成立，資本總額定爲500萬元，總行設濟南。
1913年3月	《不忍》月刊在上海創刊，康有爲作序。
1913年4月	國立大學在北京開學，黃興繼宋教仁爲校長。是年秋，該校與吳淞中國公學合併，更名爲私立中國公學大學部。
1913年4月	工商總廠劉揆一同英商薛福草簽500萬借款合同，以東北礦産爲擔保，用於漢冶萍公司收歸國有並創辦鋼鐵廠。
1913年5月	《中華實業叢報》在上海創刊，專事鼓吹實業救國。
1913年5月	中華實業銀行在上海開業，資本總額600萬元，實收四成，總行設上海，分行設新加坡。
1913年5月	國民黨上海交通部機關報刊物《國民月刊》創刊。
1913年6月	陳少白在廣州創立粵航股份有限公司，承辦輪船運送業務，總公司設於廣州，分公司設於香港，資本銀100萬元。

1913年8月	中日興業公司總會在東京成立，資本500萬日元，中日各半。
1913年8月	劉師復主編《晦鳴錄》在廣州創刊，宣傳無政府主義。
1913年10月	《新上海報》在上海創刊，由朱恨夢編輯。
1913－1921年	共有123家麵粉廠成立，資本總額約4000萬元。
1914年1月	《中華實業界》、《中華小説界》於上海創刊，由中華書局編輯發行。
1914年3月	北京航空學校飛機三架首次自南苑至保定試飛成功。
1914年4月	伍廷芳、唐紹儀等在上海創辦金星保險股份有限公司，資本百萬，總公司設上海，於國内各大城市設分公司。
1914年5月	楊雲峰等集資30萬元，在吉林省城開辦"裕順火磨公司"。
1914年5月	周肇昌、王敏公等集資250萬元，在湖北沙市設立績成紡紗股份有限公司。
1914年5月	梁士詒創辦通惠實業公司。
1914年6月	樂汝成等在山東濟南創辦秦康罐頭食品公司，資本僅5000元，至1918年產品遍銷山東及平津等地。1921年在上海設批發所，1923年設總廠，資本增至15萬元，1933年增至50萬元。
1914年8月	劉長萌於浙江長興創辦長興煤礦，1918年3月與朱葆三、劉萬青組織股份有限公司，資本150萬元，總店設上海。
1914年9月	范旭東在天津寧河縣創辦久大精鹽公司，爲我

	國精鹽業之始。初時資本僅5萬元，未及10年資本增至250萬元，總店設天津，支店遍及國內各大城市。
1914年9月	周慶雲在浙江杭縣創辦虎林絲織股份有限公司，資本30萬元。
1914年10月	中國、交通兩銀行籌集資本100萬元設立新華儲蓄銀行，總行設北京，發行儲蓄券。
1914年10月	郭福林等集資20萬元在璦琿開設永濟麵粉有限公司，兼營電燈業。
1914年10月	高懿丞在杭州創辦鼎新紡織公司，資本20萬元。
1914年12月	泰隆機器麵粉廠創辦於江蘇無錫，資本20萬元。1916年由茂新麵粉廠租用，改稱茂新三廠。
1914年12月	虞洽卿在上海創辦三北輪埠股份有限公司，資本20萬元，初僅輪船一艘。1918年資本增至100萬元。1919年增至200萬元。1936年擁有輪船20艘。
1914年	塘沽久大精鹽股份有限公司成立，爲中國首家民族資本的精鹽製造企業，1922年，資本爲210萬元。
1914年	麓山玻璃公司建於湖南。
1914年	榮氏兄弟在上海建立福新三廠，資本15萬元。
1914－1920年	共設立火柴廠65家，資本額達330萬元。
1915年1月	奉天本溪湖煤礦公司製鐵所於1913年興工，1914年12月竣工，是日開始生產，日産生鐵130噸。
1915年1月	《科學》雜誌在上海創刊，中國科學社主編。

該刊以"傳播世界最新科學知識爲宗旨"。

1915年3月	鹽業銀行開業，資本500萬元，官股200萬元，商股300萬元，總行設北京，張鎮芳爲經理。
1915年6月	北京政府自闢江蘇浦口爲商埠。
1915年6月	穆藕初等所辦之上海德大紗廠正式開工，工人500名。後於1925年售與申新紡織公司，改爲申新五廠。
1915年7月	民國三年度（1914年8月—1915年7月）統計，全國大專院校共102所，其中：大學7所，學生730人；專科學校95所，學生31346人；中學784所，學生82778人；師範學校231所，學生26679人；職業學校82所，學生9600人；小學121081所，學生3921727人。
1915年8月	《小說大觀》在上海創刊，包天笑編輯。
1915年9月	陳獨秀在上海創辦《青年雜誌》月刊，1916年9月，第2卷起，改名爲《新青年》。
1915年9月	長沙《大公報》創刊，李抱一、張秋塵任總編輯。
1915年10月	周學熙等爲興辦農工商實業，集資銀500萬元組織通惠實業股份有限公司，是日成立，設總公司於北京，上海、漢口設分公司。
1915年11月	中和煤礦股份有限公司成立，資本60萬元，生產烟煤焦碳。
1915年11月	錢潤清創辦蒙古製碱股份有限公司，資本20萬元，本店設張家口，支店設北京。
1915年	中國郵船公司建立，商辦，1918年共有3只萬噸

郵輪，是華商自辦公司中發展最快的。

1915年	賈汪煤礦公司建立，資本200萬元。
1915－1922年	僅上海就開設新式烟廠56家。
1916年1月	北京環城鐵路竣工，正式通車。
1916年1月	葉友才等在上海開設"花生電器廠"，初造小件電器用品，嗣後增資製造各種電風扇和電動機。
1916年1月	《民國日報》在上海創刊。
1916年2月	虞阰霞等在上海創立三友實業社股份有限公司，機器製造棉綾、燭芯，資本銀3萬元。
1916年3月	上海興華銀行開幕，資本100萬元。
1916年6月	厚生紗廠在滬建成，穆藕初、薛寶潤創辦，資本120萬兩，紗錠1.6萬枚。
1916年6月	李樵石、鈴木敬親等在天津中和人壽保險股份有限公司，資本銀100萬元。
1916年7月	榮宗敬、丁梓仁於上海創辦福新第四麵粉廠，資本12萬元。
1916年7月	倪德修在哈爾濱開設東興實業有限公司，生產肥皂、蠟燭、牙粉等，資本80萬盧布。
1916年8月	《晨鐘報》於北京創刊，李大釗爲總編輯。該報爲憲法研究會機關報。
1916年8月	榮宗敬、榮德生在上海創辦申新紡織無限公司，1917年改稱申新一廠。
1916年8月	姚東彥等在天津創辦華新紡織公司，先後在天津、通縣等地設廠。
1916年9月	祝大椿發起組織中國電業公司聯合會，是日在

	上海開成立會，祝任會長。
1916年9月	郭子彬等在上海創辦鴻裕紡織公司，1918年爲永安公司收買，稱利永安第三廠。
1916年9月	李大釗《青春》發表於《新青年》第2卷第1號。
1916年10月	中國棉業聯合會在滬成立。
1916年10月	蔡元培、吳稚暉等在北京發起成立國語研究會，主張"言文一致"、"國語統一"。
1916年11月	《新申報》在上海出版，由席裕福創辦。
1916年12月	滬杭、滬寧兩鐵路接軌通車。12日授票營業。
1916年12月	張益亭、張行五在哈爾濱開辦"廣源盛麵粉無限公司"，資本25萬元。
1916年12月	周緝之、周志輔等在無錫創辦廣勤紡織股份有限公司，資本銀70萬兩。
1916年	郭樂、郭順兄弟創設永安紡織公司；榮宗敬創立申新紡織總公司。
1916年	河南鞏縣兵工廠建於河南鞏縣孝義鎮，經辦人薩鎮冰。有彈炮廠、槍廠等。
1916年	陳寶善與人合伙在上海建立陳熾新機器廠。
1916年	何耀堂獨資在上海興辦錦昌機器廠。
1916年	上海成立源利機器廠。
1916年	福州成立國華火柴廠，資本5000元。
1917年1月	楊翰西、周學熙在無錫創辦廣勤紡織公司，資本100萬元。
1917年1月	司法部公布北京朝陽大學、中華大學、明德大學、中國公學大學部、中央政法專門學校、化石橋法政專門學校爲審核認可之私立大學。

1917年1月	京師圖書館（位於安定門大街方家胡同）開幕。
1917年1月	胡適《文學改良芻議》發表於《新青年》第2卷第5號。
1917年1月	蔡元培就任北京大學校長。
1917年1月	陳獨秀被任命爲北京大學文科學長，《新青年》隨之遷京。
1917年2月	祝大椿在上海創設恒昌源紡織有限公司。
1917年2月	陳獨秀《文學革命論》發表於《新青年》第2卷第6號。
1917年3月	榮宗敬、祝大椿、劉伯森發起組織之華商紗廠聯合會在滬成立。華商紗廠代表會議致電北京政府，請堅拒日本之棉花免稅。
1917年3月	柳亞子編《南社小説集》由上海文明書局出版。
1917年4月	華寶、謙記煤礦公司創設於天津，經營山東泰安礦區，資本100萬元。
1917年6月	薛寶潤等在上海創設厚生紡織股份有限公司，資本銀12萬兩。
1917年9月	劉蕭穎、劉嘯鏞在天津創立東方實業建築無限公司，承辦建築工程，資本銀50萬兩。
1917年10月	范旭東在天津創辦永利製碱股份有限公司，資本40萬元，後增至1100萬元。
1917年11月	陸伯鴻、朱葆三在上海創辦和興鋼鐵廠，資本銀50萬兩。
1917年12月	王秉銓創設哈爾濱安裕麵粉無限公司，資本30萬元。
1917年12月	《申報》副刊編輯、鴛鴦蝴蝶派文人王晦鈍爲

	《中國黑幕大觀》作序提倡黑幕小説。
1917年	私立齊魯大學在濟南建立。該校由山東廣文學校、濟南共和醫道學校、青州神道學校三校合併而成，設文、理、醫三學院。
1917年	王郅隆在天津創設裕元織廠，資本200萬元。
1917年	梁秩生等在上海創設中國興華製麵公司，資本6萬元。1922年，資本擴大至100萬元。
1917年	周瘦鵑編《歐美名家小説叢刊》由中華書局出版。
1917年	廣東南洋兄弟樹膠公司設立，資本20萬元。至1921年，廣州全市橡膠工廠多至20餘家。
1917年	東北成立同聚祥油房，資本10萬元。
1917年	天津成立華北製革廠，資本5000元。
1917年	保陽火柴廠建於清苑，資本10萬元。
1917年	山西建立陽泉鐵廠，資本50萬元，月產熟鐵15－16噸。
1917年	徐賓貴於上海建立一新機器船廠。
1918年1月	《新青年》第4卷第1號出版。從這一號開始，改用白話與新式標點符號。
1918年2月	王郅隆等創辦丹華火柴股份有限公司，資本120萬元。
1918年2月	北京大學歌謠研究會成立，發起徵集全國民間歌謠。
1918年3月	虞洽卿在上海創辦三北輪埠股份有限公司，資本100萬元。
1918年3月	王郅隆在北京開設丹華火柴股份有限公司，資

本200萬元。

1918年3月	劉半農《奉答王敬軒先生》發表於《新青年》第4卷第3號。
1918年3月	上海《時事新報》副刊《學燈》創刊。
1918年3月	《新青年》第4卷第3號同期刊出王敬軒（錢玄同化名）《給〈新青年〉編者和劉半農〈復王敬軒書〉》。
1918年3月15日	胡適在北京大學文科研究所作《論短篇小說》講演，講稿發表於同年5月《新青年》第4卷第5號。
1918年4月	陳獨秀《隨感錄一》發表於《新青年》第4卷第4號。
1918年4月	《新青年》第4卷第4號闢《隨感錄》專欄。
1918年4月	胡適《建設的文學革命論》發表於《新青年》第4卷第4號。
1918年5月	裕津製革股份有限公司在天津成立，資本100萬元。
1918年5月	魯迅《狂人日記》發表於《新青年》第4卷第5號。
1918年6月	《新青年》第4卷第6號《易卜生專號》出版，其中發表了胡適的論文《易卜生主義》。
1918年6月	羅家倫、胡適合作翻譯的易卜生的《娜拉》發表於《新青年》。
1918年8月	章錫琛等在上海創辦開明書店。
1918年8月	魯迅《我之節烈觀》發表於《新青年》第5卷第2號。

1918年8月	陳獨秀《偶像破壞論》發表於《新青年》第5卷第2號。
1918年9月	魯迅《隨感錄二十五》發表於《新青年》第5卷第3號。
1918年10月	《京報》創刊出版，該報爲北京新聞編譯處主任邵飄萍主辦。
1918年10月	耀濱慶記電燈股份有限公司在哈爾濱成立，資本50萬元。
1918年10月	劉半農作《作揖主義》發表於《新青年》第5卷第4號。
1918年10月	北京大學新潮社成立。
1918年10月	《新青年》第5卷第4號出"戲劇改良專號"，刊登胡適、傅斯年、歐陽愚倩等人討論改良戲劇的文章。
1918年11月	周學熙、楊味雲等在天津創辦華新紡織公司，資本200萬元。
1918年11月	周作人《論中國舊戲之應廢》發表於《新青年》第5卷第5號。
1918年12月	呂文會於山東博山創辦博山電燈有限股份公司，資本50萬元。
1918年12月	陳文鑑於上海創辦中國興葉烟草公司，資本20萬元。
1918年12月	陳獨秀、李大釗等在北京創辦《每周評論》，宣傳新文化新思想。
1918年12月	周作人《人的文學》發表於《新青年》第5卷第6號。

1918年　　　　　謝子楠創立中華第一針織廠，規模最大。

1918年　　　　　范旭東創辦天津永利鹼廠，資本200萬銀元。

1918年　　　　　上海成立振華油漆公司，資本20萬元。

1918年　　　　　上海成立碾米業，共三十家。

1918年　　　　　久利造紙廠在河南成立，資本50萬元。

1918年　　　　　冠生園煤礦創建，資本500萬元。

1918年11月1日　李大釗以《庶民的勝利》爲題發表演講。同月，
　　　　　　　　又撰《布爾什維主義的勝利》。兩文同時發表於
　　　　　　　　《新青年》第5卷第5號。

1919年1月　　　《新青年》第6卷第1號以《黑幕書》爲題，發
　　　　　　　　表宋雲彬致錢玄同信以及錢的復信，發起批判
　　　　　　　　黑幕小說。

1919年1月　　　錢玄同《隨感錄四十四》、《隨感錄四十五》
　　　　　　　　發表於《新青年》第6卷第1號。

1919年1月　　　李大釗《新紀元》發表於《每周評論》第3號。

1919年1月　　　《新潮》月刊創刊，羅家倫、傅斯年等主編。

1919年1月　　　周作人《論黑幕》發表於《每周評論》第4號。

1919年2月17日　林紓《荊生》發表於《新申報》，連載至18日；
　　　　　　　　3月19－20日，又在該報發表《妖夢》。

1919年3月　　　劉師培、黃侃等編《國故》月刊創刊。

1919年3月　　　胡適《終生大事》（獨幕劇）發表於《新青年》
　　　　　　　　第6卷第3號。

1919年3月4日　李大釗《新舊思潮之激戰》發表於《晨報》，
　　　　　　　　連載至5日。

1919年3月18日　林紓在北京《公言報》發表《致蔡鶴卿太史
　　　　　　　　書》。

1919年3月29日	察哈爾龍烟鐵礦（今屬河北省）公司成立，官股128萬元，商股212萬元，日煉生鐵200噸。
1919年4月	《孔乙己》發表於《新青年》第6卷第4號，收入《吶喊》集。
1919年5月	《新青年》第5卷第6號《馬克思主義研究》出版。李大釗在本期發表《我的馬克思主義觀》。
1919年6月	上海《民國日報》增闢《覺悟》副刊。
1919年7月	胡適在《每周評論》第31期發表《多研究些問題，少談些主義》。此後，李大釗等人對此文展開批評，形成了"問題與主義"的論戰。
1919年7月	毛澤東在長沙創辦《湘江評論》（周刊）。
1919年7月	周恩來主編的《天津學生聯合會會報》創刊。
1919年7月	胡適在《每周評論》第31期發表《多研究些問題，少談些主義》。此後，李大釗等人對此文展開批評，形成了"問題與主義"的論戰。
1919年8月	梁士詒等創設中華銀公司，集資1000萬元，設總事務所於北京。
1919年9月	天津南開學校增設大學部，是月正式開學，由張伯苓任校長，此爲南開大學創立之始。
1919年9月	穆杼齋、陳悅周等九人在上海創辦恒大沙廠，資本總額50萬元。
1919年10月	中日合資在哈爾濱開辦中東製材股份有限公司，資本50萬日元，中日各半。
1919年10月	大中華紡織公司在上海成立，聶雲臺發起，股本銀90萬兩。

1919年12月	李大釗《什麼是新文學》發表於成都《星期日》周刊"社會問題"號。
1919年	北京協和醫學院創辦，1979年改名爲中國首都醫科大學。
1919年	上海麵粉交易所成立。
1919年	榮氏兄弟建福新七廠，資本210萬元。
1919年	華興造紙公司建於濟南，資本100萬元。
1919年	無錫工藝機器廠建於無錫，資本2萬元。
1919年	上海成立合興機器廠，以製造輪船爲主。
1920年1月20日	《秦鐘》月刊創刊於北京。
1920年1月	沈雁冰《小說新潮欄宣言》發表於《小說月報》第11卷第1號。鼓吹介紹外國文學思潮。
1920年1月	上海共產主義小組創辦《共產黨》月刊。
1920年1月	郭沫若《鳳凰涅磐》發表於《學燈》副刊。
1920年2月	北京大學開始招收女生，此爲中國大學教育男女同校之始。
1920年3月	李大釗在北京大學發起組織馬克思學說研究會。
1920年3月	胡適《嘗試集》由上海亞東圖書館出版。爲早期白話詩代表。
1920年4月	蘇州儲蓄銀行總行是日開業，資本50萬元，專營普通儲蓄及有獎儲蓄。
1920年4月	陳望道翻譯的《共產黨宣言》第一本中文全譯本在上海社會主義研究社出版。
1920年8月	上海共產主義小組出版《勞動界》。
1920年9月	魯迅《風波》發表於《新青年》第8卷第1號。
1920年9月	陳衡哲《小雨點》發表於《新青年》第8卷第1

號。

1920年10月	新加坡華僑陳嘉庚，認捐400萬元創辦廈門大學，聘請黃炎培、余日章等七人爲籌備委員。
1920年10月	《勞動者》創刊。
1920年10月	英國哲學家羅素來華講學，研究系張樂蓀、梁啓超藉此在《改造》雜誌上鼓吹基爾特社會主義。
1920年11月	上海共産主義小組秘密刊物《共産黨》月刊出版，李達任主編。
1920年12月	天津大豐機器麵粉有限公司設立，資本銀80萬元。
1920年12月	《新青年》第8卷第4號出版。該號闢有《社會主義討論》專欄，批判基爾特社會主義，掀起社會主義問題討論。
1920年	上海設立下列企業：莫觴清創辦美亞織綢廠；劉鴻生、朱葆三創辦上海華商水泥公司；葉吉甫創辦益豐搪瓷廠；吳麟書、胡耀廷、邵聲淘創辦統益紗廠；吳麟書等創辦大豐紡織公司；黃鴻鈞等創辦中國內衣染織廠；劉柏森等創辦寶源造紙廠；榮宗敬、榮德生在上海創辦福新麵粉七、八廠，又在漢口創辦申新紡織四廠。
1920年	吳麟書等人創立大豐紡織公司與統益紗廠。
1921年1月	周善培、朱慶瀾等集資150萬元，在江蘇鹽城縣創辦秦和鹽墾股份有限公司。
1921年1月	傅紫庭、胡養新等集資30萬元，在江西九江創辦利豐麵粉股份有限公司。

1921年1月	龔心湛、傅增湘等集資25萬元，在山東烟臺創辦通益精鹽股份有限公司。
1921年1月	王統照《沉思》發表於《小説月報》第12卷第1號。
1921年1月	許地山《命命鳥》發表於《小説月報》第12卷第1號。
1921年1月	革新後的《小説月報》第12卷第1號出版。這一期由沈雁冰主編。
1921年1月4日	文學研究會在北京中央公園召開成立會，發起人有鄭振鐸、葉紹均、沈雁冰、王統照、許地山、耿濟之、周作人、郭紹虞等十人。
1921年2月0日	陳子彝等創辦上海雜糧油餅交易所，資本200萬元。
1921年3月0日	姚錫丹等在崇明創辦大通紡織公司，資本64萬元。
1921年3月	沈雁冰、鄭振鐸、歐陽予倩、陳大悲、汪仲賢等十三人在上海發起組織民眾戲劇社，提倡"愛美劇"。同年，上海戲劇協社成立。
1921年3月	史量才等在上海創辦民生紗廠，資本50萬兩。
1921年3月	張東甫等集資40萬元創辦東興鹽墾股份有限公司。
1921年3月	沈雁冰、鄭振鐸、陳大悲、歐陽予倩、熊佛西等發起成立民眾戲劇社，五月創辦了《戲劇》月刊，這是以新的形式最早出現的一個專門性戲劇雜誌。
1921年4月	南洋華僑陳嘉庚創辦廈門大學。

1921年4月	葉恭綽在熱河朝陽（今遼寧朝陽）創辦北票煤礦公司，資本500萬元。
1921年4月	廖仲和等集資120萬元在廈門創辦廈門商業銀行。
1921年4月	冰心《超人》發表於《小說月報》第12卷第4號。
1921年4月	許地山《商人婦》發表於《小說月報》第12卷第4號。
1921年6月	唐保謙等在無錫創辦慶豐紗廠，資本80萬元。
1921年6月	龔心銘等集資30萬元創辦祥新機器麵粉股份有限公司。
1921年6月	陳獨秀《下品的無政府》、《青年的誤會》、《反抗輿論的勇氣》發表於《新青年》第9卷第2號。
1921年7月	榮宗敬、穆藕初等創辦上海華商紗布交易所。1936、37年間，紗花交易達於高潮。
1921年7月	北京工人周刊社出版《工人周刊》。
1921年7月	陳儀、黃潮初等在上海創辦通益信託公司。
1921年7月	郭沫若、成仿吾、郁達夫、田漢、鄭伯奇、張資平等組成的創造社在日本成立。
1921年8月	郎損（沈雁冰）《評四五六月的創作》（評論）發表於《小說月報》第12卷第8號。
1921年8月	郭沫若《女神》由泰東書局出版。
1921年9月	南京東南大學正式成立，是月開學，設文理、教育、農、工四科於南京，設商科於上海。
1921年9月	人民出版社在上海成立。
1921年10月	郁達夫《沉淪》集由泰東書局出版。

1921年10月	徐保三、王啓宇等在上海創辦振泰紗廠，資本10萬兩。
1921年10月	錢琳叔、於謹懷等創辦常州紡織公司，資本60萬元。
1921年10月12日	《晨報》第7版獨立印行，定名爲《晨報副刊》。
1921年11月0日	上海金業公會改組爲上海金業交易所，實收資本150萬元。
1921年11月0日	方壽頤、薛醴泉等發起創辦豫康紗廠，設無錫，資本80萬元。
1921年12月4日	魯迅《阿Q正傳》開始在《晨報副刊》連載，至1922年2月12日刊完。
1921年12月0日	榮宗敬、榮德生在無錫集股創辦申新紡織公司第三廠。
1921年12月0日	潮州商人陳玉亭等在上海創辦偉通紡織公司，資本120萬元。
1921年12月0日	穆杼齋、穆藕初等在上海創辦恒大紗廠，資本50萬元。
1921年	愛國華僑陳嘉庚創辦廈門大學。
1921年	聶雲臺創立華豐紡織公司。
1922年1月	吳宓等辦《學衡》創刊。
1922年1月	謝六逸《西洋小説發達史》連載於《小説月報》第13卷第1號至第11號。
1922年1月	葉聖陶、俞平伯、朱自清等主持《詩》月刊創刊。
1922年2月	天津裕大紡織有限公司成立，資本300萬元。
1922年2月	湘省第一紡織廠成立，資本280萬元。

1922年2月	許地山《綴網勞蛛》發表於《小說月報》第13卷第2號。
1922年3月	漢口申新第四紡織廠成立,資本100萬元。
1922年3月	余平伯《冬夜》集由亞東圖書館出版。
1922年3月	葉聖陶《隔膜》集由商務印書館出版。
1922年4月	大業實業銀行股份有限公司成立,股本銀100萬元,設於江蘇常熟。
1922年4月	武昌裕華紡織公司成立,資本156萬兩。
1922年4月	馮雪峰、莊修人、潘漠華、汪靜之等在杭州組織湖畔詩社,出版《湖畔》詩集。
1922年4月	許地山《空山靈雨》連載於《小說月報》第13卷第4至第8號。
1922年4月	馮雪峰、莊修人、潘漠華、汪靜之等在杭州組織湖畔詩社,出版《湖畔》詩集。
1922年5月	張資平《冲擊期化石》由泰東圖書局出版。
1922年5月	胡適主辦《努力周報》創刊。
1922年6月	郭沫若、成仿吾、郁達夫主編之《創造》季刊在上海創刊。
1922年6月	文學研究會詩人朱自清、周作人、徐玉諾、郭紹虞、葉紹均、劉延陵、鄭振鐸合集《雪朝》由商務印書館出版。
1922年7月	大中華興業公司上海分行開幕。
1922年8月	大興紡織有限公司在石家莊成立,資本210萬元。
1922年9月	中國共產黨機關報《向導》(周報)創刊。
1922年11月	遼寧紡織廠成立,資本奉洋450萬元。
1922年11月	蒲伯英出資在北平創辦人藝戲劇專門學校。

1922年12月	志信林業股份有限公司成立，股本16萬元。
1922年	大同同寶煤礦公司成立，資本300萬元。
1922年	東三省烟公司成立，資本100萬元。
1922年	邵聲濤創辦崇信紗廠。
1922年	全國民間資本紡織工廠，由戰前11家增至64家。
1923年1月	胡適創辦《國學季刊》，發起整理國故運動。
1923年1月	冰心《繁星》由商務印書館出版。
1923年2月	吉林天圖（鐵路）公司在延吉龍井村成立，以開辦自天寶至圖們江岸與朝鮮銜接之鐵道。
1923年2月	北京燕京大學主辦之《燕京周刊》創刊，其宗旨"系以科學之精神，謀學術之發展"。
1923年2月	京漢鐵路總工會在鄭州成立。
1923年3月	北京國立農業大學開學，章士釗任校長。
1923年3月	《淺草》季刊創刊。
1923年3月	胡山源主編《彌灑》月刊創刊。
1923年3月	朱自清《毀滅》發表於《小說月報》第14卷第3號。
1923年4月	山東魯大礦業公司在天津開成立會，接收經營淄川煤礦、場子煤礦和金嶺鎮鐵礦。
1923年5月	京滬航空綫京津一段通航。
1923年5月	《創造周報》在上海創刊。
1923年5月	成仿吾《文學之使命》、郭沫若《我們的文學新運動》和郁達夫的《文學上的階級鬥爭》發表於《創造周報》第2、第3號上。
1923年6月	中共理論刊物《新青年》在廣州創刊。瞿秋白任主編。

1923年6月	《文學旬刊》創刊。
1923年7月	廣州飛機製造廠研制的第一架雙翼雙座偵察教練機試飛成功。
1923年7月	冰心《寄小讀者》連載於《晨抱副刊》。
1923年7月21日	《創造日》創刊。
1923年8月	魯迅《吶喊》由北京新潮社出版。
1923年8月	北京無綫電臺開始與世界通訊。
1923年8月21日	章士釗《評新文化運動》發表於上海《新聞報》，連載至22日。
1923年9月	東北大學舉行開學典禮，奉天省長王永江兼任校長。
1923年9月	聞一多《紅燭》（詩集）由泰東圖書局出版。
1923年10月	郁達夫《蔦蘿集》（散文、小説合集）由泰東圖書局出版。
1923年10月	丁西林《一隻馬蜂》（獨幕劇）發表於《太平洋》。
1923年12月	胡適、徐志摩、梁實秋等人參加組織新月社活動。
1923年	全國華商共有紗廠55家，布機8581臺，紗錠1493672萬枚。
1923年	我黨創辦了第一個安源煤礦工人消費合作社。
1924年1月	吉林穆林煤礦公司正式成立，資本600萬元，中俄各半。
1924年1月	亨豐機器麵粉股份有限公司在漢口成立，資金銀20萬元。
1924年1月	田漢創辦《南國》半月刊。

1924年1月	田漢創辦《南國》半月刊，並在其上發表《獲虎之夜》（獨幕劇）。
1924年2月	中央信託股份有限公司在上海成立，經營信託業務，附設儲蓄部，資金300萬元。
1924年4月	同益房產股份有限公司在京北宛平縣成立，資金30萬元。
1924年4月	泉元記股份有限公司在廈門創設，從事營造或轉運中外物品，資金銀90萬元。
1924年5月	大成油漆顏料股份有限公司在天津成立，資金30萬元。
1924年5月	張聞天《旅途》（長篇）連載於《小說月報》第15卷第5號至第12號。
1924年5月	《在酒樓上》發表於《小說月報》第15卷第5號，收入《彷徨》集。
1924年5月	惲代英《文藝與革命》發表於《中國青年》第31期。
1924年6月	晉華紡織公司第一廠在山西省榆次縣北關設立，資金200餘萬元。
1924年6月	膠澳商埠督辦高恩洪倡辦私立青島大學，招收文、商、工三科學生。
1924年6月	黃埔軍官學校成立。
1924年6月	瞿秋白《赤都心史》由商務印書館出版。
1924年7月	彭湃舉辦第1屆農民運動講習所。
1924年8月	武昌博文書院被改建成湖北省圖書館。這是中國第一家公共圖書館。
1924年8月	《洪水》週刊在上海創刊。

1924年8月	川島《月夜》集由新潮社出版。
1924年9月	中國興業銀行在漢口開創立會。
1924年9月	溥益紡織公司第二廠在上海勞勃生路（今長壽路）設立，資本銀150萬兩。
1924年9月15日	魯迅作散文詩《秋夜》，爲散文詩集《野草》首篇。
1924年10月	大生第一紡織公司分廠在南通江家橋設立。
1924年10月	中國共產黨指導工人運動的刊物《中國工人》在上海創刊。
1924年11月	《雨絲》周刊創刊於北京，刊載魯迅之雜文、周作人之小品文等。
1924年11月	葉聖陶、俞平伯合著《劍鞘》集由霜楓社出版。
1924年11月	蔣光慈《哀中國》發表於《覺悟》副刊。
1924年12月	《現代評論》周刊創刊。
1924年12月	朱自清《踪跡》（散文、詩合集）由東亞圖書館出版。
1924年	勸業公司（碾米業）在奉天開設，資金2000萬元。
1924年	裕慶毛織廠在哈爾濱設立，資金200萬元。
1924年	中國釀酒公司在上海開設，製造燒酒，資金20萬元。
1924年	洪深根據王爾德《溫德米爾夫人的扇子》改編並導演《少奶奶的扇子》的演出，爲話劇的正規化表演提供了第一個範例。
1925年1月	蔣光慈《現代中國社會與革命文學》發表於《民國日報》《覺悟》副刊。

1925年1月	蔣光慈《新夢》集由上海書店出版。
1925年1月	柔石《瘋人》集由寧波華升印局自費出版。
1925年2月	楊振聲《玉君》（中篇）由現代社出版。
1925年2月	周全平《夢裡的微笑》集由光華書局出版。
1925年2月	馮文炳《竹林的故事》發表於《語絲》第14期。
1925年4月	江蘇常州通成紡織公司創立，資金23萬兩。
1925年4月	魯迅編《莽原》周刊在北京出版。
1925年5月	西北航空綫鄭（州）洛（陽）段正式開始通航。
1925年5月	日商裕大紗廠第二廠在上海創立，資本1000萬兩。
1925年5月	上海久太繅絲廠創立，資金3萬兩，工人54人。
1925年5月	沈雁冰《論無產階級藝術》連載於《文學周報》第172、173、175和第176期。
1925年6月	綏遠官商合辦麵粉公司創立，資本150萬。
1925年6月	許地山《空山靈雨》集由商務印書館出版。
1925年7月	張士釗在北京將《甲寅》復刊爲周刊。
1925年9月	魯迅支持韋素園、李霽野、臺靜農、曹靖華等組織未名社。
1925年9月	徐志摩《志摩的詩》由中華書局代印，北新書局發行。
1925年10月	陳翔鶴、楊晦、馮至等在北京組成沉鐘社。
1925年10月1日	徐志摩開始主編《晨報副刊》。
1925年10月	葉聖陶《綫下》集由商務印書館出版。
1925年10月	馮文炳（廢名）《竹林的故事》由新潮社出版。
1925年11月	李金發《微雨》集由北新書局出版。
1925年11月	魯迅的《熱風》集由北京北新書局出版。

1925年12月　　　　周作人《雨天的書》集由北新書局出版。

1925年　　　　　　吉林省辦哈爾濱電廠成立，投資250萬元，發電
　　　　　　　　　容量5000千瓦。

1925年　　　　　　倪克在天津創辦倪克紗毛廠，資金100萬元。

1925年　　　　　　上海天章造紙東廠創立，資金40萬元。

1925年　　　　　　劉大杰《黃鶴樓頭》集由時中合作社出版。

1925年　　　　　　陳學昭《倦旅》集由上海梁溪書店出版。

1926年1月　　　　蔣光慈《少年漂泊者》（中篇）由亞東圖書館
　　　　　　　　　出版。

1926年3月　　　　北京圖書館成立。

1926年3月　　　　《創造月刊》創刊。

1926年4月1日　　徐志摩在《晨報》開闢《詩刊》副刊。

1926年4月　　　　許欽文《故鄉》集由北新書局出版。

1926年4月　　　　劉半農《瓦釜集》由北新書局出版。

1926年5月　　　　上海東方圖書館開幕。

1926年5月　　　　郭沫若《革命與文學》發表於《創造月刊》第3
　　　　　　　　　卷第1期。

1926年5月　　　　聞一多《詩的格律》發表於《詩刊》。

1926年6月　　　　創造社編《木犀》集由創造社出版部出版。

1926年6月1日　　魯迅《華蓋集》由北新書局出版。

1926年6月　　　　徐志摩《落葉》集由北新書局出版。

1926年6月　　　　劉半農《揚鞭集》上卷由北新書局出版。

1926年6月17日　《晨報》《劇刊》副刊創刊。

1926年7月　　　　舒慶春（老舍）《老張的哲學》（長篇）連載
　　　　　　　　　於《小說月刊》第17卷第7號至第12號。

1926年8月　　　　沉鐘社辦《沉鐘》月刊創刊。

1926年8月　　　魯迅《彷徨》集由北新書局出版。

1926年9月　　　狂飆社在上海成立。

1926年9月　　　郭沫若《橄欖》集由創造社出版部出版。

1926年10月　　王魯彥《柚子》集由北新書局出版。

1926年10月　　孫伏園《伏園游記》第一集由北新書局出版。

1926年10月　　王以仁《孤雁》集由商務印書館出版。

1926年11月　　李金發《爲幸福而歌》由商務印書館出版。

1926年12月　　許欽文《趙先生的苦惱》由北新書局出版。

1926年　　　　湖南大學建立，其前身是宋太祖開寶九年創辦
　　　　　　　的岳麓書院。

1926年　　　　向培良《飄渺的夢》集由北新書局出版。

1926年　　　　章一萍《情書一束》集由北新書局出版。

1926年　　　　孫良工《海的渴慕者》集由民智書局出版。

1927年1月　　　天津中元實業銀行開業，資本400萬元，總經理
　　　　　　　王承桓。

1927年1月　　　成仿吾在《洪水》第3卷第35期發表《完成我們
　　　　　　　的文學革命》，開始討論“文學革命”問題。

1927年1月　　　蔣光慈《鴨綠江上》集由亞東圖書館出版。

1927年1月　　　鄭振鐸《山中雜記》由開明書店出版。

1927年2月　　　國立武昌中山大學開學。該校系由原武昌大學、
　　　　　　　商科大學、法科大學、文科大學、醫科大學五校
　　　　　　　合併組成。

1927年2月　　　許欽文《鼻涕阿二》（中篇）由北新書局出版。

1927年3月　　　魯迅《墳》集由未名社出版。

1927年3月　　　韋叢蕪《君山》由未名社出版，爲未名新集之
　　　　　　　一。

1927年4月	馮至《昨日之歌》集由北新書局出版，爲沉鐘社叢刊之二。
1927年4月	李金發《食客與凶羊》集由北新書局出版。
1927年5月	魯迅《華蓋集續編》由北新書局出版。
1927年6月	美國聖本篤會在北京所辦公教大學改名爲輔仁大學，推陳垣爲校長。
1927年6月	郁達夫《寒灰集》由創造社出版部出版。
1927年7月	魯迅散文集《野草》由北京北新書局出版。
1927年7月	魯迅《野草》集由北新書局出版。
1927年8月	蔣光赤等人籌備成立太陽社。
1927年8月	蹇先艾《朝霧》集由北新書局出版。
1927年8月	徐志摩《巴黎的鱗爪》集由新月書店出版。
1927年8月	陳學昭《寸草心》集由新月書店出版。
1927年8月	周作人《澤瀉集》由北新書局出版。
1927年8月	彭家煌《慫恿》集由開明書店出版。
1927年9月	南京國立第四中山大學正式開學，開始授課。
1927年9月	茅盾的《幻滅》連載於《小說月報》第18卷第9、10號。收入1930年5月開明書店版的《蝕》。
1927年9月	黎錦明《破壘集》由開明書店出版。
1927年9月	胡也頻《聖徒》集由新月書店出版。
1927年10月	中華民國大學院在南京成立。
1927年10月	中共中央機關刊物《布爾什維克》在上海創刊，瞿秋白主編。
1927年10月	郁達夫《雞肋集》由創造社出版部出版。
1927年11月	蔣光赤《短褲黨》（中篇）由泰東圖書局出版。

1927年11月	蔣光赤《野祭》（中篇）由現代書局出版。
1927年11月	郁達夫《過去集》由開明書店出版。
1927年12月	周作人《談龍集》由北新書局出版。
1927年12月	黎錦明《塵影》集由開明書店出版。
1927年	全國共有鐵路總長13040.48公里，其中自主鐵路1043.94公里，占8%；帝國主義控制下的鐵路爲11996.54公里，占92%，內由帝國主義直接經營爲4330.25公里，控制經營爲7666.29公里。
1927年	中國銀行總管理處從北平遷至上海，四大家族將500萬元作爲"官股"加入該行爲股金；次年，交通銀行總行也從北平遷至上海，也被加入二成"官股"。自此，四大家族便逐步控制了兩家大銀行。
1927年	陳煒謨《爐邊》集由北新書局出版。
1927年	王任叔《監獄》集由光華書局出版。
1927年	葉靈鳳《菊子夫人》（中篇）由光華書局出版。
1927年	孫夢雪《英蘭的一生》（長篇）由開明書店出版。
1927年	葉鼎洛《男友》集由良友圖書公司出版。
1927年	胡雲翼《西泠橋畔》集由北新書局出版。
1927年	徐祖正《蘭生弟日記》發表於駱駝社編《駱駝集》。
1927年後	民族工業開始停滯和破產。據國民黨政府實業部發表的材料，從1928年到1932年註冊的工廠數目和資本額來看，以1928年爲100，1932年設

廠指數下降爲34.8%，資本額指數下降爲12.4%，此後，不但新建工廠的數量和規模繼續下降，而且，歇閉的工廠遠遠超過了新建工廠。

1928年1月　　　國華銀行在上海開幕，資金200萬元，後增至400萬元，系商業銀行。

1928年1月　　　茅盾的《動搖》連載於《小說月報》第19卷第1、2、3號，收入《蝕》。

1928年1月　　　葉聖陶的《倪煥之》（長篇）連載於《教育雜誌》第20卷第1－12號。

1928年2月　　　成仿吾《從文學革命到革命文學》發表於《創造月刊》第1卷第9期。

1928年2月　　　丁玲《莎菲女士的日記》發表於《小說月報》第19卷第12號。

1928年3月　　　《新月》雜誌創刊，徐志摩主編。

1928年3月　　　中央研究院社會科學研究所在上海成立。

1928年5月　　　《革命評論》雜誌在上海創刊，陳公博主編。

1928年5月　　　《青年呼聲》雜誌在上海創刊。

1928年6月　　　由魯迅、郁達夫在主編的《奔流》第一期出版發行。

1928年6月　　　茅盾的《追求》連載於《小說月報》第19卷第6、7、8、9號，收入《蝕》。

1928年8月　　　吉（林）敦（化）鐵路竣工，全長1300英里，並於10月通車。

1928年8月　　　戴望舒《雨巷》發表於《小說月報》第19卷第8號。

1928年9月	《大眾文藝》月刊創刊，郁達夫主編。
1928年9月	魯迅的《朝花夕拾》由未名社出版。
1928年10月	魯迅的《而已集》由上海北新書局出版。
1928年10月	朱自清《背影》集由開明書店出版。
1928年11月	國民黨政府中央銀行在上海成立，資本總額2000萬元（銀元），宋子文任總裁。
1928年11月	中共中央機關報《紅旗》創刊。
1928年12月	《文藝理論小叢書》開始出版。共六册，由魯迅、陳望道等翻譯。
1928年12月	徐志摩《再別康橋》發表於《新月》第1卷第10期。
1928年	南京中央大學成立（由原東南大學改建）。
1928年	蔣介石南京政府用2000萬元的"金融公債"作爲資本，開辦"中央銀行"，並以之爲國家銀行。成爲四大家族官僚資本、壟斷全國金融活動的中心機構。
1928年	新遂邊陲特別區工農兵政府在井岡山茨坪開設"公賣處"，這是根據地最早建立起來的國營商業。
1929年1月	巴金的《滅亡》連載於《小説月報》第20卷第1、2、3號。同年10月由開明書店出版。
1929年4月	戴望舒《我的記憶》集由上海水沫書店出版。這首詩是現代詩派的起點。
1929年9月	《新民報》在南京創刊。
1929年	田漢創作《名優之死》，標誌着他向現實主義的轉變。

1930年1月	魯迅與馮雪峰等合編的《萌芽》月刊創刊。
1930年1月	和昆信託股份有限公司在上海創立，資本總額50萬元。
1930年3月	中國左翼作家聯盟於上海成立，簡稱"左聯"，主要成員有魯迅、丁玲、茅盾、田漢等。並在北平、南京、武漢、廣州、青島等地建立分盟式小組。
1930年3月	魯迅《"硬譯"與"文學的階級性"》發表於《萌芽》月刊第1卷第3期。
1930年3月	江西建設銀行在南昌創立，資本總額100萬元。
1930年4月	中國第一信用保險股份有限公司在上海創立，資本總額20萬元。
1930年7月	王平陵、左恭等主持的"中國文藝社成立"。
1930年7月	上海太平銀行開業，資本總額100萬元，實收55.5萬元。
1930年8月	中國左翼劇團聯盟改名爲中國左翼戲劇家聯盟。
1930年9月	重慶鹽業銀行成立，額定股本300萬元。
1930年10月	施蟄存《將軍底頭》發表於《小説月報》第21卷第10號，該小説引入了精神分析法。
1930年11月	《蘇報》在江蘇省鎮江創刊。
1930年11月	東北籌辦大造紙廠，定名東北造紙廠，資本官商分擔。
1930年	四大家族將附設在全國各地郵政局內的儲蓄業局，改組爲"郵政儲金匯業局"，把金融勢力伸展到各邊遠地區。
1930年	各通商口岸進出的外國輪船噸位的比重佔到了

總順位的82.8%。

1930年　　　　　　全國設立商業公司68所，資本總額共計3190.33
　　　　　　　　　85萬元。全國累積共有商業公司944所，資本額
　　　　　　　　　累計達5.22730978億元。

1930年　　　　　　據國民政府公布，全國初等教育（包括幼稚園）
　　　　　　　　　共有學校25.084所，在校學生1094.8977萬人；
　　　　　　　　　中等教育（包括師範及職業學校）共有學校299
　　　　　　　　　2所，在校學生51.4609萬人；高等教育（包括
　　　　　　　　　專科）共有學校85所，在校學生3.7566萬人。
　　　　　　　　　全年教育經費佔總預算比例1.46%，入學兒童
　　　　　　　　　佔學齡兒童22.07%。

1930年　　　　　　據工商部調查，全國共有各業工廠1975個，其
　　　　　　　　　中紡織工業695個，飲食工業405個，化學工業2
　　　　　　　　　61個，機械工業225個，教育工業132個，建築
　　　　　　　　　工業77個，公用工業54個，交通工業33個，衣
　　　　　　　　　服工業15個，器具工業14個，美術工業2個，雜
　　　　　　　　　品工業58個，其他4個。

1931年1月　　　　豐子愷《緣緣堂隨筆》由開明書店出版。

1931年2月　　　　松（花江）黑（龍江）烏（蘇里江）三江航業
　　　　　　　　　界聯合成立哈爾濱官商航業聯合局。

1931年3月　　　　中國航空公司滬宜（宜昌）綫正式通航。

1931年4月　　　　巴金《家》（長篇小説）於18日開始在上海《時
　　　　　　　　　報》連載，題目為《奔流》，1933年由開明書店
　　　　　　　　　出版。

1931年6月　　　　何煮石、黃士英等在上海創辦中國漫畫研究會，
　　　　　　　　　該會為國內研究漫畫之唯一團體。

1931年8月	徐志摩《猛虎集》由上海新月書店出版。
1931年9月	丁玲主編左聯機關刊物《北斗》創刊。
1931年9月	陳夢家編選《新月詩選》，選入前、後期新月派主要詩人代表作十八家八十首。
1931年9月	魯迅的《三閑集》由上海北新書局出版。
1931年10月	魯迅的《二心集》由上海合眾書店出版。
1931年	據《中國經濟年鑑》載：本年鋼産量1.5萬噸，錳3.185萬噸，鎢礦砂6550噸，金12.85萬兩，煤2724.4673萬噸，焦碳61.3863萬噸，石油25.9632萬桶，銅413噸，鉛礦5996噸，鋅礦14618噸，銻礦11755噸。
1932年1月	穆時英《南北極》集由湖風書局出版。
1932年5月	施蟄存主編的《現代》月刊創刊。
1932年6月	瞿秋白《大眾文藝的問題》發表於左聯機關刊物《文學月報》創刊號。
1932年7月	茅盾的《林家鋪子》發表於《申報月刊》。
1932年8月	老舍的《貓城記》連載於《現代》第1卷第4期至第2卷第6期。1933年8月由現代書局出版。
1932年9月	中國詩歌會在上海成立。
1932年10月	魯迅《二心集》由上海合眾書店出版。
1932年11月	洪深《五奎橋》連載於《文學月報》。
1932年12月	郁達夫《遲桂花》發表於《現代》第2卷第2期。
1932年	成通紗廠在濟南成立，資本150萬元。
1932年	東亞毛呢紡織公司在天津建立，資本60萬元，織機65架，創辦人宋霞飛。
1932年	廣西銀行總行在桂林成立，資本1500萬元。

1932年	國民黨政府設立資源委員會，這是四大家族官僚資本壟斷工業的重要機構。
1933年1月	中國航空公司滬平綫開航。
1933年1月	《新中華》半月刊在上海創刊，周憲文主編。
1933年1月	中國國貨股份有限公司成立，集股10萬元，2月9日正式營業。
1933年1月	《中國警察》月刊在南京創刊，中國警察協會籌辦。
1933年1月	茅盾的《子夜》由開明書店出版。
1933年2月	中國電影文化協會在上海成立。
1933年2月	中國詩歌會機關刊物《新詩歌》旬刊創刊。
1933年3月	《中國經濟》雜誌在南京創刊，中國經濟研究會創辦。
1933年3月	中央工農民主政府經濟部設立了對外貿易局和糧食調劑局，並在各縣設立相應的分局。
1933年6月	上海大滬商業儲蓄銀行成立，資本50萬元。
1933年7月	《文學》月刊在上海創刊，由鄭振鐸年、王統照編輯。
1933年9月	王統照《山雨》（長篇）由開明書店出版。
1933年10月	南京、浦口間火車輪渡工程竣工通車，建築費300萬元。
1933年10月	紅軍大學成立。
1933年10月	魯迅《小品文的危機》發表於《現代》月刊第3卷第6期。
1933年12月	沈從文主編《大公報·文藝副刊》。
1933年	金華實業儲蓄銀行在香港開業，資本實收港幣

	40萬元，設總行於香港，設分行於廣州。
1933年	蔣介石南京政府設立了"豫鄂皖贛四省農民銀行"，資本爲250萬元。兩年以後，這個銀行改名爲"中國農民銀行"，資本增加到1000萬元。
1933年	在閩、浙、贛蘇區先後設立了30多家國營商店。
1934年1月	鄭振鐸等主編的《文學季刊》在北平創刊。
1934年1月	中華國貨産銷聯合公司在上海成立。
1934年1月	《音樂雜誌》季刊在上海創刊，蕭友梅等編輯。該刊爲全國唯一的音樂刊物。
1934年2月	中國天一保險公司在上海開幕，資本500萬元。
1934年2月	南京《中國文學月刊》創刊，主編蕭作霖等。
1934年2月	上海《人言周刊》創刊，主編謝雲翼等。
1934年3月	《禹貢》半月刊在北平創刊，主編顧頡剛等，主要研究歷史地理。
1934年3月	陝西三原裕泰紗廠股份公司成立，資本額100萬元。
1934年3月	武昌《華中小説》月刊創刊。
1934年4月	《人間世》半月刊在上海創刊，林語堂編，提倡所謂"閑適"格調小品文。
1934年4月	張天翼《包氏父子》發表於《文學》第2卷第4號。
1934年4月	吳組緗《樊家鋪》發表於《文學季刊》。
1934年5月	《文學月刊》在北平創刊，創辦人葉公超、聞一多，葉任編輯。
1934年5月	濟南仁豐紗廠建成投産，資本150萬元，工人

	700餘人。
1934年5月	魯迅的《南腔北調集》由上海同文書店出版。
1934年5月	李健吾《這不過是春天》三幕劇，發表於《文學季刊》第三期，1937年由上海商務印書館出版。
1934年5月	《大堰河，我的保姆》發表於《春光》第1卷第3期，收《大堰河》集。
1934年6月	歐亞航空公司新闢蘭（州）寧（夏）支綫開航。
1934年7月	《當代文學》月刊在天津創刊，編輯王余杞。
1934年7月	北平《文學評論》月刊創刊，編輯人吳組緗、林庚、鄭振鐸等。
1934年7月	曹禺的四幕話劇《雷雨》發表於《文學季刊》。
1934年9月	魯迅、茅盾、黃源等編輯的《譯文》創刊。
1934年9月	朱自清《歐游雜記》由開明書店出版。
1934年10月	江蘇崇明富安紗廠開幕，資本額50萬元。
1934年10月	上海《世界文學》月刊創刊，主編伍蠡甫、孫寒冰。
1934年11月	偽滿成立了專賣總局，次年，先後對石油產品、食鹽、火柴、酒精和麵粉等實行專賣。從中獲取暴利。
1934年11月	上海酒精製造廠成立，官商合辦，資本150萬元。
1934年12月	綏遠毛紡織廠正式開工，資本30萬元。
1934年12月	上海獅吼劇社成立，社長朱學範。
1934年	本年音樂界產生了《魚光曲》、《大路歌》、《開路先鋒》、《畢業歌》等好作品。
1935年3月	中國酒精廠在上海開幕，資本150萬元，日產酒

	精7000加侖。
1935年3月	陝北成立了“西北國營貿易局”。
1935年3月	曹禺完成《日出》（四幕劇）初稿，連載於1936年6月的《文季月刊》。
1935年5月	南京政府查封上海《新生》周刊，史稱“新生事件”。
1935年5月	《風雲兒女》的主題歌《義勇軍進行曲》刊出。
1935年5月	魯迅的《集外集》由上海群眾圖書公司出版。
1935年8月	滿洲礦業開發會社委員會成立，資本500萬元。
1935年9月	京滬實業界集資240萬元在北京籌設大江南水泥廠，推舉顏惠慶為董事長。
1935年9月	林語堂主編的《宇宙風》半月刊在上海創刊。
1935年10月	中央銀行撥款1000萬元，成立“中央信託局”。
1935年10月	戴望舒主編的《現代詩風》創刊號出版。
1935年10月	周作人《苦茶隨筆》由上海北新書局出版。
1935年12月	上海文化界救國會正式成立。
1935年12月	蒲風《六月流火》（長篇敘事詩）在日本東京出版。
1935年	天廚味精廠經理吳蘊初在上海創立天利氮氣廠，資本150萬元左右。
1935年	山西陽曲縣西北洋灰廠建成投產，資本50萬元。
1935年	廣東順德糖廠、揭陽糖廠、東莞糖廠、惠陽平潭糖廠建成，資本300萬元。
1935年	四大家族奪取了“中國通商銀行”、“中國實業銀行”、“四明銀行”和“新華銀行”，通稱“小四行”。

1935年　　　　全國工業資本的官營工業比重已超過12％。

1936年1月　　北平文化界救國會正式成立。

1936年1月　　魯迅《故事新編》由上海文化生活出版社出版。

1936年3月　　中華全國文藝界抗敵協會在漢口成立，推舉周恩來爲名譽理事長。

1936年3月　　卞之琳、何其芳、李廣田合集《漢園集》由商務印書館出版，内收何其芳《燕泥集》、李廣田《行雲集》、卞之琳《數行集》。

1936年4月　　歐亞航空公司蓉滇綫正式開航，該綫由成都至昆明。

1936年4月　　郁達夫《達夫散文集》由北新書局出版。

1936年5月　　實業部在上海設立之魚市場開業，資本120萬元，官商各半。

1936年5月　　清華大學學生救國會出版《覺報》。

1936年6月　　巴金等主編的《文季月刊》在上海創刊。創刊號發表曹禺劇本《日出》，巴金的長篇小説《春》。

1936年6月　　中國文藝家協會在上海召開成立大會。

1936年6月　　魯迅《花邊文學》集由上海聯華書局出版。

1936年6月　　夏衍《包身工》發表於《光明》創刊號，被公認爲早期報告文學的傑作。

1936年6月　　洪深《農村三部曲》（《五奎橋》、《香稻米》、《青龍潭》）由上海雜誌公司出版。

1936年7月　　何其芳《畫夢録》集由文化生活出版社出版。

1936年8月　　中日合辦之天津電業股份有限公司成立，資本800萬元。

1936年8月	中日合辦之電力有限公司在天津成立，總資本400萬元，中日各半。
1936年9月	老舍《駱駝祥子》開始在《宇宙風》連載，於次年十月載完。
1936年9月	曹禺作《原野》三幕劇，發表於1937年《文叢》。
1936年10月	卞之琳、馮至、戴望舒等為編委的《新詩》月刊創刊。
1936年11月	中國航空公司滬粵綫通航。
1936年11月	天津振遠機製酒精公司成立，資本50萬元。
1936年	宋子文開辦了“中國棉業公司”，企圖獨占全國花、紗、布市場。
1936年	在重工業方面，外國投資佔新法採煤量的75％以上，鐵礦生產的99％以上，鋼鐵生產的95％上，石油生產的100％，電力的50％以上。
1936年	在輕工業方面，外帝國主義企業生產的棉紗佔29％，棉布佔64％，卷烟佔58％。
1936年	斯諾編輯的《活的中國——現代中國短篇小説選》在倫敦出版，入選作者有魯迅、柔石、茅盾、丁玲、巴金、沈從文等。
1936年	全國工農業總產值306.12億元，其中工業（包括礦業）總產值約106.89億元，近代工業（包括礦業）總產值33.19億元，佔工農業總產值的10.8％。手工業總產值約73.71億元，佔工農業總產值的20.5％。航空水運、鐵路、汽車、人力車、搬運、電信、郵政等總收入13.5

	億元，其中屬於近代企業經營的約佔51％，屬於個體經營的約佔49％。
1937年1月	豐子愷《緣緣堂再筆》由開明書店出版。
1937年7月	魯迅《且介亭雜文》、《且介亭雜文二集》、《且介亭雜文末編》由三閑書屋出版。
1937年9月	國民黨政府中央銀行、中國銀行、交通銀行、中國農民銀行聯合辦事總處成立。
1937年10月	陝甘寧邊區銀行在延安正式成立。
1937年11月	夏衍《上海屋檐下》由戲劇時代出版社出版。
1937年12月	蔣介石集團公布所謂"非常時期農礦工商管理條例"，實行物質管理。
1937年	宋子文組織了"華南米業公司"和"國貨聯營公司"，企圖獨占全國工農產品和洋貨買賣。
1937年	帝國主義國家直接經營或控制經營的鐵路達到了19000多公里，佔中國所有鐵路的90.7％。

主要參考書目

方漢奇：《中國近代報刊史》，山西人民出版社1981年版。

張靜廬：《中國近代出版史料》初編、二編；《中國現代出版史料》甲編、乙編、丙編、丁編；《中國出版史料補編》，中華書局1957年版。

戈公振：《中國報學史》，三聯書店1955年版。

阿英：《晚清小說史》，人民文學出版社1980年版。

蔡元培等：《中國新文學大系導言集》，上海良友復興圖書印刷公司1940年版。

魏紹昌：《鴛鴦蝴蝶派研究資料》上、下，上海文藝出版社1984年版。

李鐵：《中國文官制度》，中國政治大學1989年版。

金諍：《科學與中國文化》，上海人民出版社1990年版。

朱永新：《中華教育思想研究》，江蘇教育出版社1993年版。

陳景磐：《中國近代教育史》，人民教育出版社1979年版。

李喜所：《近代中國的留學生》，人民出版社1987年版。

章培恆、駱玉明：《中國文學史》，復旦大學1996年版。

李澤厚：《中國近代思想史論》，人民出版社1986年版。

范伯群：《中國近現代通俗作家評傳叢書》，南京出版社1994年版。

包天笑：《釧影樓回憶錄》，香港大華出版社1971年版。

徐復觀：《中國藝術精神》，春風文藝出版社1987年版。

張憲文：《中華民國史綱》，河南人民出版社1985年版。

北京大學等：《文學運動史料選》，上海教育出版社1979年版。

劉納：《論"五四"新文學》，浙江文藝出版社1987年版。

黃子平等：《二十世紀中國文學三人談》，人民文學出版社1988
　　年版。

陳思和：《中國新文學整體觀》，上海文藝出版社1987年版。

王瑤：《中國新文學史稿》（上、下），開明書店1951年版。

袁進：《中國文學觀念的近代變革》，上海社會科學院出版社199
　　6年版。

朱壽桐：《情緒：創造社的詩學宇宙》，上海文藝出版社1991年
　　版。

溫儒敏：《新文學現實主義的流變》，北京大學出版社1988年
　　版。

陳平原：《中國小說敘事模式的轉變》，上海人民出版社1988年
　　版。

楊義：《中國現代小說史》，人民文學出版社1986年版。

范伯群：《禮拜六的蝴蝶夢》，人民文學出版社1989年版。

許道明：《中國現代文學批評史》，江蘇文藝出版社1995年版。

丁帆：《中國鄉土小說史論》，江蘇文藝出版社1992年版。

范伯群、曾華鵬：《魯迅小說新論》，人民文學出版社1986年
　　版。

趙園：《地之子》，北京十月文藝出版社1993年版。

趙園：《艱難的選擇》，上海文藝出版社1986年版。

嚴家炎：《論現代小說與文藝思潮》，湖南人民出版社1987年
　　版。

周敬、魯陽：《現代派文學在中國》，遼寧大學出版社1987年
　　版。

王哲甫：《中國新文學運動史》，上海書店1986年影印本。

茅盾：《我走過的道路》，人民文學出版社1981年版。

張伍：《憶父親張恨水先生》，北京十月文藝出版社1995年版。

葉易：《中國近代文藝思潮史》，高等教育出版社1990年版。

于忠善編選《歷代文人論文學》，文化藝術出版社1985年版。

林語堂等：《文人筆下的文人》，岳麓書社1987年版。

余英時：《士與中國文化》，上海人民出版社1987年版。

張正藩：《中國書院制度考略》，江蘇教育出版社1989年版。

陳子展：《中國近代文學之變遷》，中華書局1929年版。

龔書鐸：《中國近代文化探索》，北京師範大學出版社1988年版。

楊周翰等：《歐洲文學史》，人民文學出版社1979年版。

蔣承勇：《十九世紀現實主義文學的現代闡釋》，高等教育出版社1996年版。

王曉平：《近代中日文學交流史稿》，湖南文藝出版社1987年版。

山東師大中文系：《外國作家談創作經驗》（上、下），山東人民出版社1982年版。

北京大學中文系：《文藝理論學習資料》（上、下），北京大學出版社1981年版。

劉慶璋：《西方近代文學理論史》，蘭州大學出版社1988年版。

［德］本雅明：《發達資本主義時代的抒情詩人》，張旭東等譯，三聯書店1989年版。

［德］馬克斯·韋伯：《新教倫理與資本主義精神》，三聯書店1992年版。

［美］丹尼爾·貝爾：《資本主義文化矛盾》，趙一凡等譯，三聯書店1989年版。

後　　記

　　我的博士論文《前工業文明與中國文學》又在臺灣出版了，心中真是感慨萬千。

　　六、七年前，我的第一部專著《二十世紀中國文學發生論》在臺灣由業強出版社出版，迴響良好，並獲《中國時報》等報刊的專題介紹與推薦。接著，《誘人的智慧果》、《文學大師的處女作》、《通俗文學之王——包天笑傳》等編著和專著又在臺灣陸續出版與發行，使我對臺灣的情結越來越深。

　　同時或稍後的一段時間，我又在《中央日報》副刊《長河》上開設「大陸學界快訊」專欄，及時介紹大陸學界的動向與情況。並與張堂錡兄在《長河》上聯手策劃《印象大師》專欄，介紹了錢鍾書、程千帆、賈植芳、鍾敬文等一批大陸泰斗級大師。由於這一專欄的成功，我又與堂錡兄在《國文天地》雜誌繼續策劃《大陸焦點學人》專欄，重點介紹了章培恒、楊義、范伯群、陳思和等一批在大陸學界極具影響力的重要學者。與此同時，我和堂錡兄還在《國文天地》策劃《現代文學名家的第二代》的專欄。後來，《印象大師》、《現代文學名家的第二代》均由業強出版社結集出版。

　　在策劃專欄和出版專著的同時，我還先後在臺灣的《中國書目》季刊、《文訊》、《聯合文學》、《中國現代文學理論》季刊等報刊、雜誌發表了一系列的文章，使我與臺灣學界的聯繫更趨頻繁。有一次在一個國際性學術會議上，一位香港學者在介紹我時竟然稱我爲「臺灣學者」，真也是事出有因。

　　現在想來，我與臺灣的情緣，一方面得益於陳信元先生、陳春雄先生、張堂錡先生、沈謙先生等諸位好友與師長的引薦與提攜，另一方面也可能來自於我本人對臺灣學術特殊地位的認識。記得在上大學時，我曾是那樣痴迷於周錦先生主編的那套《中國現代文學研究叢刊》，它提供了我研究與認識中國現代文學的許多全新視角與觀點。後來，徐復觀、唐君毅、葉嘉瑩等臺灣學者的著作也使我頗受啓發，有耳目一新之感。我常常這樣想：既然臺灣學者的著作能夠使身處大陸的研究者感到新鮮，那麼，作爲研究同一對象的大陸學者的著作，是否也會在臺灣學者的心中引起新鮮之感呢？我想這是肯定的。於是，我致力於兩岸學術的交流與溝通。

　　現在，我的這本拙著又在臺灣出版了，除了要感謝堂錡兄的鼎力推薦和文史哲出版社的大力扶助之外，我的最大心願在於：作爲一名「大陸學者」的著作，能否會給臺灣的同行們產生一些新鮮之感呢？

　　學術需要交流。再一次感謝爲這種交流提供機會的人們，並希望這種交流繼續進行下去。

欒　梅　健
1999年6月15日於蘇州大學東吳園